レザークラフト スタートブック

Leather craft Start Book

STUDIO TAC CREATIVE

contents

レザークラフトを始めましょう

「レザークラフトって難しいんでしょ?」と、レザークラフトをやったことがない人からよく尋ねられることがあります。確かに、いきなり大きなバッグや、ジャケット、革靴を作ろうとしても、それは無理があります。しかし、ちょっとした小物であれば、本当に簡単に作れるアイテムもあるのです。

本書では、初めてレザークラフトをするという人でも簡単に作ることができるアイテムから、基本道具セットがあれば作ることができる範囲でのアイテムまでを提案しています。自分ができそうな物から始めてみて、作る楽しさと完成した時の喜びを感じてください。

レザークラフトは、極めようとすれば確かに奥深い世界ではありますが、入り口は思っているよりもずっと広いのです。この本を手に取ったあなたは、レザークラフトに少しでも興味があるということです。ゆっくり、自分のペースで大丈夫ですから、レザークラフトを始めて見ませんか?

Leather craft Start Book

step-1

縫わずに作れるアイテム

P.017～

ステップ1では、針と糸を使わずに、磨いたり、貼り合わせたりするだけで作ることができるアイテムを紹介していきます。革という素材の扱い方や、基本的な処理方法、特性などを学ぶのには最適です。使用する道具も非常に少ないので、気軽に始めることができます。楽しみながら、レザークラフトの基本を覚えていきましょう。

step-2

基本の縫い方で作るアイテム

P.065～

ステップ2では、手縫い、かがり、ミシンを使った、簡単な仕立てで作ることができるアイテムの製作方法を紹介します。最初は手縫いを難しく感じるかもしれませんが、慣れてくるとサクサク作業が進められるようになります。少しずつテクニックを身に付けて、アイテムの完成度を上げていきましょう。少し形をアレンジして作ってみても楽しめます。

step-3

複雑な構造のアイテム

P.103～

ステップ3では、複雑なパーツ構成のアイテムを製作していきます。パーツの点数も多く、縫い重ねる部分も多くなるため、作業の順番を考える必要があります。しかし、技法そのものは基本的なものしか使っていませんから、じっくりと時間をかけて作っていけば初心者の方でも充分に作り上げることが可能です。恐れず、挑戦してみましょう。

装飾技法

P.129～

ここでは、レザークラフトの幅を広げてくれる、装飾技法を紹介していきます。ちょっとしたアイデアと一手間をくわえることで、自分だけのオリジナルアイテムを作り出せることもレザークラフトの良いところです。本書では触りしか紹介することができないので、興味が湧いたという方は「レザークラフト技法事典Ⅲ-装飾編-」を手に取ってみてください。

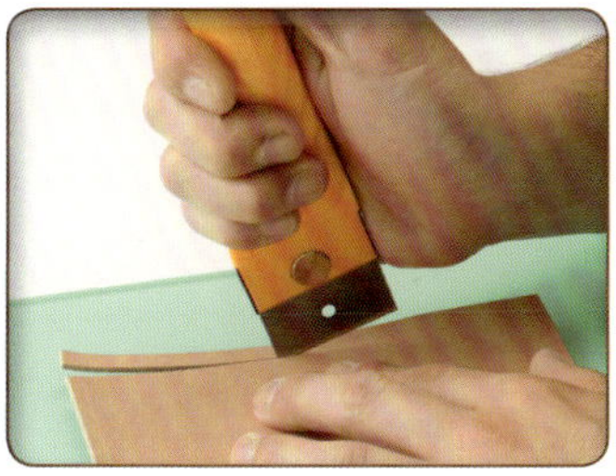

基本技法

P.141～

レザークラフトに使われる基本的な技法をまとめて紹介しています。まったく初めてレザークラフトを経験するという方はまず最初に読んで、できれば練習しておいてください。そうすることで、スムーズにレザークラフトをスタートすることができるはずです。より詳しく突き詰めたい方は、「レザークラフト技法事典」を読むことをお勧めします。

Unisexual

老若男女、誰もが欲しいと思えるユニセックスなアイテムを集めました。自分の作品が、生活の中に自然にとけ込んでいくと豊かな気持ちになれるはずです。自分の為にはもちろん、ちょっとしたプレゼントに作ってあげても、必ず喜ばれるはずです。そして、手作りと聞いたら、もらった人は驚くはずです。

プテラノドン

P.049～

トリケラトプスと同様に、水分を含ませて成形し、貼り合わせるだけで作ることができます。一見するとシンプルにディフォルメされたデザインの中に、絶妙に活かされたリアリティが魅力です

トリケラトプス

P.053～

水分を含ませて成形し、ボンドで貼り合わせるだけで作れる可愛いトリケラトプスです。そのままフィギュアとしても、プテラノドンと組み合わせてモビールにしても楽しめるアイテムです

ペンカバー

P.072～

一般的な100円ボールペンに被せて使えるペンカバーです。見た目がおしゃれになることはもちろん、使い込んでいくほどに革が手に馴染んで、使いやすくなっていくことが特徴です

ペンケース

P.082〜

カチッとした作りのペンケースは、裏貼りもした本格派です。縫う距離は少し長くなりますが、そのステッチがデザインに活かされています。ベルト部分の色だけ変えても面白くなります

キーカバー

P.068〜

毎日使う鍵を、一工夫しておしゃれに仕上げてみました。縫う距離も短いので、手縫いを初めて経験するという人でも、きっと上手くできるはずです。いろんな色で作ってみましょう

バブーシュ

P.112〜

かがりを使って作る、バブーシュです。難しそうに見えると思いますが、仕立てに特殊な技法は必要ありませんから、型紙通りにパーツを切り出せば意外と簡単に作れてしまいます

デスクトレイ

P.042〜

革を何枚か積み重ねる「積み革」の技法を使った、使い勝手の良いシンプルなデザインのデスクトレイです。厚く積み重ねられたコバの磨きをしっかり行なえば、完成度が高くなります

少しワイルドなテイストのレザーアイテムは、男らしさを強調してくれます。ちょっと厚手のタンニンなめしの革を使って作ってみませんか？　自分で作ったレザーアイテムで、使い込む程に味の出てくる革のエイジングを楽しめるのは、クラフトマンにだけ許された悦楽。色は生成がお勧めです。

名刺入れ

P.076～

仲間にさりげなく自慢できそうな、遊び心いっぱいの名刺入れです。コンチョを自分の好みで選んだり、革ひもの色を変えるだけで簡単に自分流にカスタムできます

ブレスレット

P.024～

シンプルなデザインのブレスレットは、作り方も極めてシンプルです。型紙通りに裁断して磨き、金具を付けたら完成です。後は肌身離さず身に付けて、エイジングを楽しみましょう

シープスカルネックレス
P.058～

「ホントに革製?」と聞きたくなるような、リアルなシープスカルのネックレス。テクスチャーの付け方を研究して、よりリアルな仕上がりを楽しんでも良いでしょう。革ビーズとの相性も抜群です

ウォレットロープ
P.036～

編んで作るウォレットロープは、基本的には道具を使わなくても作ることができるアイテムです。ウォレットと同じ色で作りましょう

ミドルウォレット
P.104～

ロングウォレットに迫る勢いで、人気の出てきているのがミドルサイズのウォレットです。パーツが多いので手間はかかりますが、しっかりとした作りで長く使うことができるクオリティです

フリーアートブレス
P.027～

革の表面に模様を彫って、より個性的なデザインのブレスレットにしてみました。自分で模様をデザインすれば、さらにオリジナリティの高いアイテムに仕上げることができます

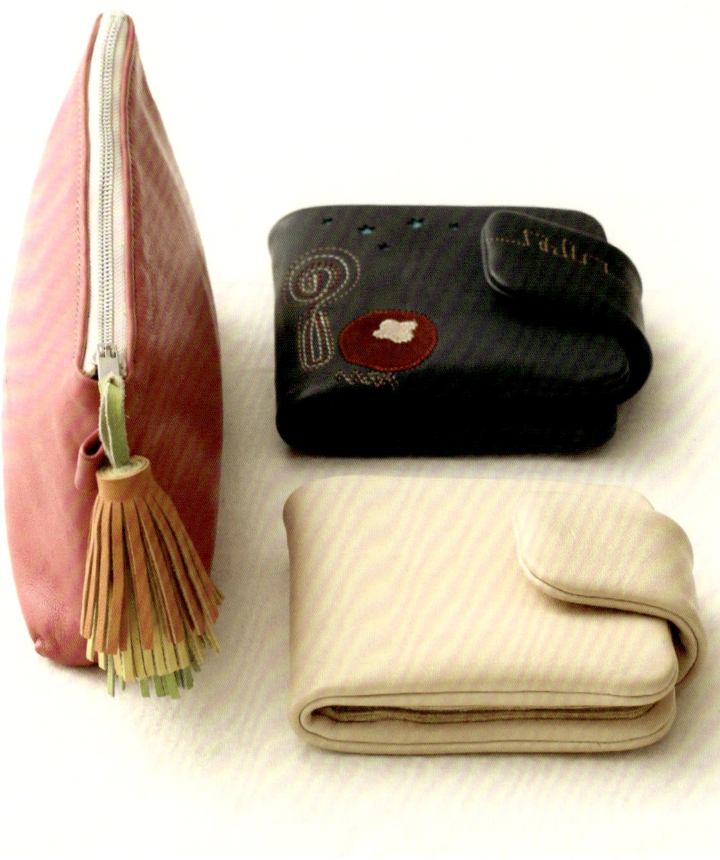

Women's

女性らしいやわらかなデザインのアイテムを集めてみました。特別な技法を知らなくても、好みの色の革を使って、自分らしい物づくりが楽しめます。お手製のアイテムは使うほどに愛着がわき、ずっと大切にする思いも生まれます。楽しみながら作ってみてはいかがでしょう。

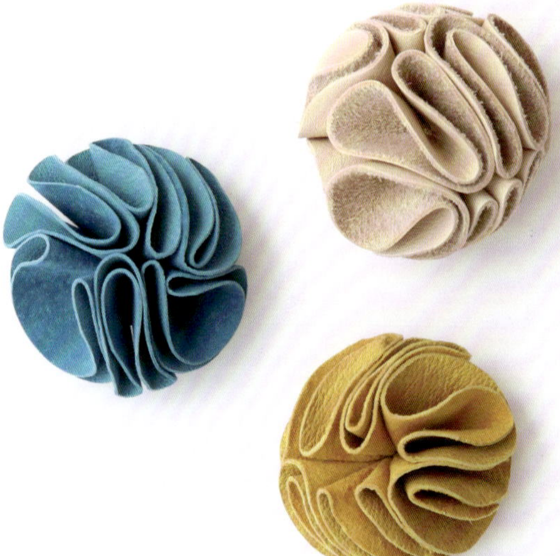

ポンポンチャーム

P.031～

少し不思議なデザインのポンポンチャームは、縫わずに作ることができるアイテムです。色々なアイテムの装飾としても利用できるので、ちょっとしたプレゼントなどにも最適です

パスケース

P.090～

ランニングステッチを使って、可愛く仕上げたパスケースです。SuicaやPASMOを入れた時に、描かれたキャラや図柄が穴から顔を出すようになっているのもポイントです

フラワーチャーム

P.033〜

クロムなめし革の特性を活かして作った、立体的なフラワーチャームです。髪留めやコサージュなど、色々なアイテムに活用できます。このアイテムも、接着剤で貼るだけで作れます

内縫いハーフウォレット

P.118〜

中にスポンジを入れることで、プクプクとした風合いに仕上がるハーフウォレットです。しっかりと容量も確保してあるので、実用性もバッチリ。柔らかな使い心地が、クセになるアイテムです

タッセル

P.020〜

バッグや小物入れに付けると、個性が演出できるタッセルです。色の組み合わせを変えたりして、バリエーションを楽しみましょう。オリジナルサイズで製作してもいいでしょう

トートバッグ

P.096〜

気軽な外出程度で持ち歩く身の周りのものが、ちょうど収まる位の手頃なトートバッグです。革を縫えるミシンを使えば、とても簡単に作ることができます

レザークラフトに使う基本の工具と材料

本書では基本工具セットとして、クラフト社製のレザーハンドソーイングセット"スタンダード"を使用します。このセットがあれば、ある程度レベルの高いアイテムまで仕立てることができるように考えられています。このセットを基本に、少しずつ必要な工具を増やしていくと、アイテムのクオリティを上げていくことができるはずです。アイテム製作においてこのセット以外に必要になる可能性が高いのが、丸穴を空けるために使うハトメ抜きです。革に丸穴を空ける際は、必ずこのハトメ抜きを使わないときれいに穴を空けることができません。クラフト社のハトメ抜きは、0.6mm径の2号から30mm径の100号まで20サイズ以上が用意されているので、必要に応じて買い揃えていくと良いでしょう。アイテムを仕上げる度に、少しずつ道具類が充実していく過程も楽しいはずです。

ある程度必要な物が揃うセットが最初はお勧め

こうした道具セットは、基本道具が揃えられるためレザークラフトをスタートするには最適です。レザークラフトに詳しくない内に、ひとつひとつ道具類を揃えていると買い忘れなどもあるはずです。価格もバラで買うよりもお得な設定がされていることが多いことも魅力です。

レザーハンドソーイングセット"ライト"

"ライト"は裁断道具が付属せず、糸が手縫いロウビキ糸に変更されているため手縫いワックスが付属しません。革キットからスタートするのに、ピッタリなセットです。価格は¥8,190です

レザーハンドソーイングセット"スタンダード"

18点の手縫い道具とガイドブック、カードパスケースのキットがセットされています。基本工具がフルセットになっており、このセットだけでアイテムが製作できます。価格は¥12,600です

使用する「レザーハンドソーイングセット"スタンダード"」の内容

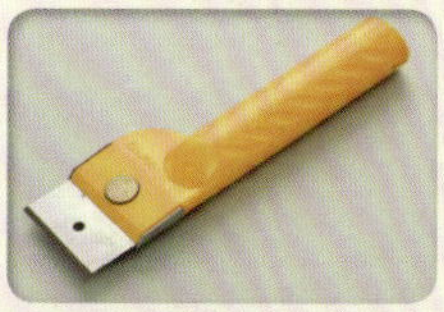

別たち
切れ味が悪くなったら、刃を交換することができます。最初に使う裁断道具として最適です

ヘラ付ヘリみがき
トコ、コバを磨く道具です。溝が切られたヘリ磨きの部分は、縫い線を引くのにも使えます

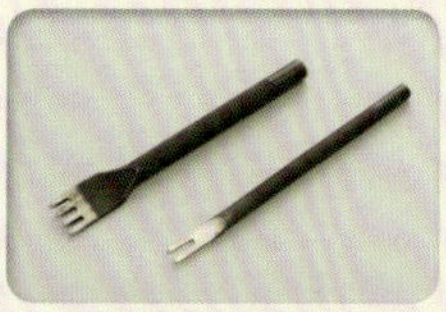

ヒシ目打（2mm巾）
縫い穴を空ける道具です。2本と4本があれば、ほとんどのアイテムに対応できます

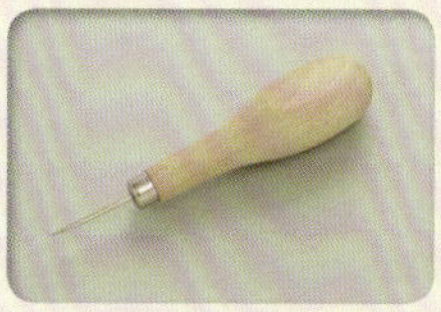

丸ギリ
型をけがいたり、基点の穴を空けたり、よく使われる道具です。ボンドを塗るのにも使われます

木槌（並）
ヒシ目打を打ったり、糸目を叩いて落ち着けたりするのに使われます

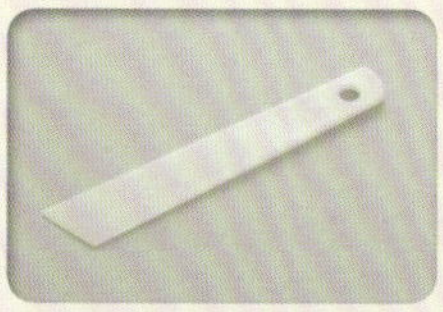

ジラコヘラ（20mm）
ボンドを塗る際に使用されます。ボンドを薄く、均等に塗り広げるのに適した形状です

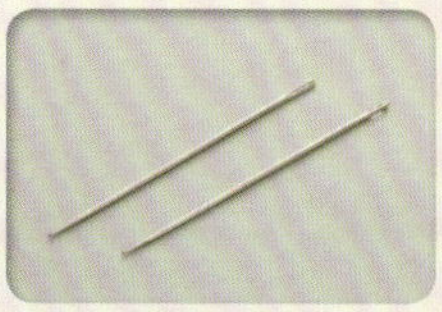

手縫針（丸針・細）
菱穴を縫いやすいベーシックな丸針で、セットされる糸の太さに合わせたサイズです

手縫いワックス
蜜ロウを主成分とし、手縫い糸をコーティングして毛羽立ちや擦り切れを防ぎます

エスコード（中・ナチュラル）
麻でできたベーシックな手縫い糸です。手縫いワックスでロウ引きしてから使います

サンドスティック
接着したコバの段差や、面取り跡などを整えるヤスリです。接着の下地処理にも最適です

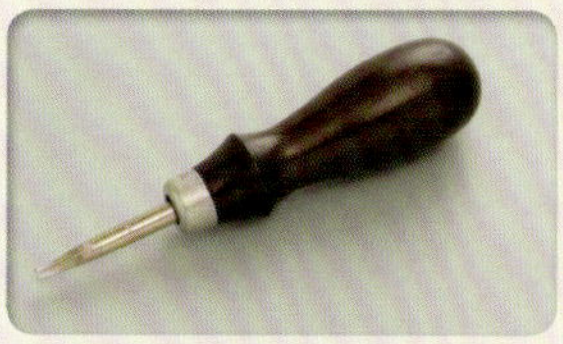

へりおとし(No.1)
ヘリを削り落として、コバを成形するための道具です。付属のNo.1は、刃幅0.8mmです

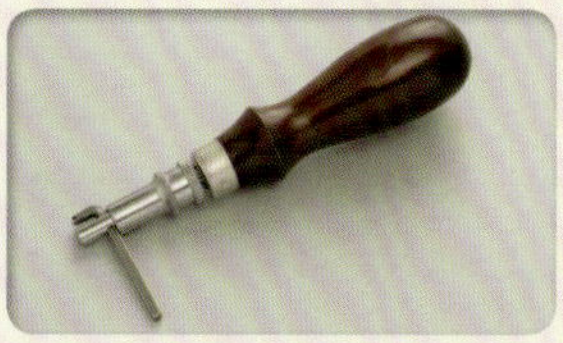

ステッチンググルーバー
厚い革に溝を彫って、縫い線を付けるための溝切りです。コバからの幅を調整できます

サイビノール100番
水性ボンドです。伸びがよく、乾くと透明になります。両面に塗り、乾く前に貼り合わせます

トコフィニッシュ
タンニンなめし革用の磨き剤です。コバやトコに塗って磨くことで、毛羽立ちを抑えます

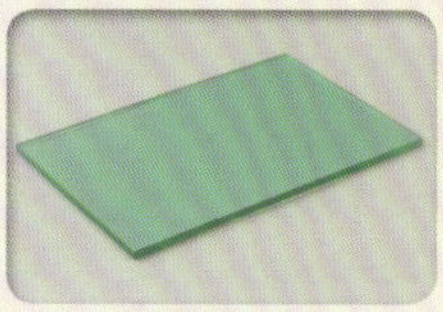

ビニール板
裁断時に下に敷くマットです。別たちなどの刃物の先端を傷めることなく、裁断できます

ゴム板
ヒシ目打やハトメ抜きといった、打ち込み道具を使う際の台です。刃先を傷めません

フェルト
ゴム板の下に敷くことで、打ち込み時の音を低減できる防音用マットです

ガイドブック
手縫いでのアイテム製作の基本を写真で解説した、入門用ガイドです

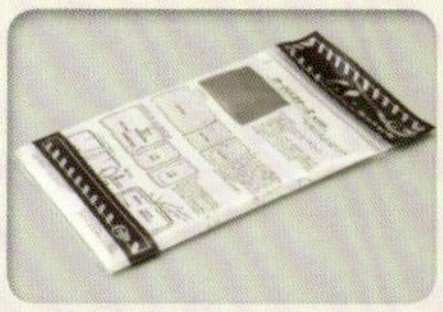

カードパスケース
サドルレザーを使用したパスケースのキットです。練習用に最適です

買い足す必要のある道具

ハトメ抜き
金具を取り付けたりする際に、必ず必要になる丸穴空け用の道具です。必要なサイズを確認し、揃えましょう。木槌で叩いて穴を空けますが、必ずゴム板の上で使用します

革
知っておくべき4つのこと

レザークラフトに初めて挑戦しようとしている方は、まずここで紹介している4つの"基礎中の基礎"を覚えておきましょう。

この本には、パーツの型紙や作り方の手順が全て掲載されているので、初心者の方でも丁寧に作業をすれば、必ず作品を完成させることができるはずです。ただし、"革特有の性質"に関わる、これら4つの知識を頭に入れておかないと、うまく組み合わせられない、綺麗に仕上がらない、使いづらい、壊れやすい、といったことが起こるかもしれません。それほど難しい内容ではないので、ぜひ一読し、革を扱う際の留意事項として覚えておいてください。そうすれば、革が持つ素晴らしい特長の数々―思い通りに作り変えられる加工性、肌に馴染む質感、手作りとは思えない完成度、等々―に気付き、レザークラフトが好きになるはずです。

［その1］
革の種類

仕立てたいアイテムに適した種類の革を選ぶ際に留意する点は、その革が持つ「コシ」「厚み」「なめしの種類」の3つです。コシや風合いは、「なめしの種類」に大きく影響されるので、右で代表的ななめし方法の特性を解説しました。

この本では、各アイテムごとに適した革の性質を紹介しています。見合った革を選べるよう、この知識を覚えるとともに、実際に多くの革に触れ、様々な質感があることを肌で感じてみてください。

タンニンなめし
コシがあり、伸びにくい革で、クセが付きやすい「可塑性」という性質を持ちます。経年変化で肌に馴染み、コバやトコ面を磨いて仕上げることができます

クロムなめし
タンニンなめし革よりも軽く柔らかで、丈夫な革です。布のような質感を持つものもあり、ジャケットやバッグなど、様々な用途に使われています

コンビネーション
2種類以上のなめし剤でなめされた革です。例えば、タンニンとクロムでなめされたものは、双方の特長を兼ね備えた、独特の性質を持ちます

タンニンなめし革の経年変化

タンニンなめし革は、使い込むことで色合いも変化します。男性的なアイテムに好まれる性質です

優しい風合いのクロム革

柔らかいクロムなめし革の風合いは、そのまま作品にも活きます。内縫い作品等には必須となる素材です

［その2］
ギン面とトコ面

革には、表面処理されたギン面とされていないトコ面があり、通常はギン面を表として使います。完成後に表側に現れるギン面は、傷が付かないよう、丁寧に扱ってください。また、ほとんどの場合、トコ面は毛羽立ったままなので、裏地などで完全に覆ってしまう場合を除き、処理剤で磨いて滑らかに整える必要があります。

ギン面は滑らかに処理されたり着色されている一方、トコ面は繊維が毛羽立った状態のままなので、違いは一目瞭然です。コバ（革の切り口）も、トコ面とほぼ同様の性質を持っているので、表に見える場合は磨いて仕上げる必要があります

［その3］
部位と繊維の方向

動物の皮であった革は、繊維の方向が場所によって変わります。繊維の流れる方向には、伸びにくい代わりに曲がりにくい性質があり、その直角方向は反対の性質があります。したがって、部位によって変わる繊維の方向を見極め、パーツの取り方を決める必要があるのです。右上の写真は、牛の背中から右半分（いわゆる半裁）の革に、それぞれの部位、繊維の流れを記載したものです。最も使いやすいのは、繊維の方向が一定に揃った「ベンズ」の部分です。

また、切り革で購入したものは部位がわかりませんが、手で曲げたときの感触で繊維の方向を確かめることができます。

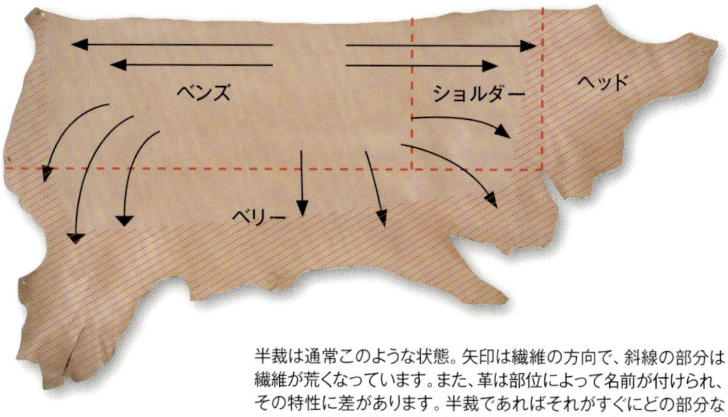

半裁は通常このような状態。矢印は繊維の方向で、斜線の部分は繊維が荒くなっています。また、革は部位によって名前が付けられ、その特性に差があります。半裁であればそれがすぐにどの部分なのか分かりますが、切革の場合は分かりにくいので注意しましょう

パーツの取り方

名刺入れの本体など、折って使うパーツは、折り目と繊維の方向を合わせてパーツを取ります（A）。また、ポケットなどは使っているうちに伸びないよう、伸びにくい繊維の方向を横に取ります（B）。ブレスレットなど、伸びたら都合が悪いアイテムも、同様に伸ばしたくない方向に繊維の方向を当ててパーツを取る必要があります（C）。

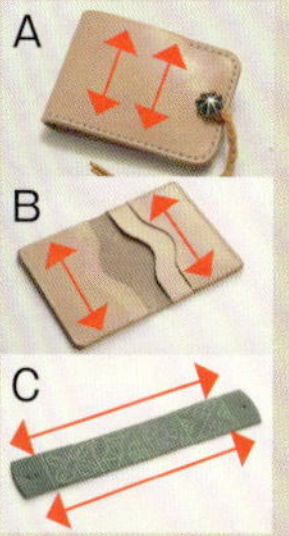

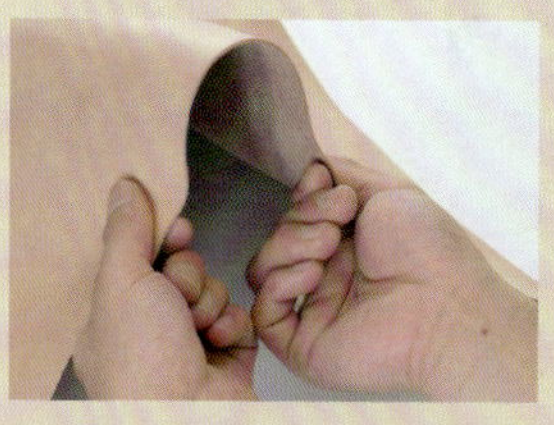

部位が分からない革は、実際に様々な方向に曲げたり、引っ張ってみることで、繊維の方向を判断します

［その4］
購入の方法

革の専門店には常時様々な革を在庫しています。実際に質感や厚みを確認させてもらい、適した種類を選びましょう。ただし、購入前に触りすぎて汚れを付けないよう注意

漉(す)きサービスを利用する

全ての革の種類で様々な厚みを揃えて売られている訳ではないので、好みの種類で任意の厚みを見つけ出すのは中々大変です。どうしても見つからない場合、革の漉き（トコ面を削って厚みを変える）サービスを行なっているお店もあるので、利用してみてはいかがでしょうか。

革を購入する際は、ここまで紹介したポイントを踏まえて、作りたいアイテムに適した種類を選ぶ必要があります。「なめしの種類」は必ず把握してほしいポイントですが、「コシ」「厚み」は、場合によっては同じ商品でも差が出るほど、モノによって変わります。実際に売られているものを見たり触ったりして、選べるようになることが理想です。ただし、慣れないうちは作るアイテムのデザインや仕様、雰囲気を店員さんに伝えて相談し、選んでもらうのも確実な方法です。

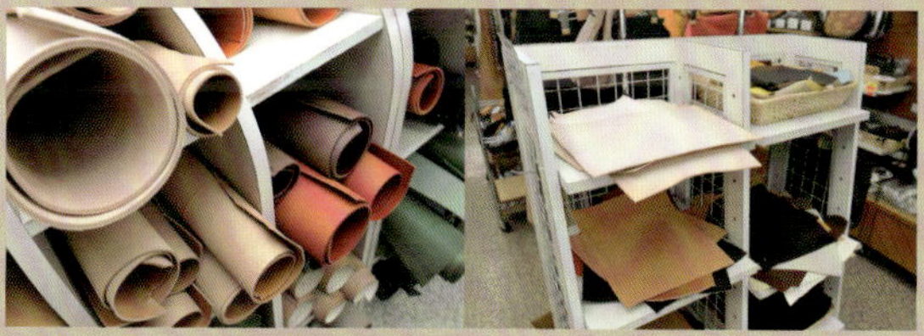

基本は「半裁」ですが、様々なサイズにカットされた革も売られています。部位が選べないことや、厚み、革の種類にも制限があるデメリットもありますが、必要な分だけをリーズナブルに手に入れられるため、積極的に利用しましょう

レザークラフトのワークフロー

ステップ① 選ぶ

まず最初に選ぶことは、作りたいアイテムの仕様やデザインです。できるだけ具体的に固めておきましょう。続いて、それに適した仕立て方法（手縫いかミシンか）、革の種類を選び、道具と材料を揃えます。

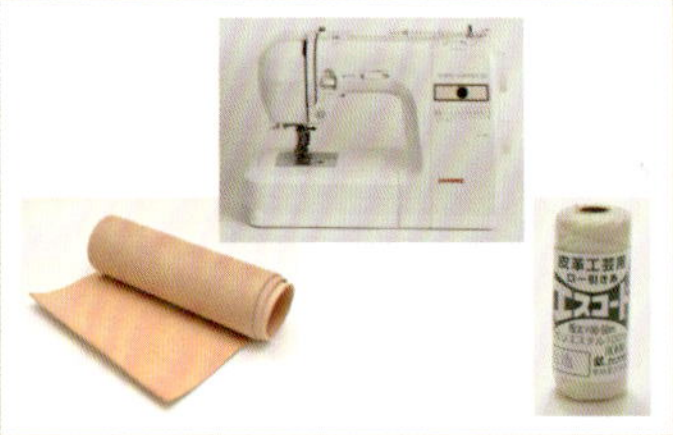

初心者の方は、本に載っているアイテムから作りたいものを選びましょう。この本では、アイテムごとに適した仕立て方法、使う革や材料を明記しているので、それに合わせた材料と道具を用意してください

ステップ② 切り出す

型紙を革に写し、革包丁や別たち等の道具を使ってパーツを切り出します。直線を真っ直ぐ切れるよう、また曲線を滑らかに切れるよう、不要な革を使って練習してから本番に挑むことをお勧めします。

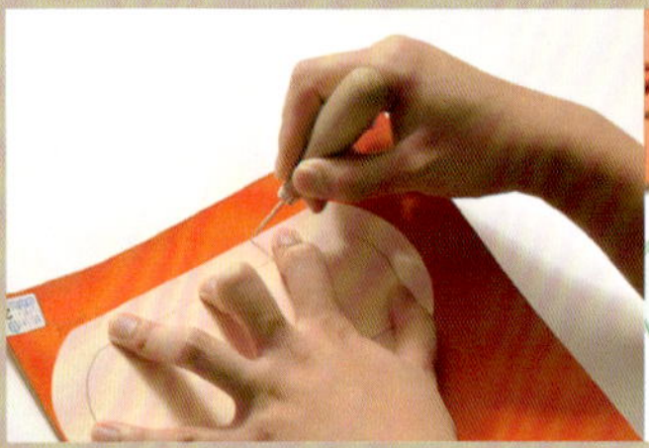

革で作品を作る場合、後に切り口（コバ）を磨いたり、内側に隠してしまうので、多少ラフにカットしてもカバーはできます。ただし、作業が増えるので、できるだけ綺麗に切り出す技術は、ぜひ身につけたいものです

ステップ③ 仕立てる

パーツ同士を接着剤などで組み合わせ、手縫いやミシン（場合によっては「かがり」）で縫い合わせます。構造が複雑な作品は、組み合わせる順序、貼る範囲、縫う範囲などにも注意が必要です。

ペラペラの状態だった革が立体的に組み上がり、作品の形が次第に見えてくる過程は、それだけで製作のモチベーションを上げるレザークラフトならではの楽しみです

ステップ④ 仕上げる

作品の見栄えを大きく左右する要素が、完成後に外に現れているコバ部分の仕上げです（主にタンニン革において）。可能な限りツヤを出し、滑らかに仕上げ、作品のクオリティを上げましょう。

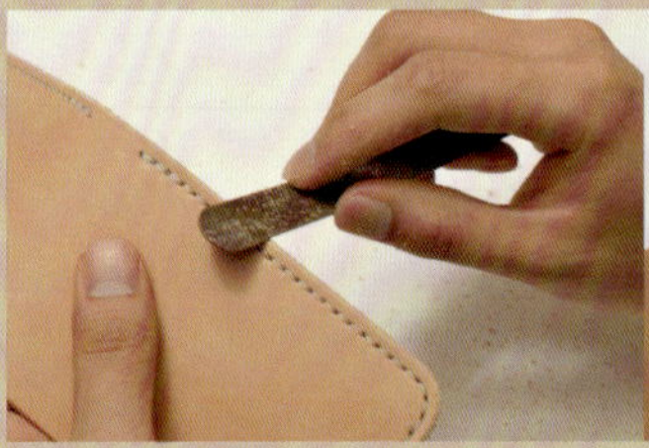

サンドスティック、へりおとし等の道具でコバを整え、トコフィニッシュ等の処理剤で磨いてさらに滑らかに仕上げます。アイテムの構造によって、仕立て途中に磨く必要があるパーツもあるので、注意しましょう

step-1

縫わずに作れるアイテム

コバを磨いたり、水で濡らして成形したり、ボンドで貼り合わせるだけでも素敵なアイテムを作り出せるのが、レザーという素材の魅力です。ここで製作するアイテムは、革の扱い方や、特性などを学ぶのにも最適です。まずは簡単なアイテムから始めて、レザークラフトの基本を覚えていきましょう。

ステップ1で使用する工具

ステップ1で製作していくのは、縫わずに作れるアイテムです。「えっ？　それでレザークラフトができるの?」と思う方もいるかもしれません。大丈夫、縫わなくてもレザーアイテムを作ることはできるのです。まずは、とにかく革で何かを作ってみて欲しい、というのがコンセプトでステップ1のテーマでもあります。アイテムは切り出して磨くだけで作れる物もありますし、接着剤でパーツを貼り合わせて作るものもあります。タンニンなめしの革は可塑性に豊み、水を含ませて成形し、乾かすとその形を保つ特性があります。この可塑性を上手く活かすことで、1枚革を立体的に成形することもできます。ステップ1でその可塑性を活かしたアイテムも紹介していますので、革の性質を知るという意味でも役に立つはずです。順番に作って、技術レベルを上げていきましょう。

裁断に使う道具

まず最初に行なう作業は、革の裁断です。別たちは基本道具セットに入っていますが、薄い革であればハサミでも裁断することができます。別たちに慣れない内は、曲尺を使うと長い直線などをきれいに裁断することができます。

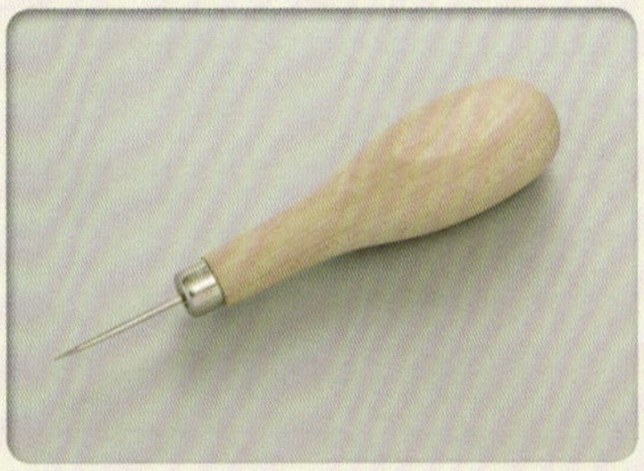

丸ギリ
革の表面に型紙の形を写したり、穴を空ける位置の目印を付けたりするのに使用します

ハサミ
最も身近な裁断道具でしょう。あまり厚い革には使えませんが、細かいカーブなどをきれいに裁断できます

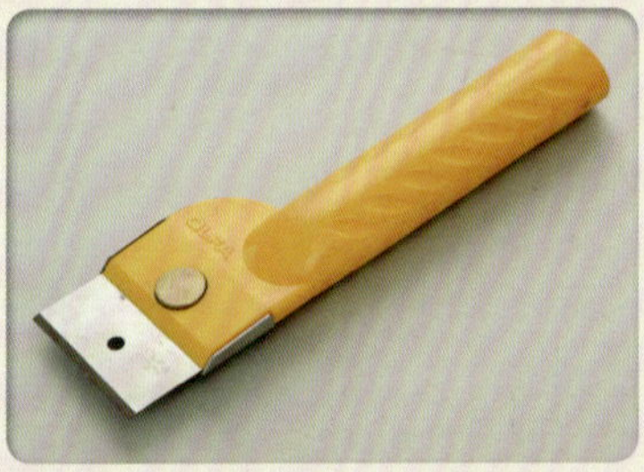

別たち
刃が交換式になっているため、切れ味が落ちてもすぐに交換できる裁断道具です。本書では、基本道具として別たちを使っています

ビニール板
裁断する際に、下に敷きます。適度な厚みと柔らかさを持っているため、裁断道具の刃を傷めること無く、スムーズに革を裁断できます

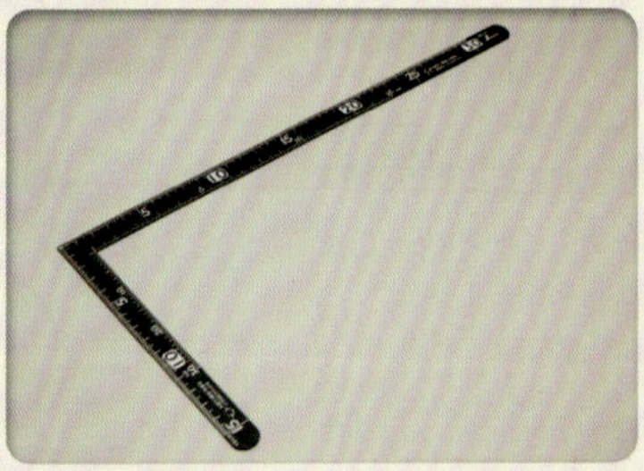

曲 尺(かねじゃく)
長さを計ったり、別たちやカッターを使う際のガイドとして役立つ、金属製のL字型定規です

接着に使う道具

縫わずに作るステップ1のアイテムでは、パーツの接合に接着剤を使用します。基本道具セットに入っている接着剤は乾く前に貼り合わせるサイビノールですが、アイテムによっては半乾きで貼り合わせるダイヤボンドの方が適していることもあるので、上手に使い分けましょう。

ジラコヘラ
接着剤を均一に塗り広げるためのヘラです。基本道具セットには20mmが入っていますが、広い範囲を塗るのであれば、40mmの物があると便利です

サイビノール
セットに含まれる水溶性のボンドで、貼り合わせる両面に塗って、乾く前に貼り合わせます。また、匂いが少なく、無害というのもこのボンドの特性です

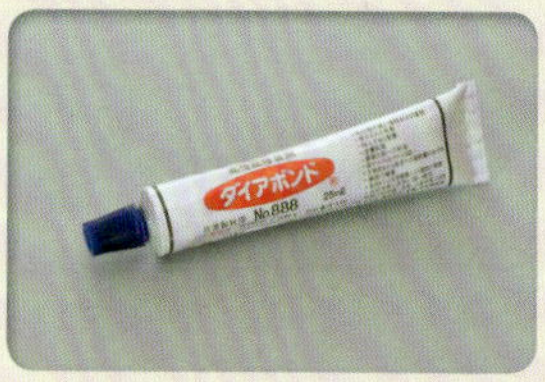

ダイアボンド
合成ゴム系のボンドで、貼り合わせる両面に塗って、半乾きの状態で貼り合わせます。有機溶剤を含んでいるため、使用時には充分な換気が必要です

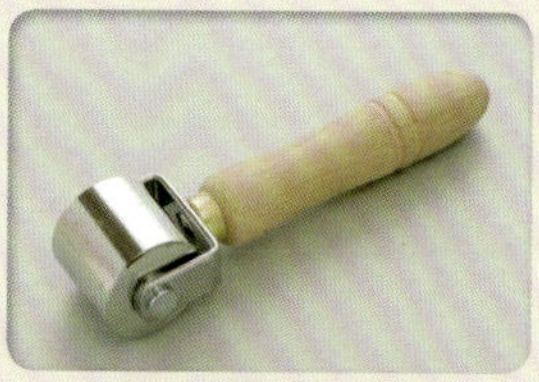

ローラー
ボンドで貼り合わせた部分の、圧着に使用するための道具です。革を傷めずに均等にしっかり圧力がかけられるため、確実に圧着することができます

コバ磨きに使う道具

裁断しただけの革でも、コバを磨いただけでアイテムに生まれ変わることがあります。また、コバの仕上げ方がそのアイテムの完成度を決めると言っても過言ではない、重要な作業です。ヘラ付ヘリみがきでの仕上げ磨きを基本にしていますが、色々試して自分に合った磨き道具を見つけましょう。

サンドスティック
片面ずつ荒目と細目になった、スティックタイプのヤスリです、コバを平らに整えたり、ヘリを落とした後で形を丸く成形するのに使用します

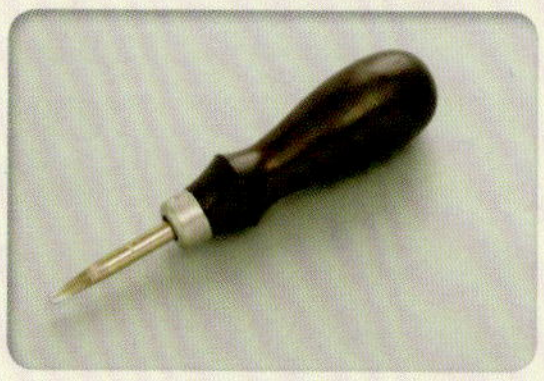

へりおとし
コバを仕上げる際に、裁断した部分のヘリを落とすための道具です。コバを面取りしてからサンドスティックをかけることで、スムーズなコバになります

ヘラ付ヘリみがき
最もベーシックなコバ磨きの道具です。適度なしなりがあり、効率よくコバを磨くことができます。また、縫い線や折り線を引くのにも使えます

トコフィニッシュ
塗って磨くことで、コバやトコの毛羽立ちを抑えることができる磨き剤です。薄く塗り広げた後、ヘラ付ヘリみがきなどで磨きます

穴空けに使う道具

丸穴は空ける目的によってサイズを使い分ける必要があります。そのため、基本工具セットには、丸穴を空けるための道具が入っていません。必要に応じて、買い揃えていくようにしましょう。

ゴム板
ハトメ抜きを使用する際に、下に敷く台です。刃先がゴム板に刺さることによって保護され、ハトメ抜きの切れ味を保つことができます

フェルト
ゴム板の上でハトメ抜きを使って穴空け作業をすると、木槌で叩く際に音が出ます。ゴム板の下にフェルトを敷くことで、音が緩和できます

木 槌
ハトメ抜きやステップ2から出てくるヒシ目打、金具の打ち具などを傷付けずに打つことができます。圧着等にも使用します

ハトメ抜き
丸穴を空けるための道具で、穴を空けたい位置に合わせながら、木槌で叩いて革を打ち抜きます

革を巻いて作る
タッセル

端切れなどのちょっとした革を使い、少ない工程数で気軽に作れるタッセルは、バッグや小物入れの装飾、ジッパーの引き手など、様々な場面に利用できる便利なアイテムです。もちろん、そのままでもキーホルダーなどに活用できます。また、3枚を重ねる仕様になっているため存在感もあり、簡単な割にはそれなりに作り応えがあるので、初心者の方にもお勧めです。

[製作のポイント]
3枚のパーツを重ねているので、色や長さを好みで変えることで、バリエーションを簡単に作れます。巻く太さを変える際は、3枚のバランスに気をつけてください。柔軟性のあるクロム革をお勧めしますが、薄めのタンニン革でも充分に作れるでしょう。

製作者　星めぐみ

▶型紙はp.171

用意する道具

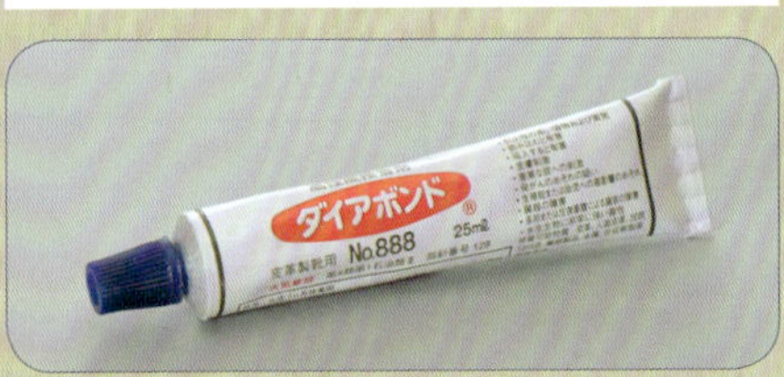

ダイアボンド
柔らかい革を使い、ふんわりとした質感に仕上げたいため、硬化後に張りが出るサイビノールではなく、柔軟性を持ったダイアボンドを使います

使用した革

- ○ A: 色牛ナチュラリーフ　キャメル
- ○ B: 色牛ナチュラリーフ　ベージュ
- ○ C: 色牛新ドラムダイ　1020

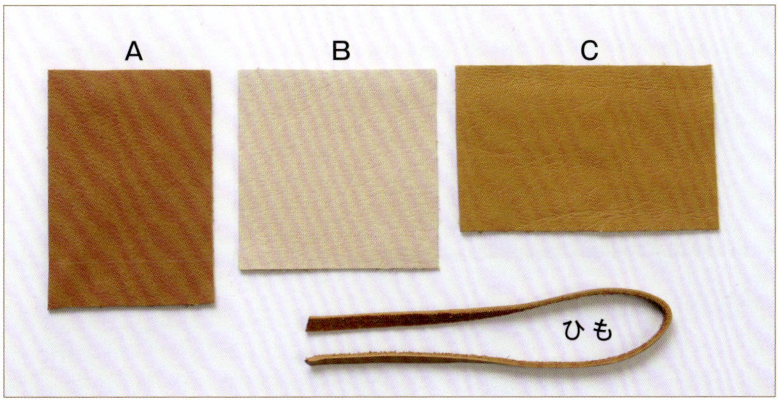

A～Cはタッセルの本体です。長さ、幅ともに異なるので、型紙で確認してください。ひもは4×250mmで切り出しますが、購入したものを使用しても問題ありません

01

A、Bののり代を、5mm幅程度で荒らしておきます。Cは、ここではまだ荒らしません

02

A～Cすべて、のり代を残して2mm程度の幅で刻みます。幅は目見当でも問題ありませんが、正確にしたい場合は型紙の線を参照してください

03

半分に折ったひもをAの先端と合わせて置き、同じ高さに印を付けてのり代とします（この場合は、先端から65～70mmの位置です）

04

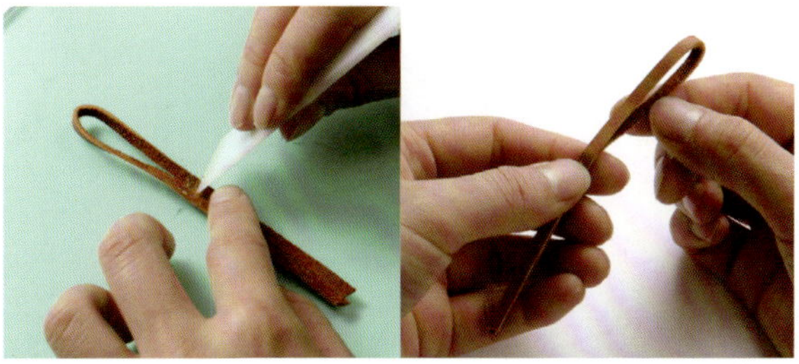

05 前項で印を付けたのり代の、トコ面側にダイアボンドを塗り、貼り合わせます。捻れないように注意してください

ギン面ののり代2カ所を荒らし、ここにもダイアボンドを塗っておきます

06

Aパーツののり代は、ギン面とトコ面の両側にダイアボンドを塗り、べとつかなくなるまで待ちます

07

ひもをAパーツの端に貼り付け、ひもを芯にして巻きつけていきます。丸ギリなどを利用し、たるまないように作業しましょう

08

09 Bパーツののり代、ギン面とトコ面の両側にダイアボンドを塗ったら、Aパーツの端に繋げるようにして、同様に巻きつけていきます

POINT!

Cパーツは、ダイアボンドを塗る前に一度巻きつけ、端が重なる位置に印をつけておきます。のり代全面を荒らすと表に見えてしまうため、重なる部分のみを荒らす必要があるためです

10

11 ギン面は、前項で印をつけた位置までを荒らしてダイアボンドを塗り、トコ面は全面に塗ります。その後、Bパーツ同様に巻きつけます

最後に、木槌の柄の先端などで、しっかりと圧着しておきましょう

12

完成!

ファスナーのスライダーに取り付ける場合はこのままくくりつけ、金具を付ける場合は、ひものループを短くして、丸カンなどを取り付けると良いでしょう

革のバリエーション

基礎のページで紹介したタンニンなめし革やクロムなめし革には、様々なカラーバリエーションが用意されています。アイテムを作る際は、革と糸の色の組み合わせを工夫するだけでも、個性的な作品に仕上げることができるので、好みのイメージに合ったカラーの革を探しましょう。また、一般的な牛革を軸に解説しましたが、他にも様々な動物の革が存在します。上手く使えば個性的なアイテム製作に活かすことができるので、色々な種類の革があることを覚えておくと良いでしょう。

タンニンなめしの染め革

タンニンなめし革を染料で色付けしたもので、多くのバリエーションが用意されています。表面の質感も、ツヤのあるものや、しっとりとしたものなど、実に様々です

アメ豚・ピッグスエード

薄手で丈夫な豚革は、裏地や芯としてよく使われます。中でも代表的なものが、タンニンなめしの豚革を研磨して光沢を出した「アメ豚」という種類で、しなやかでコシのある風合いが特長です。揉み加工でソフトに仕上げたものもあります。また、豚革で作られたスエード（トコ面を起毛させた革）は、薄手で仕立てやすく、毛足が長くふんわりとしていて、手触りも抜群です

型押し革

表面加工の一種で、凹凸で模様を描いた、いわゆるエンボス加工された革のことです。左の写真のように、カゴメなどの柄が描かれたものや、右の写真のような、ワニ革の柄を付けたイミテーションの革があります。アンティック仕上げ（拭き染め）にしたり、アクリル絵の具で彩色することで、好みの色にアレンジできることも特長です。形を留めさせるため、タンニンなめし革やコンビネーションなど、比較的コシのある革が多く使われているようです

うさぎ

毛足が長くて柔らかく、もこもこの質感が心地よい、うさぎの毛皮です。毛の根元にある革の部分は薄く破れやすいため、別の丈夫な革に貼り付けて使います。カットする際も、毛を傷つけないよう裏側からカッターで丁寧に革のみを切る必要があります。この他にも、鹿やバンビ（仔鹿）、ハラコ（仔牛）、ミンクなど、様々な毛革がありますので、個性的なアイテムを作りたい場合は、効果的なアクセントとして活用してみてください

ディアスキン・エルクスキン

鹿の革は、非常に柔軟で丈夫な性質を持っていて、革ひもやレースにも活用されます。小型の鹿の、薄手の革のことを「ディアスキン」、大型の鹿の厚手の革のことを「エルクスキン」と呼びます。独特のシボや野性的な風合いを持ち、しっとりとして肌に吸い付く質感が魅力的です

エキゾチックレザー

ワニ、ヘビ、トカゲ、エイ、オーストリッチなどの特別な革の総称がエキゾチックレザー。扱いは難しいものの、非常に個性的な柄や質感を持ったものが多いことが特長です。また、高級ブランド品によく使われていることからも分かりますが、比較的手に入りにくく高価です。

切って磨くだけでできる

ブレスレット

革を切り出してコバを磨く。その最も基本的なレザークラフトの技法を使って作り出す、シンプルなブレスレットです。厚手のタンニンなめし革を使うことで、エイジングも楽しむことができます。また、表面にアートグルーバーで模様を彫ることで、オリジナリティを出すこともできます。

[製作のポイント]

シンプルな故に革の魅力が最大限に生きてくる作品です。革の厚みに4mmを使うことでバイカー風のハードなイメージに仕上げました。革の厚みや種類、色によって大きく印象が変わってきます。

製作者　本山知輝

▶型紙はp.173

用意する道具

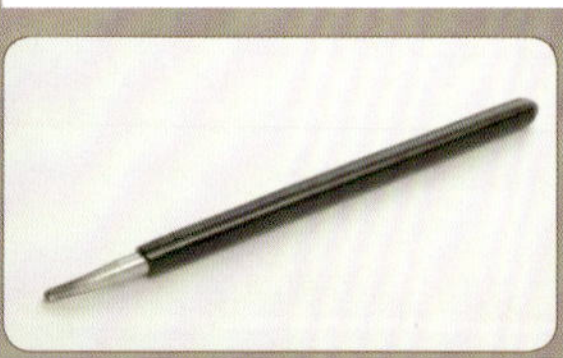

アートグルーバー

フリーハンドで革のギン面を彫って模様を描くことができるツールです。刃の角度で彫れる深さが変わるので、端革で充分練習してから使いましょう

ギボシ(Φ6mm)

基本的な金具で、革に直接受け穴を空けるシンプルな物です

使用した革

- ○ 細:ライダーレザー 4mm厚
- ○ 太:多脂牛 2.5mm厚

その他用意する道具 つきのみ・鉄筆・トレスフィルム

[ブレスレット]

型紙通りにきちんと革をカットして、トコとコバを磨くだけでできるブレスレットです。シンプルな分ごまかしがきかないので、一つひとつの作業を、丁寧に行ないましょう。レザークラフトをスタートするのに、ピッタリな作品です。

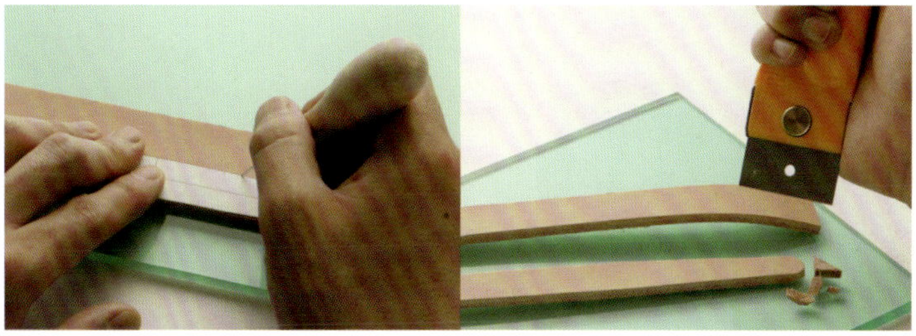

01 丸ギリで型紙を革のギン面にけがいて写し、別たちでけがいた線をカットして切り出します。周りを少し広めに粗裁ちしてから、実際の線をカットしましょう

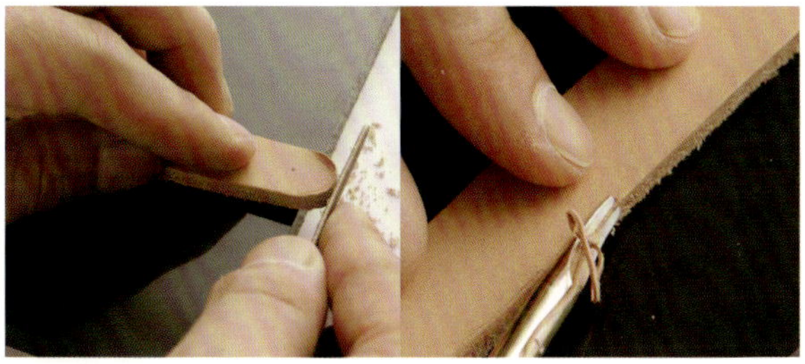

02 切り出したらコバを仕上げます。サンドスティックで切り口を整えてから、へりおとしでギン面、トコ面共にヘリを落とします

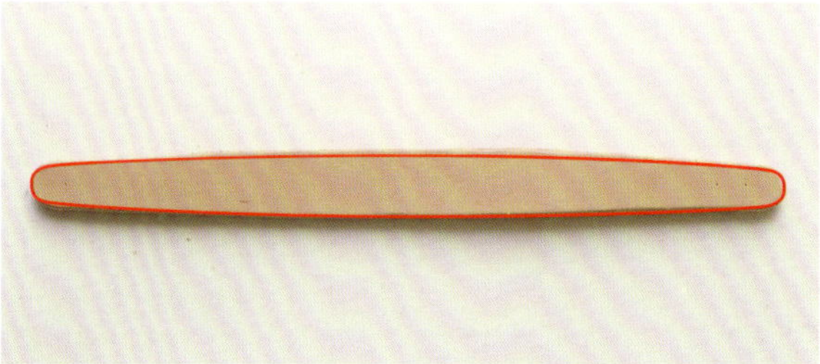

03 赤でマーキングした部分のコバを仕上げます。シンプルなブレスレット故に、このコバ仕上げが出来映えを左右するポイントです

コバをサンドスティックで成形し、トコ面とコバにトコフィッニッシュを塗ってヘラ付ヘリみがきで磨いて仕上げます

04

コバはこのようにスムーズになるように仕上げます

05

型紙に合わせてギボシの取り付け位置と、受け穴の位置に印を付けます

06

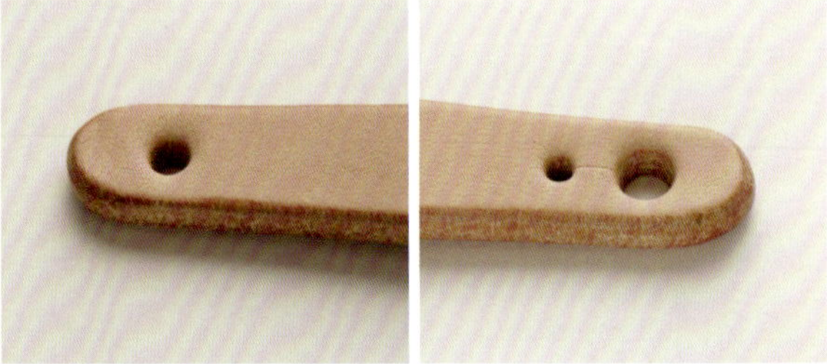

07 キボシの取り付け穴は10号、受け穴は6号と15号のハトメ抜きを使って穴を空けます

08 受け穴側に空けた2つの穴の間を切って、穴をつなげます。切る部分が狭いので、つきのみがあると便利です

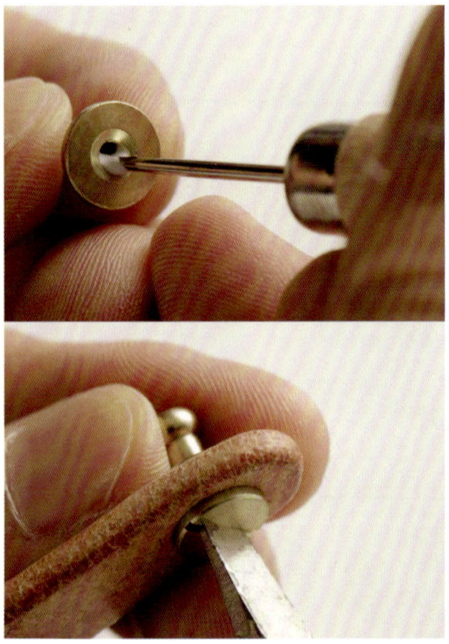

ギボシのネジ穴にサイビノールを塗り、ネジで留めてギボシを固定します

09

完成！

4mmという厚みのある革を使用しているため、磨いただけでもしっかりした仕上がりになります

[フリーアートブレス]

基本のブレスレットが上手くできたら、アートグルーバーを使って、好きな模様を彫ってみましょう。アートグルーバーはペンのように使って革のギン面を彫ることができるので、使い慣れると凝った図案もきれいに描くことができます。

図案を用意します。自分の好みの柄を描いても良いでしょう

01

トレスフィルムのざらざら面を上にして、鉛筆で図案を写します。できるだけ正確に写すようにします

02

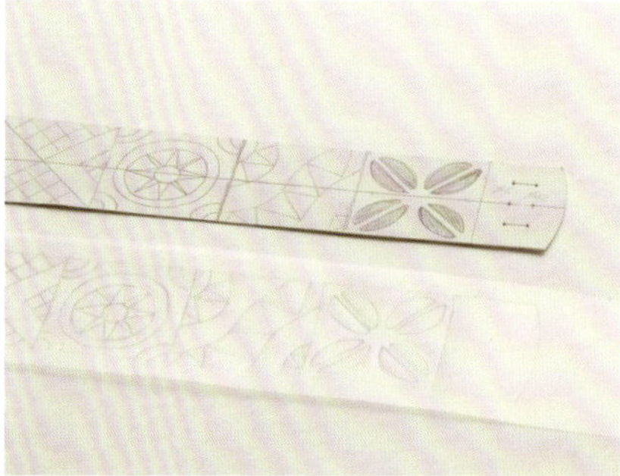

トレスフィルムに図案を写したら、写し忘れがないことを確認しておきます

03

型紙に合わせて革をカットします

04

図案を写したトレスフィルムを、革に合わせて裏側をテープで貼って留めます

05

鉄筆でトレスフィルムに写した図案をなぞって、革に写します

06

図案を革に写した状態。元の図案と見比べて、写し忘れが無いことを確認します

07

アートグルーバーを使ってギン面を彫り、革に写した図案をギン面に描きます。刃の角度で削る深さが変わるので、注意しましょう

08

角の部分からアートグルーバーの刃を入れ始めます。角から角まで、刃を止めないように、そして均等な深さで進めます

09

ギン面を彫るため、失敗すると直すことができません。集中して作業を行ないましょう

10

アートグルーバーでギン面に図案を描いた状態です

11

同じ柄でも、使う革の色によって、印象は大きく異なります

サンドスティックでコバを整え、へりおとしでギン面、トコ面のヘリを落とします

12

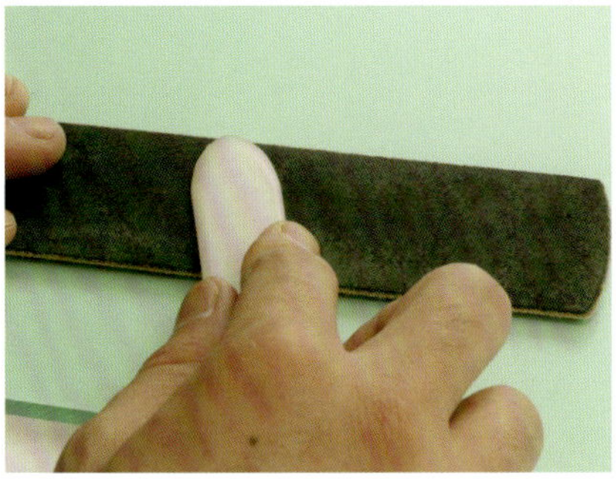

トコ面にトコフィニッシュを塗って、ヘラ付ヘリみがきで磨いて仕上げます

13

コバにもトコフィニッシュを塗り、磨いて仕上げます

14

ギボシ用の穴と受け穴をハトメ抜きで空け、受け穴の間を切ります。革の厚みが細と異なるため、受け穴サイズが異なります

15

ギボシを取り付けます。ギボシのネジ穴に、サイビノールを塗ってからネジを締めます

16

模様は自由に描くことができます。自分でオリジナルの図案を描いてみましょう

柔らかい革を使った
チャーム

そのままコサージュや髪どめとしても、大きなアイテムの装飾としても利用できる、2種類のチャームです。クロム革の柔らかい風合いを活かし、ふっくらとした立体的な仕上がりにします。どちらも簡単に製作できるので、余った革を利用していくつか作っておき、バッグなどを作った際に、ワンポイントのアクセサリーとして使ってみてはいかがでしょうか。

[製作のポイント]

使用する革は、しなやかなクロム革の中でも、ある程度張りがあり、ふんわりとしたボリュームを出せるものが適しています。フラワーチャームは、熱で収縮する革の特性を利用して立体を作り出します。火傷に充分に気をつけながら作業してください。

製作者　星めぐみ

▶型紙はp.166/172

用意する道具

アルコールランプ
炎で炙ることで、革を縮めます。ライターの小さい火では作業がしづらいので、置いて使えるアルコールランプを用意すると良いでしょう

2wayコサージュピン
チャームをコサージュに仕上げる場合は、専用の金具を用意しましょう

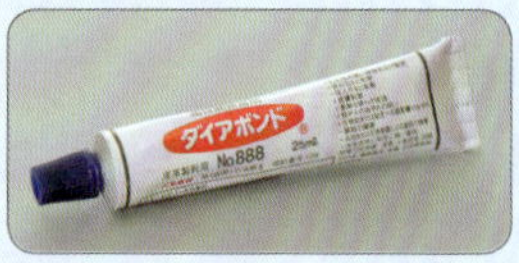

ダイアボンド
コサージュとして仕上げる場合は、革と金具を接着する必要があるため、ダイアボンドを用意します

使用した革

○ポンポンチャーム:ピッグスエード　青
○フラワーチャーム:色牛ナチュラリーフ　キャメル

[ポンポンチャーム]

ふんわりと折り曲げた6枚の円形パーツを束ねることで、ポンポンのような形の可愛いチャームを作り出します。枚数は、革の質感によって調整しても良いでしょう。雰囲気も、大分変わります。基本は半円形ですが、球体バージョンも併せて紹介します。

円の大きさがそのまま完成品の大きさになるので、型紙に掲載した2サイズ以外にも、好みの大きさで製作してください。ひもは最後に切り揃えるので、適当な長さで大丈夫です

01

別たちの扱いに慣れていれば、型紙を当てながら直接切り出しても良いでしょう。慣れていなければ、描き写してハサミで切ると簡単です

02

03 直径1cm程度の同心円がのり代です。のり代を切り抜いた型紙で裏表両面に丸ギリでけがき写し、サイビノールを塗ります

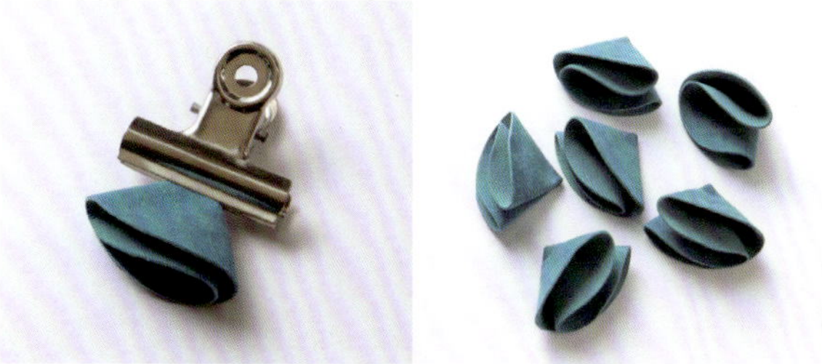

04 四つ折りにし、サイビノールが乾くまでクリップで押さえておきます。のり代以外は折り目を付けず、ふんわりとさせておきましょう

四つ折りにした角に、12号のハトメ抜きで穴を空けます。端に近過ぎると千切れてしまうので、注意します

05

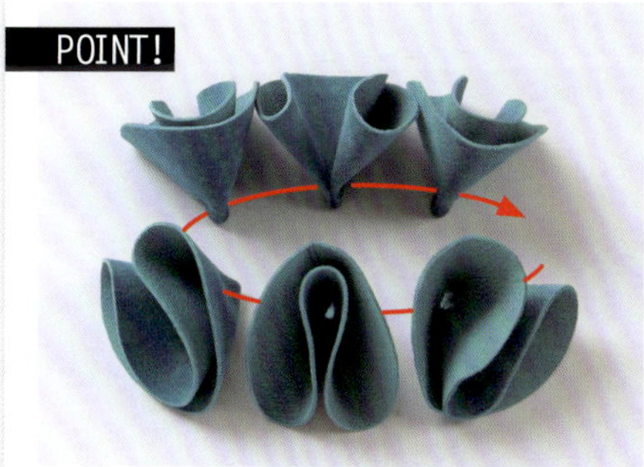

6つのパーツを四つ折りにしたら、ひもでまとめますが、このとき折り目の向きが互い違いになるように配置すると、立体感がでやすくなります

06

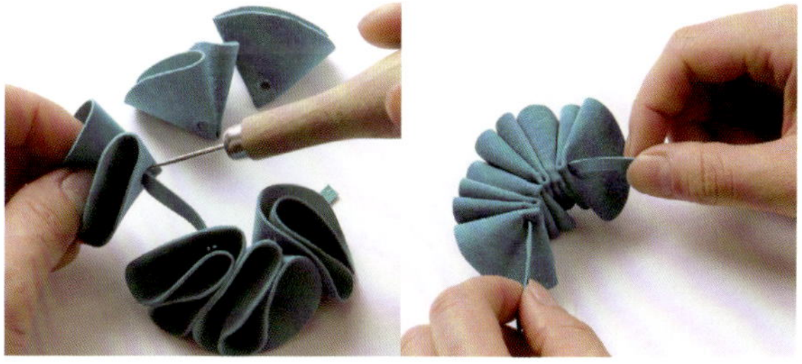

07 丸ギリを上手く使って、ひもを穴に通していきます。全て通せたら、ひとまとめに束ねましょう

固結びを2回して留めます。念のため、結び目にサイビノール少し塗って固定しておくと良いでしょう

08

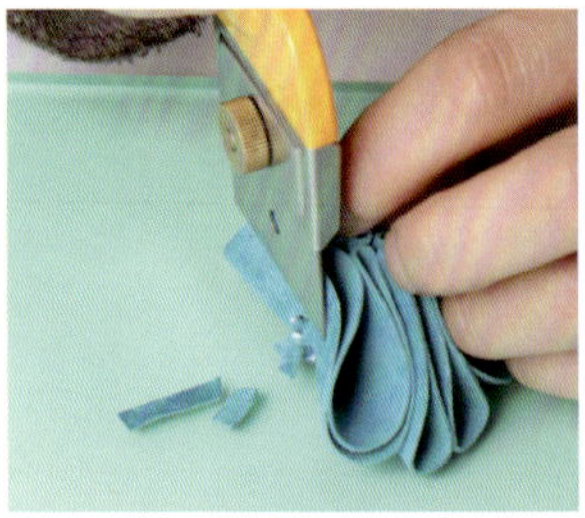

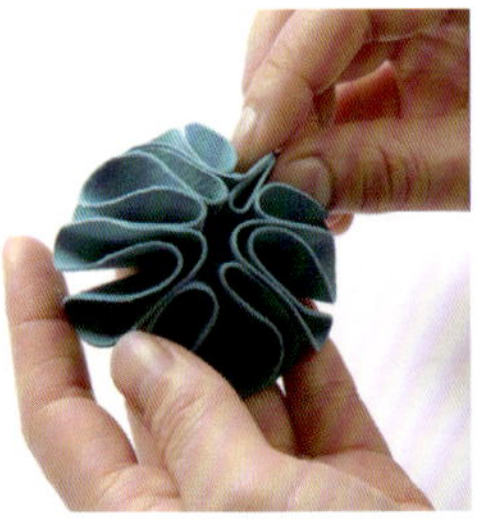

09 ひもの余分を結び目ぎりぎりで切り落としたら、改めて全体の形を整えてふんわりとさせれば、ポンポンチャームの完成です

10 コサージュ金具を付ける場合は、円形の部分をチャーム裏側にけがき、その範囲にダイアボンドを塗って貼り付けてください

ふんわりとした質感がポイントなので、作業中に革を潰さないように注意しましょう

応用編　球体バージョン

12枚の円形パーツを使います。互い違いに配置し、ひもを通すところまでは同じ手順です。3個ずつの塊に分けます

01

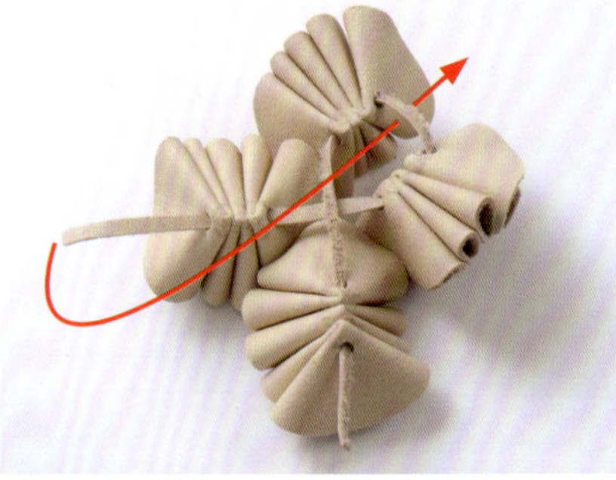

両端の3個の手前でひもを1回交差させ、下に来ている側の端を、できたループにくぐらせます

02

03 両端を引っ張り固結びをすれば、中心がまとまって球体になります。中心にボールチェーンなどを付けて使いましょう

p.96から紹介している「トートバッグ」の持ち手などにくくりつければ、お手軽なアクセントになります

[フラワーチャーム]

フラワーチャームは、花びらパーツの端を火で炙ることで立体的に造形し、さらに大きさの異なる2枚を重ね合わせることで、ふんわりとボリュームを持たせます。花芯を付けるので存在感もあり、様々なアイテムの装飾として利用することができるでしょう。

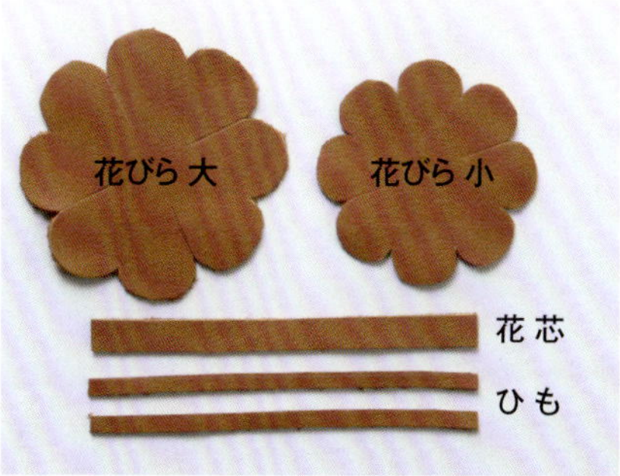

01
大小の花びらは、2枚ごとに切り目が入り、四葉のクローバーのような形になっています。花芯は1本、ひもは2本切り出しておきます

02
少し入り組んだ形なので、ハサミを使えば失敗が少ないでしょう。切り口が滑らかになるよう、心がけてください

03
大小、両方の花びらパーツの中心に12号のハトメ抜きで穴を空けます

04
花びらパーツの端を遠火でゆっくりと炙ると、熱した部分だけが縮んで立体的な形になります。近すぎると焦げや火傷の原因になるので、少しずつ作業してください。初めは、端切れで練習しておきましょう

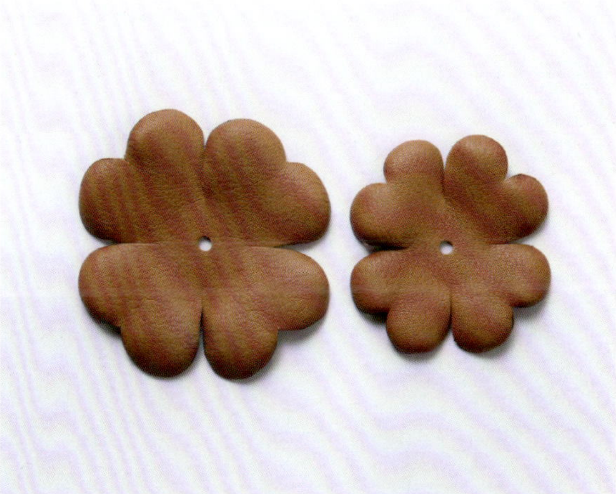

05
2枚の花びらパーツを炙り、このような花らしい形に仕上げます。ライターを使う場合は、特に焦げと火傷に注意してください

花芯となるパーツを、のり代とする端2~3mm幅を残して等間隔で刻みます。2mm程度の幅ですが、目見当でも良いでしょう

06

07 ひもパーツの端に一度巻きつけ、端が重なる位置に丸ギリで印を付けます。そこまでがのり代になるので、荒らしておきましょう

花芯パーツの裏表ののり代(ギン面は荒らした範囲のみです)にダイアボンドを塗り、べとつかなくなるまで待ちます

08

刻んだ花芯パーツの端に、先端を合わせて、ひもパーツを貼り付けます。のり代に対応する部分は、荒らしてダイアボンドを塗っておきましょう

09

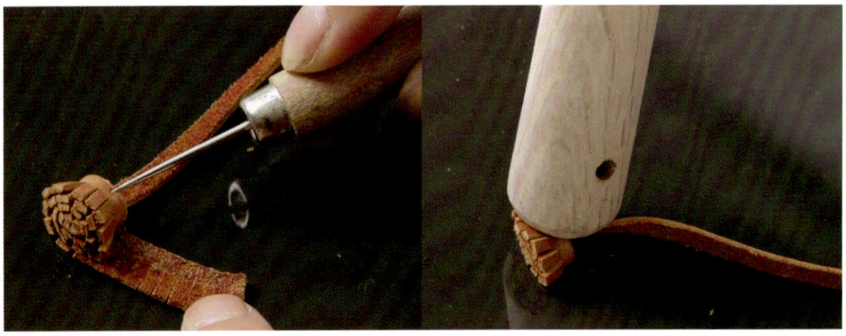

その状態から、花芯パーツをひもの先端に巻きつけていきます。たるまないように巻き、最後は木槌の柄で圧着しておきましょう

10

11 ひもの先端は、花芯の刻み幅よりも太いので、切り込みを入れて周りの刻み幅と揃えます。ここで、全体を整えておきましょう

花芯を巻き付けたひもの反対側を、2枚重ねにした花びらの穴に、表側から通します

12

花びらが回転しないように、1カ所にサイビノールを少しだけ塗り、軽く固定しておきます

13

花びらが花芯に当たるまでひもを引いて、全体をまとめます

14

裏側に出たひもは、ループ状にしてサイビノールで固定します。さらに、もう1本をずらして重ねるように固定します

15

16 ダイアボンドでコサージュ金具を取り付けて完成です。髪どめゴムを付ける場合は、円形の当て革を上から貼り付けておきます

完成！

金具を接着する際は、革の膨らみを潰さないように気をつけながら、しっかりと圧着しておきましょう

4本丸編みで作る
ウォレットロープ

レースを編んで作るウォレットロープです。4本のレースを丸編みにして、両側にナスカンを取り付けたデザインは、使いやすく人気の高いデザインです。シンプルに同色の革で仕上げてもいいですし、色を変えて編んでも面白いデザインになります。また、長さも好みに合わせて調整して、自分が一番使いやすいウォレットロープを作りましょう。

［製作のポイント］
レース編みは、その編む強さによって仕上がりの感じが変わってきます。基本はなるべく強めに編んで、きっちりと詰まった編み目にしていきます。また、使う革の種類によっても編み加減が変わってくるので、革に合わせることも必要です。

製作者　本山知輝

用意する道具

レースギリ（上）　特製レース針(太)（下）
編むのには基本的に道具はいりませんが、最後の留めで結ぶ際にレース針が必要です。レースギリもあると便利です

使用した革

○**サドルレース** 1.7mm厚/4mm幅/180cm×2

○**キット**　ナチュラル／黒　各¥1,260（クラフト社）

▶ロープ部分の編み

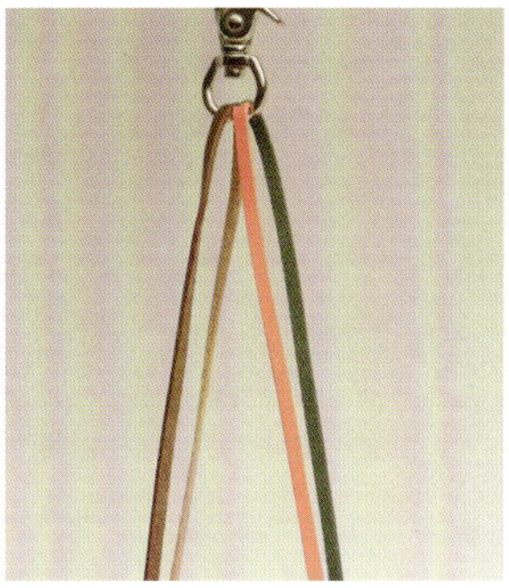

2本のレースを、ナスカンにかけます。ここでは分かりやすいように、レースの半分で色を変えています

01

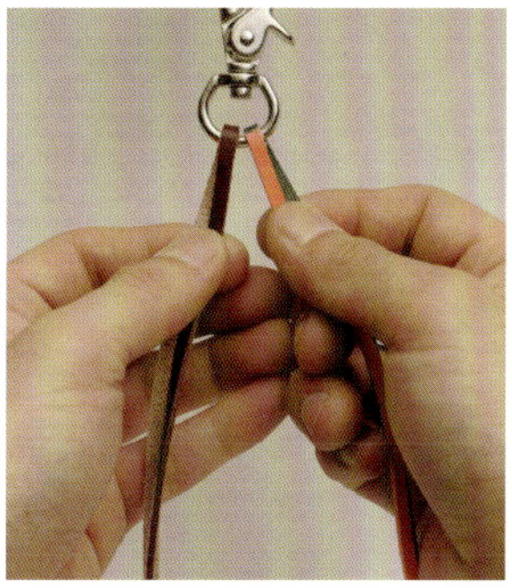

ピンクと茶色が表側、ピンクの裏側に出ているのがグリーン、茶色の裏側に出ているのがベージュです

02

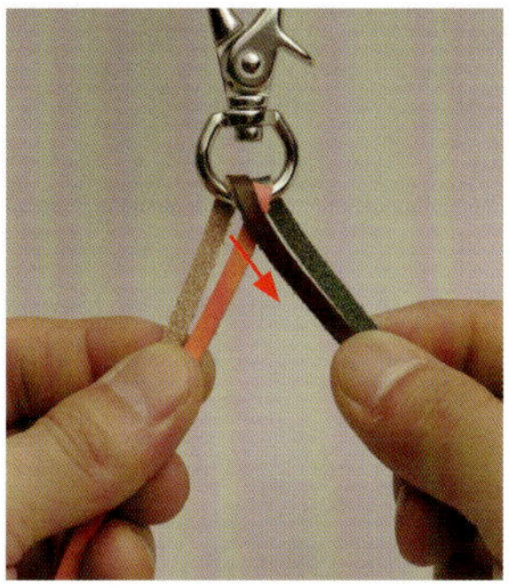

まず、ピンクと茶色を、茶色を上にしてクロスさせます

03

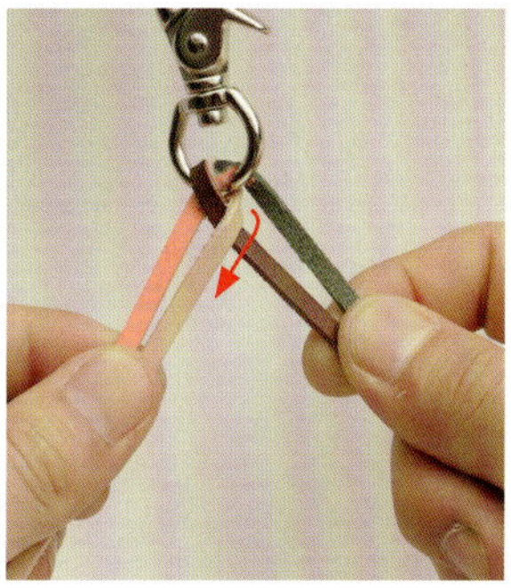

茶色とグリーンの間に、ベージュを裏から通して、茶色とクロスさせます

04

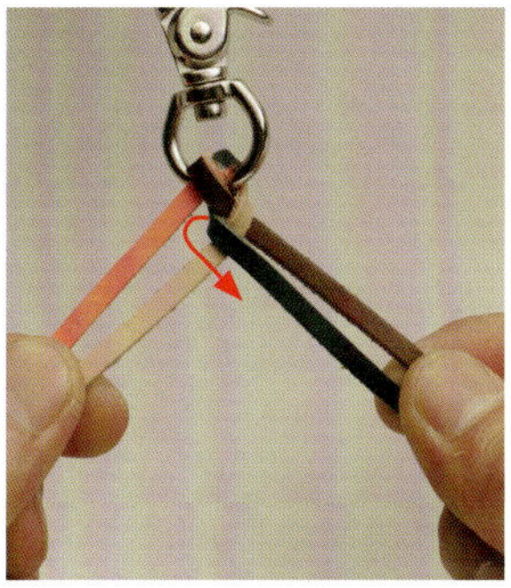

ピンクとベージュの間にグリーンを裏側から通して、ベージュとクロスさせます

05

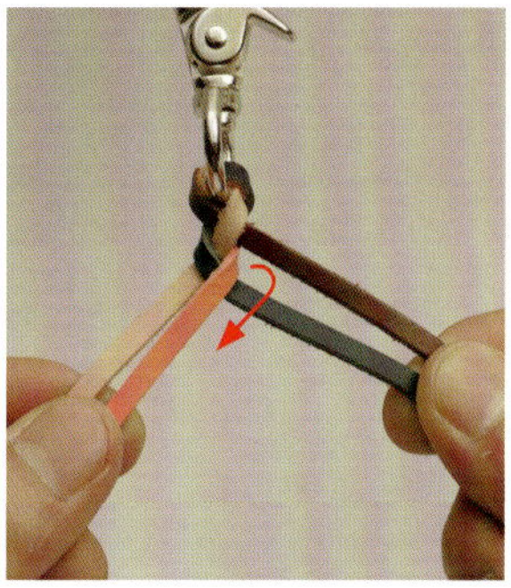

茶色とグリーンの間にピンクを裏から通して、グリーンとクロスさせます

06

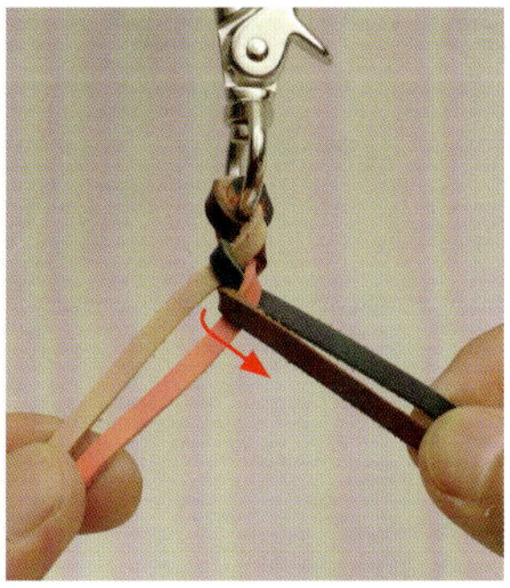

ピンクとベージュの間に茶色を通し、ピンクとクロスさせます。これで03と同じ状態になります。04から07を繰り返して編んでいきます

07

必要な長さまで編んだら、引いて目を整えます

08

▶ **角編み留め**

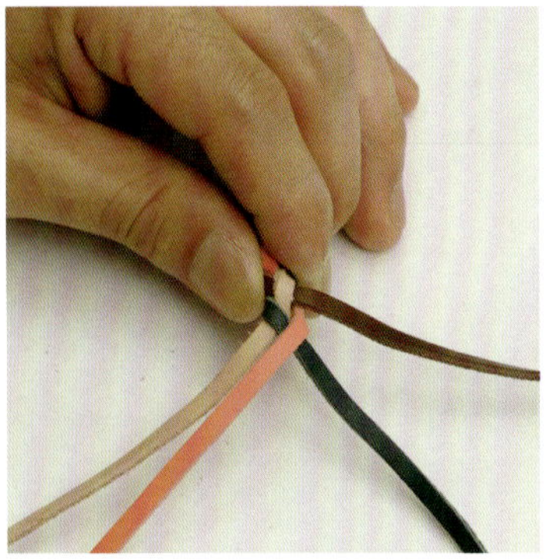

01 編み終わりの状態は、前ページの06と同じ配置し、根元をつまみます

02 裏返すとこのような状態になっています

03 ベージュをグリーンに重ねます

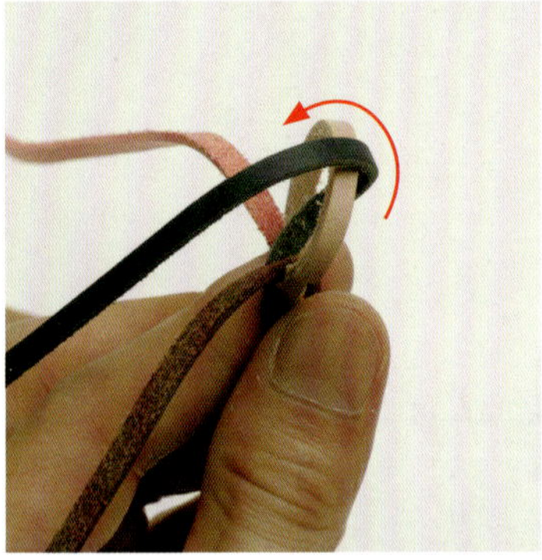

04 グリーンをベージュの上に重ねます

05 グリーンの上にピンクを重ねます

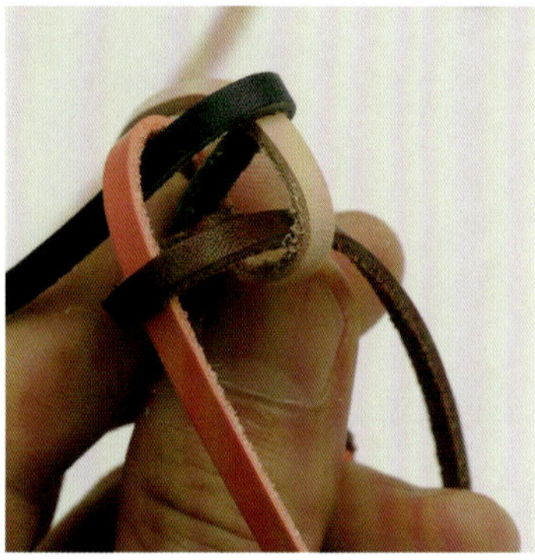

06 ピンクの上に茶色を重ね、ベージュの輪の中に通します

07 06の状態でバランスを見ながらそれぞれのひもを引っ張ると、このような結び目になるはずです

08 4本のレースの先端にレース針を取りつけるため、このように斜めにカットします

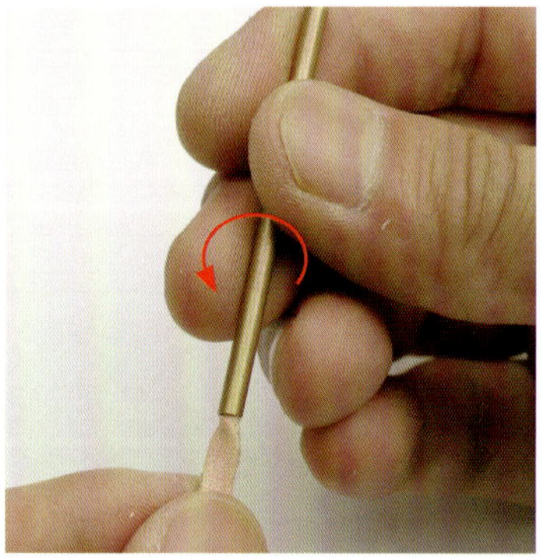

09 まず、ベージュのレースの先端にレース針を取り付けます。レース針を回し、穴にねじ込んでセットします

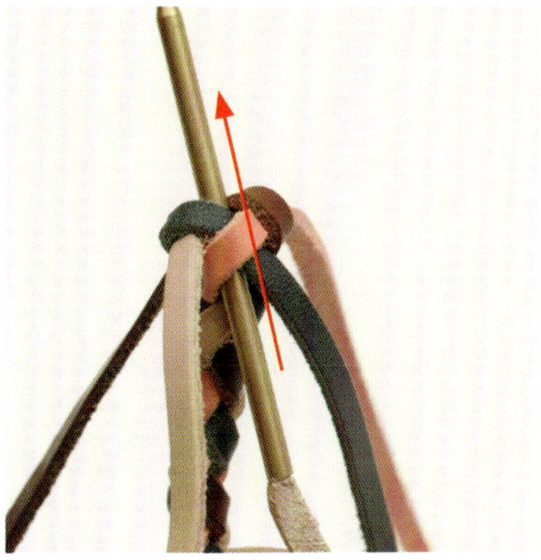

10 ベージュをピンクとグリーンがクロスしている下に通し、中央から出します。針が通りにくい場合は、レースギリで隙間を広げます

11 次にグリーンを茶色とピンクがクロスしている下に通し、中央から出します

12 さらにベージュと茶色がクロスしている下に、ピンクを通し、中央から出します

13 そして茶色を、グリーンとベージュがクロスしている下に通し、中央から出します

14 レースを引っ張ると、このような編み目になり、中央からレース4本が出ます

▶ 反対側のナスカンの取り付け

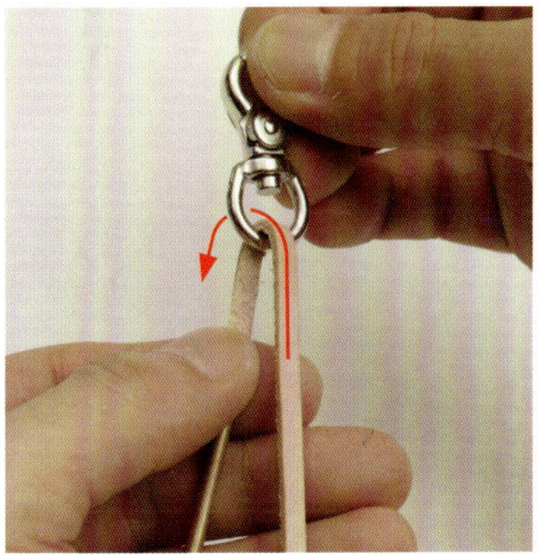

01 逆側のナスカンを取り付けていきます。まず、ベージュのレースを手前から通します

ベージュを中央のベージュの根元に通し、右写真の位置から出します

02

03 ベージュを引くと、ナスカンはこの位置に来ます

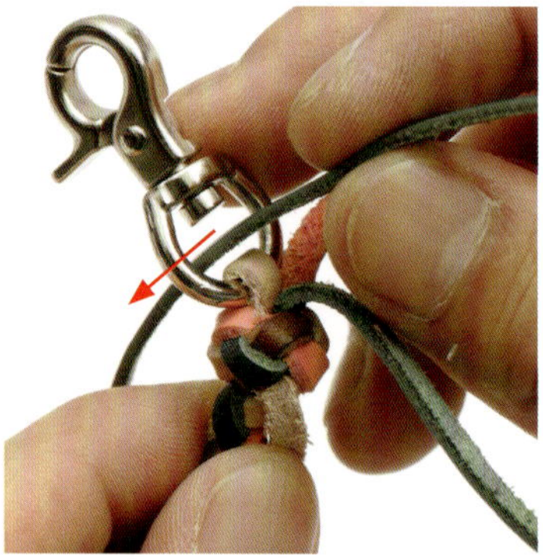

04 次にグリーンを手前からナスカンに通します

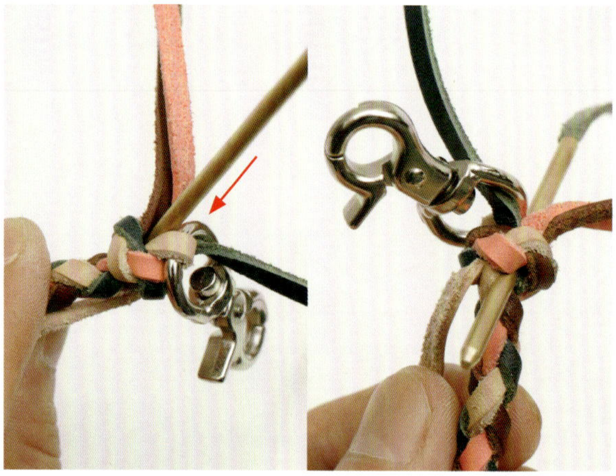

ナスカンに通したグリーンを、中央のグリーンの根元に通し、右写真の位置から出します

05

06 茶色を奥からナスカンに通します

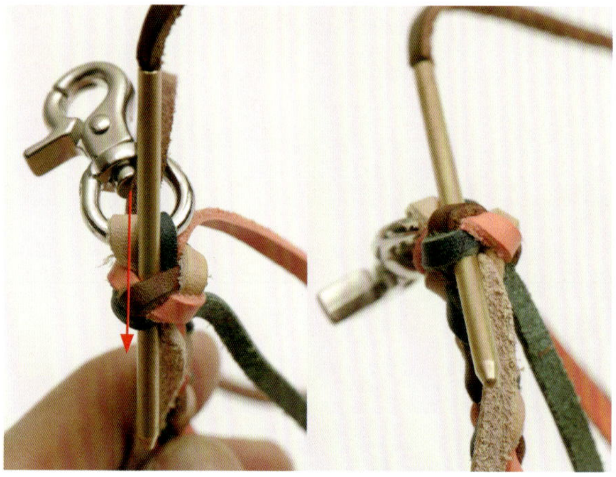

茶色を、茶色、ピンク、グリーンが重なっている編み目の下に通し、ベージュと同じの位置から出します

07

08 茶色のレースを引いた状態です。ナスカンのリングの中で、茶色はベージュの上に重ねます

09 ピンクを奥からナスカンに通します

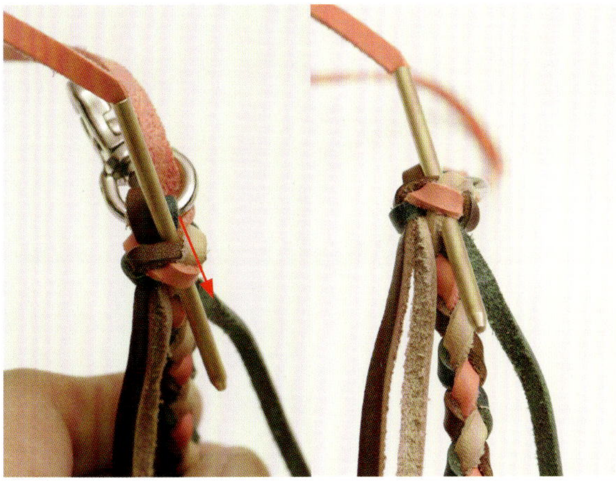

10 ピンクを、ピンク、ベージュ、茶色が重なっている編み目の下に通し、グリーンと同じ位置から出します

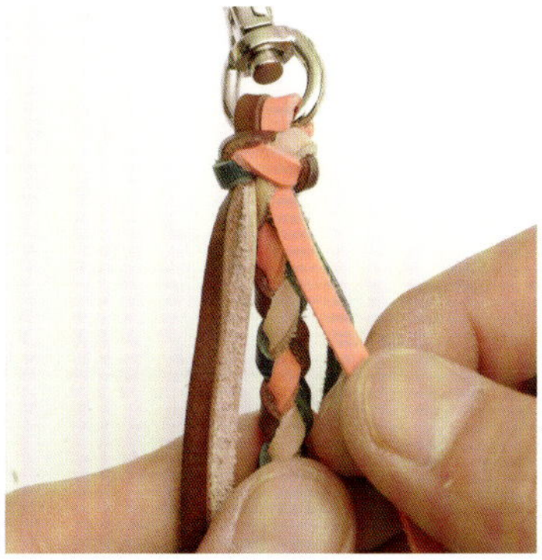

11 ピンクを引いて締め、編み目を整えてナスカンの取り付けは終了です

12 余ったレースは、好みの長さでカットします。編んだ部分を二つ折りにした長さよりも、少し短めにカットするのが定番です

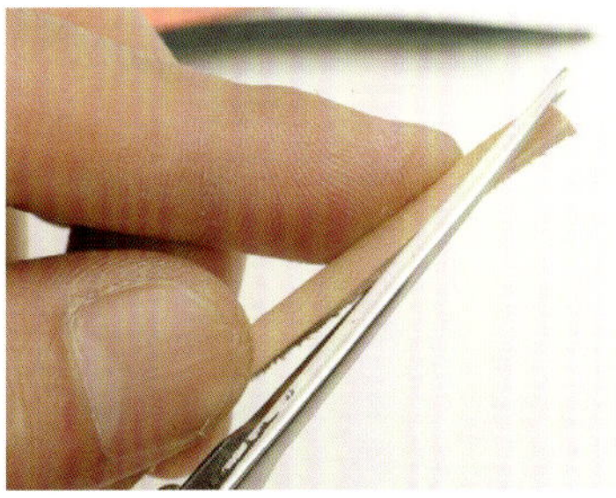

13 レースの先端を斜めにカットします。なるべくシャープにカットした方が、スタイリッシュに仕上がります

通常は一色の革で編むため、間違えることもあります。慣れるまで、根気よく編んでいくことが重要です

積み革で作る
デスクトレイ

「積み革」と呼ばれるレザークラフトならではのテクニックを利用し、立体的なトレイを作ります。革を何層も積み重ねることで厚みを出し、しっかりとした丈夫な仕上がりにすることができます。角を付けないユニセックスなデザインは、色を変えることで男女問わず使うことができ、アクセサリー、メガネ、時計、携帯、何にでも応用できるオールマイティなアイテムに仕上がりました。

[製作のポイント]

コバ面積が広く、コバ仕上げの美しさが作品のクオリティに繋がるので、予め練習しておくと良いでしょう。レザークラフトに慣れた方なら、簡単に厚みや形をアレンジすることができます。染料を入れる場合は、革よりもやや薄い色を選びましょう。

製作者　小林一敬

▶型紙はp.167

用意する道具

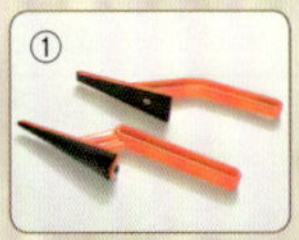

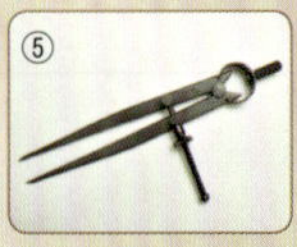

①NTドレッサー	広範囲のコバを研磨して整える必要があるので、用意すれば飛躍的に作業効率と仕上がりが向上します。曲面型も併せて用意すると良いでしょう
②帆　布	コバはしっかりと磨いてツヤを出します。力の加減や方向をコントロールしやすい帆布がお勧めです
③黒豆カンナ	何層にも重なったコバを平らに整えるなら、豆カンナは必須道具です
④クラフト染料(橙)	今回使った革の色に合わせ、コバも染色します
⑤ディバイダー	線引きや間隔を取る際に多用するので、ぜひ用意してください

使用した革

○ヴォーノアニリン 2mm厚

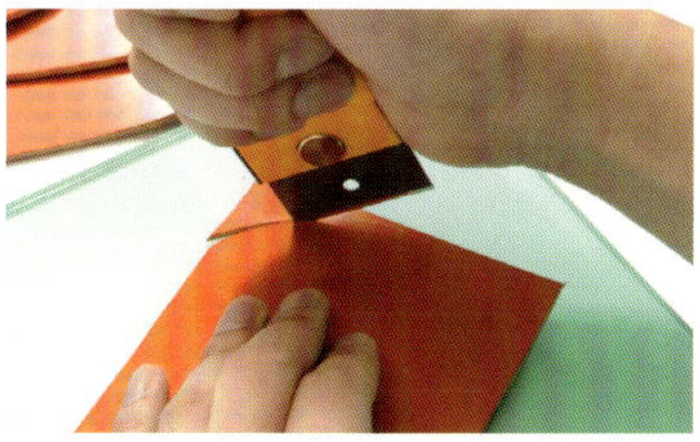

01 革を重ねた時の段差が出ないよう、なるべく垂直に切り出してください

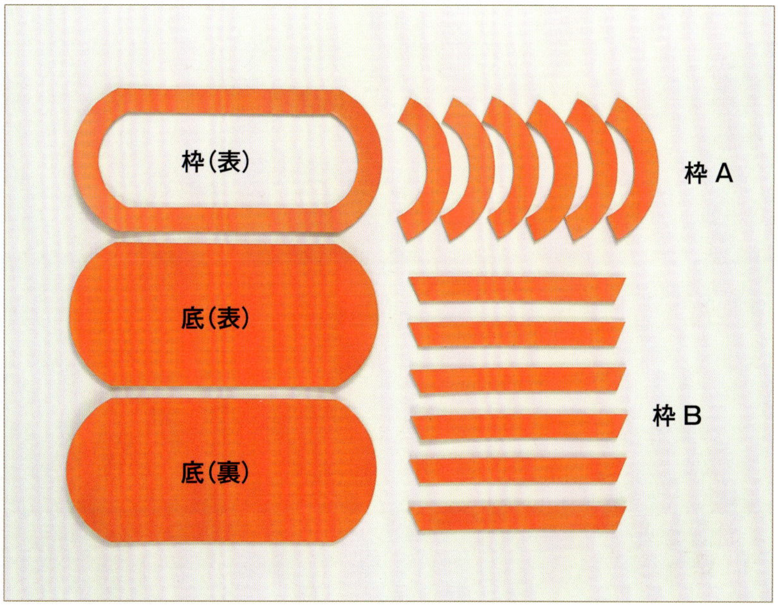

枠A・Bは3枚重ねるので、6枚ずつ切り出します。最上段には、輪になった完全な枠(表)を貼りつけます。AとBがバラバラなのは、重ねる枠を輪にすると材料に無駄な部分が多く出てしまうためです。2枚の底は、トコ面を内側にして貼り合わせます。使用する革の厚みによって枠A·Bの重ねる枚数を変え、枠の高さを好みに調節してください

02

枠(表)の型紙は、輪の状態にしてしまうと歪んでしまうため、内側は曲線部だけを切ります。材料に線をけがいたら、足りない直線部は定規を当てて書き足します

03 POINT!

04 枠AとBは重ねて貼り合わせるため、予め全てのギン面を荒らしておきます

05 サイビノールで全ての枠を貼り合わせていきます。裏向きでも形が同じなので、ギン面であった面が常に上を向くように注意して重ねてください

切り口（コバ）がなるべく平らになるように貼り重ねたら、木槌で叩いてしっかりと圧着します。さらにヘラ付ヘリみがきなどを使い、間の空気と余分なサイビノールを抜くように、外側に向かって擦っておくと良いでしょう

06

同じ形の枠同士を3枚ずつ貼り合わせ、4つの枠パーツを作ります

07

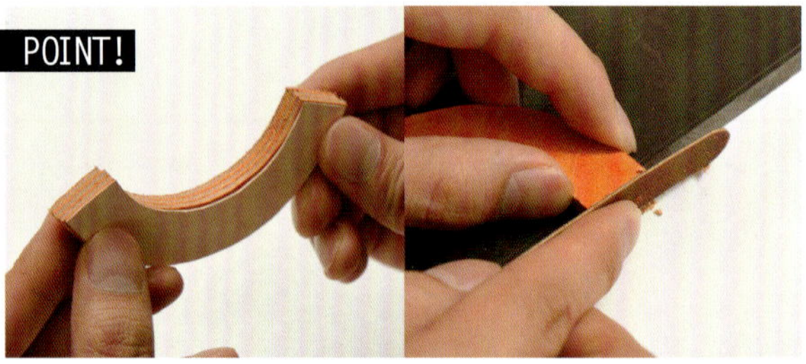

08 隣り合う枠の境目に隙間が空かないように、型紙を当てて角度を確認しておきます。適宜、サンドスティックで垂直に整えましょう

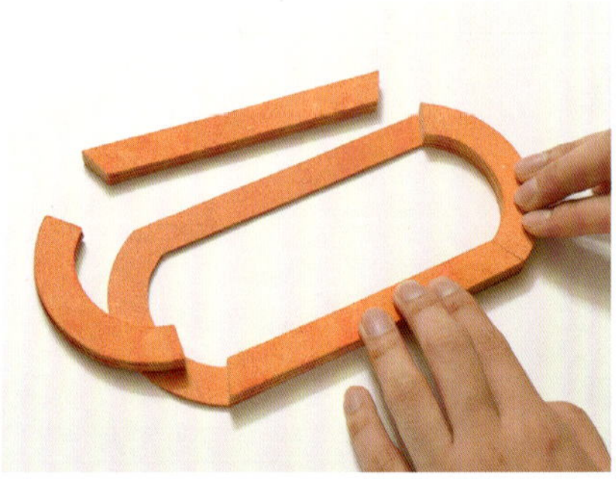

枠（表）に4つの枠パーツを載せ、隙間なく組み合わせられることを確認しておきます。隙間が空くようなら、さらに整えておきましょう

09

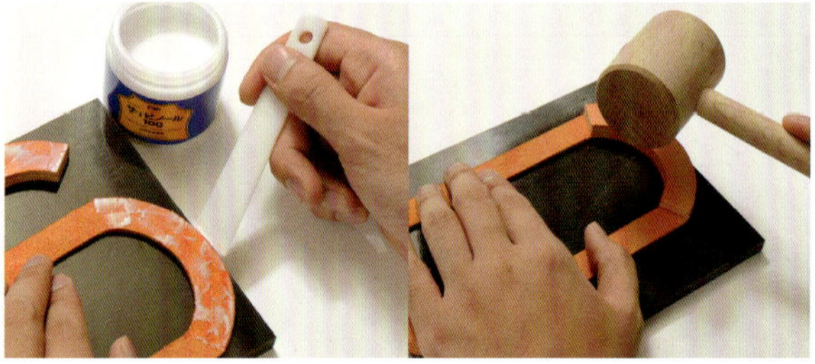

10 確認が済んだら、枠（表）のトコ面と枠パーツの上面にサイビノールを塗り、貼ります。先に曲線のパーツ2つを貼ります

11 続いて直線の枠パーツを貼る際は、曲線の枠パーツと接触するコバにもサイビノールを忘れずに塗っておきます

隙間がないようにきっちりと貼り付けたら、木槌で叩いて圧着します。繊維をしっかりと叩き固めることで、コバ磨き作業もしやすくなります

12

枠の内側は完成後には磨けないため、この時点で仕上げておきます。サンドスティックで、できる限り平らに整えましょう

13

14 「NTドレッサー」を使えば、研磨作業を効率的に行なえます。また、曲面型を用意すれば、曲線部の研磨も非常に容易になります

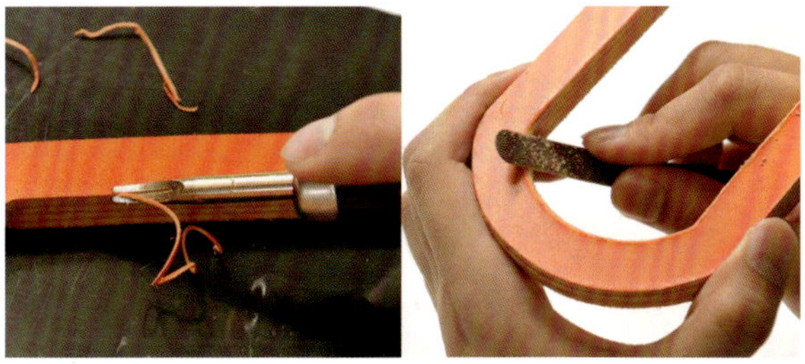

15 へりおとしを使い、上側の角だけを落とします。最後は、角とコバ共にサンドスティックの目が細かい面で滑らかに整えます

内側のコバとヘリに、適宜クラフト染料を塗ります。ムラなく色が着く程度で充分です

16

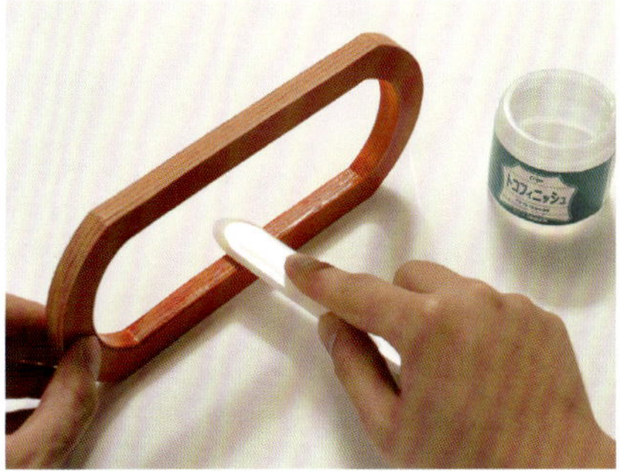

内側のコバをトコフィニッシュで仕上げます。一度に全面を磨かず、各辺ごとに分けて丁寧に仕上げましょう

17

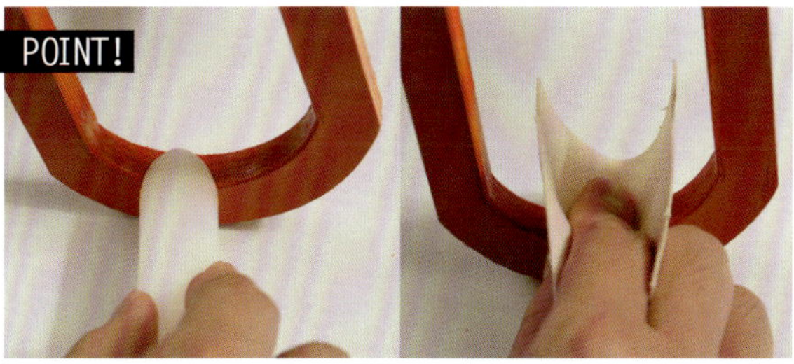

18 ヘラ付ヘリみがきでは曲線部が磨きにくいので、帆布の使用をお勧めします。力も入れやすく、ツヤのある仕上がりになります

枠内側のコバだけを磨いて仕上げました。後で磨き直せないので、この時点で納得のいく仕上がりを目指してください

19

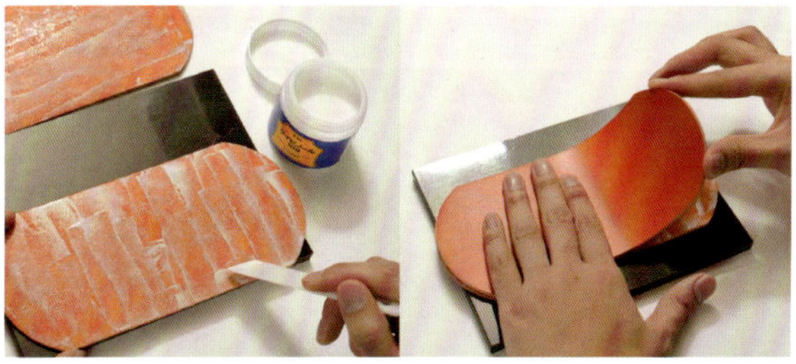

20 底(表)と底(裏)、両方のトコ面全面にサイビノールを塗り、ぴったりと貼り合わせます

底パーツも、しっかりと叩いて圧着し、繊維を固めておきましょう

21

POINT!

22 「ディバイダー」を枠（表）の型紙に当てて枠よりも1mmほど狭く設定し、その幅で底パーツの周囲をけがきます。けがいた線よりも外側が、枠を貼り付けるためののり代になります

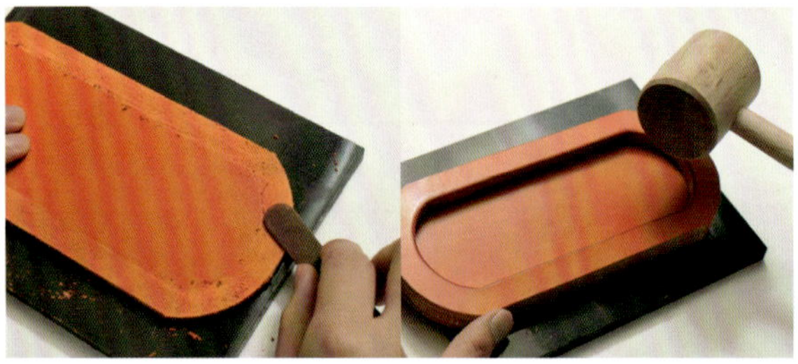

23 底パーツののり代をサンドスティックで荒らし、サイビノールで枠パーツを貼り付けたら、木槌でしっかりと圧着します

トレーの形になったところで、外側のコバを研磨して平らに整えます

24

POINT!

「豆カンナ」があれば、正確に近い平面に素早く整えることができます。コバ仕上げのクオリティを上げる、便利な道具です

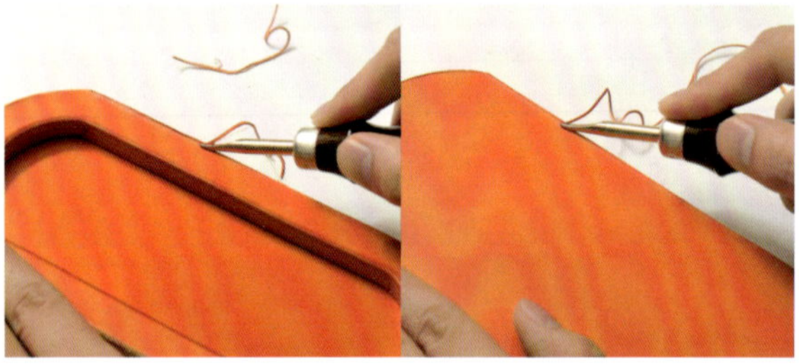

25 へりおとしを使い、外側の上下の角を落とします

内側と同様、最後は角とコバ共にサンドスティックの目が細かい面を使い、滑らかに整えてください

26

染料も、内側と同様にムラができない程度に薄く塗り伸ばします

27

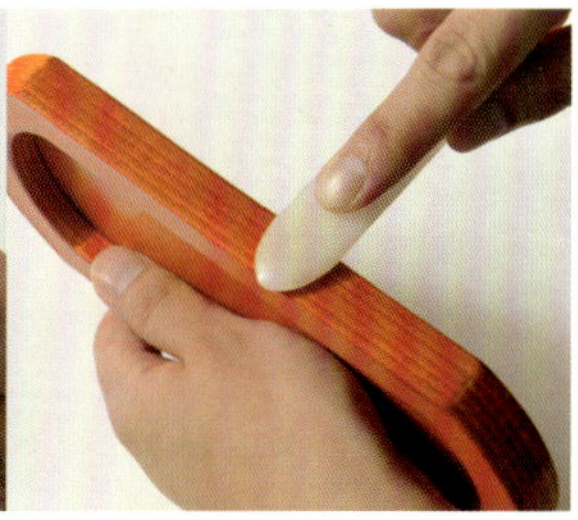

28 各辺ごと、丁寧にトコフィニッシュを塗って仕上げます。強すぎるとコバが潰れてしまうため、力加減が重要です

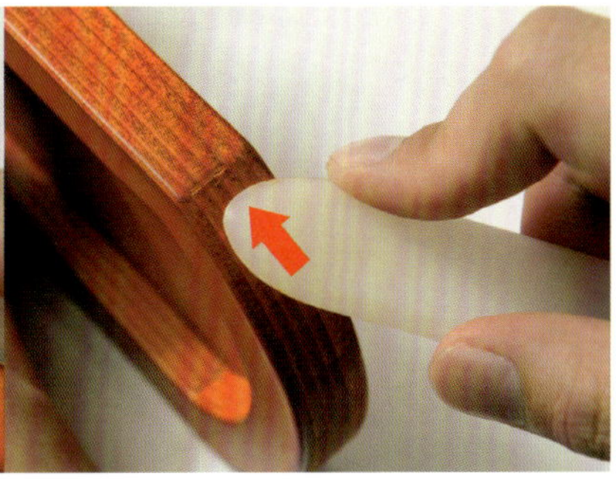

コバが潰れると横に押し広がってしまうので、角側から押さえて整えます。また、枠パーツの繋ぎ目に隙間が開かないよう、隙間を詰める方向に力をかけましょう

29 POINT!

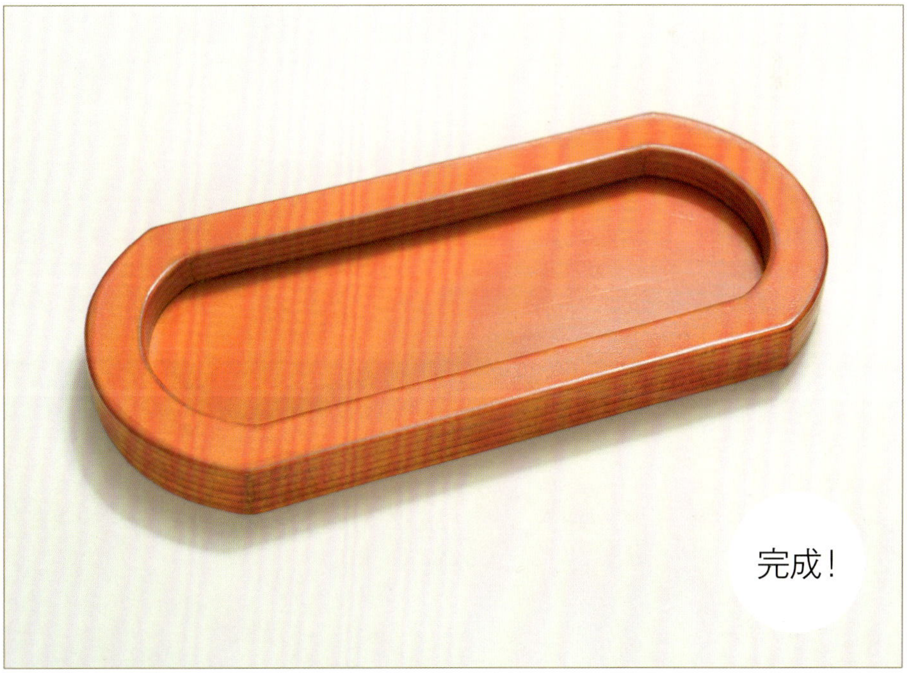

シンプルな作りなだけに、一つひとつの作業が仕上がりの美しさに影響します。多くの時間をひとつの作品にかけ、可能な限り丁寧に作り上げることも、レザークラフトの醍醐味です

可塑性を使って成形する
恐竜モビール

タンニンなめしの革には、クセの付きやすい可塑性という性質があり、水で濡らして柔らかい時に付けた形が乾いた時にそのまま持続されます。このアイテムは、その可塑性を利用して、まるで粘土のように革を成形して作ります。ある程度やり直すことができるのでじっくりと取り組んでみましょう。乾いてくると硬くなるので、適宜濡らしながら作業するのがポイントです。

[製作のポイント]

モビールに仕立てなくても、フィギュアとしても充分な存在感を持つこのアイテム。表面にテクスチャーを付けて、よりリアルな仕上がりにしたり、色革を使ってポップな仕上げにしても面白いでしょう。自由な発想で、製作が楽しくなるアイテムです。

製作者　本山知輝

▶型紙はp.174/175

用意する道具

ハサミ
パーツが複雑な形状をしているため、ハサミを使って裁断します

クイキリ
モビールに使用する銅線をカットするのに使います。ニッパー等でも代用できます

使用した革

○ サドルレザー　1.5mm厚

○ キット　プテラノドン/トリケラトプス　各¥1,575（クラフト社）

モビールに仕上げる場合は、2mm径の銅線とテグスを用意します

［プテラノドン］

プテラノドンは頭部の成形が複雑なので、丁寧に成形していきましょう。翼の部分には抑揚を付けて、躍動感を出します。各部のちょっとした表情の付け方で、仕上がりの印象がかなり変わってくるのでイラストなどで研究してみましょう。

▶切り出しと頭部の成形

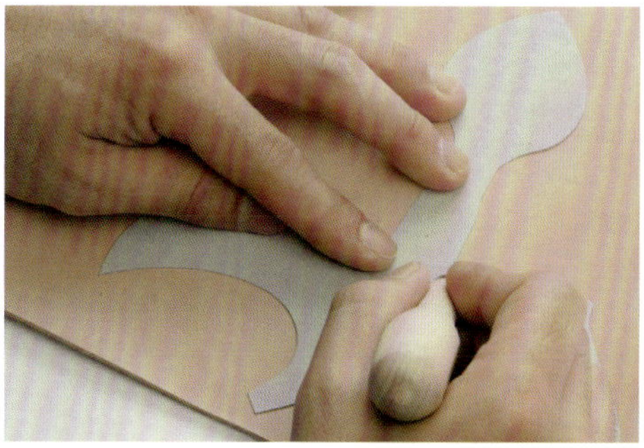

01 型紙を革のギン面に合わせて、丸ギリでけがきます

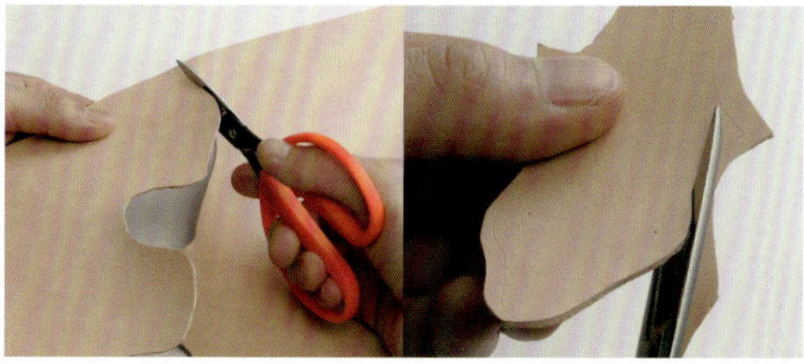

02 はさみで切り出します。まず一度大きめに粗裁ちしてから、線に合わせて切っていくと良いでしょう

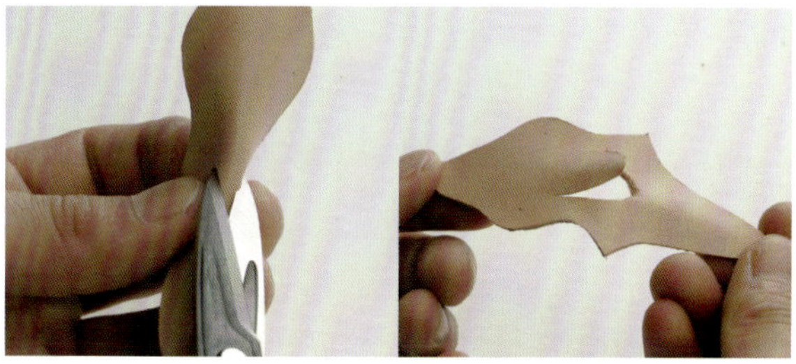

03 頭のパーツをけがいた線に合わせて切り出したら、縦に二つ折して切り込みを入れて、内側を裁断します

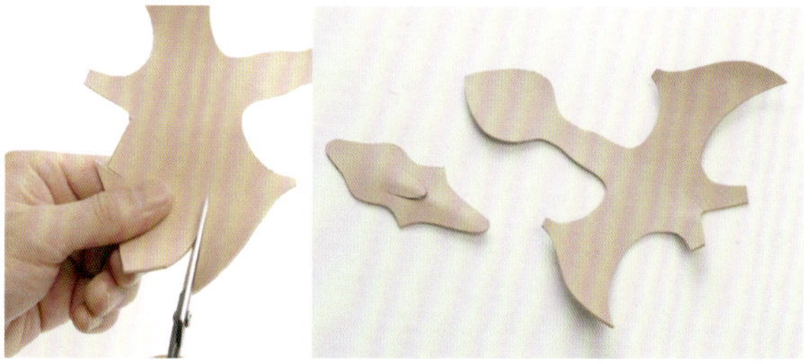

04 胴体のパーツも、けがいた線に合わせて切り出します

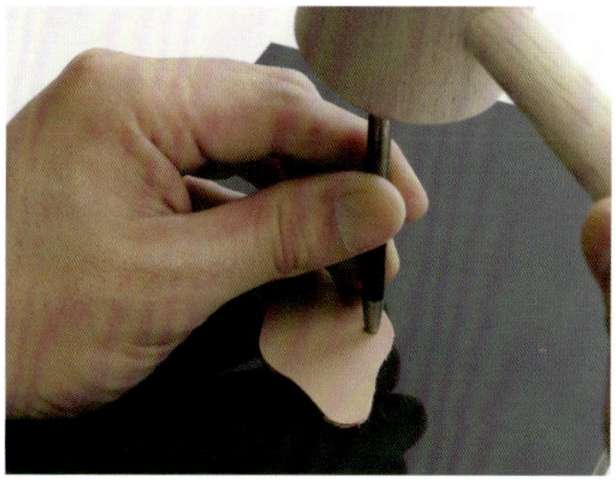

05 頭のパーツに、10号のハトメ抜きで目になる穴を空けます

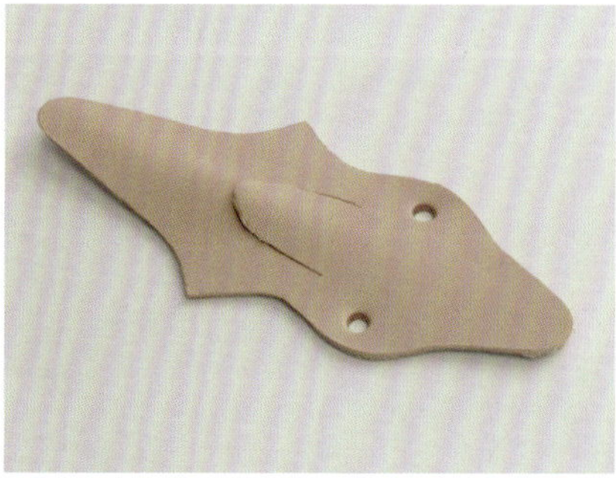

06 頭のパーツに、目の穴を空けた状態です。ここから成形していきます

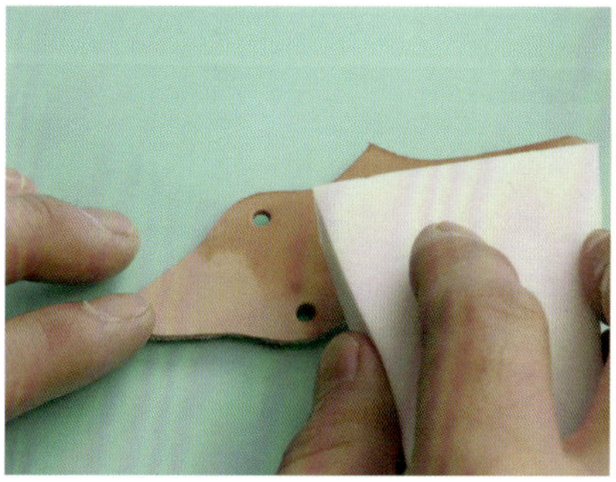

07 頭のパーツの裏側から2~3回ずつ、しっかり水を染み込ませます

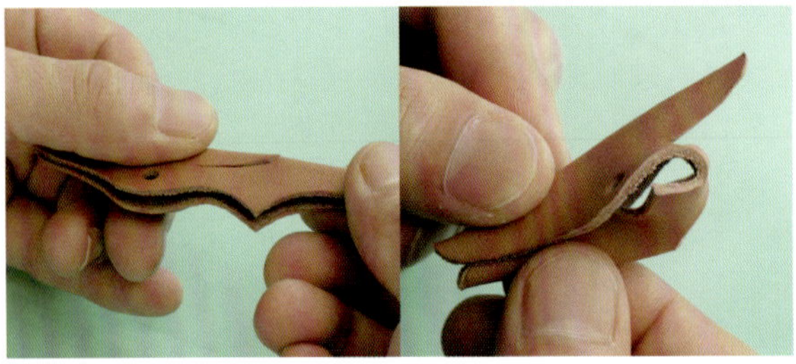

08 水を染み込ませたら、まず縦に二つ折りにして折り目を付けます。パーツを曲げ、下クチバシ先端が少し後方になるように揃えます

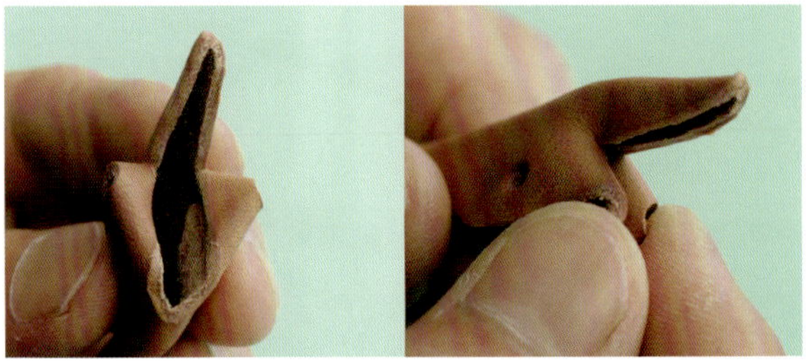

09 頭部後ろを写真のような形状にし、クチバシ先端が動かないように押さえながら、しっかりと折ります

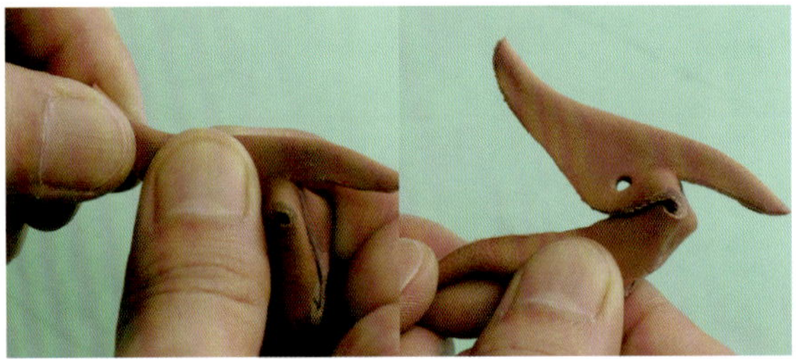

10 上下クチバシ先端と角を曲げて、頭部のラインを成形します。先端をつまんで、伸ばすような感じです

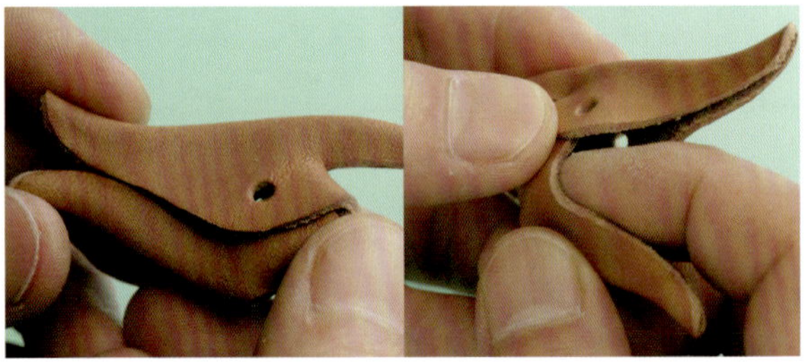

11 上あご、下あごに指を入れて、内側から膨らみを付けます。乾いてきているようなら、もう一度水を染み込ませます

バランスを見ながら形を整えて、頭を完成させ、しっかり乾かします

12

▶ 胴体の成形

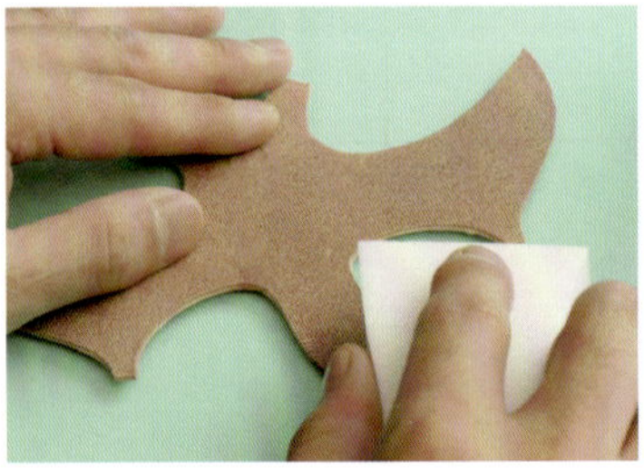

01 胴体のパーツの表裏から2～3回ずつ、しっかりと水を含ませます

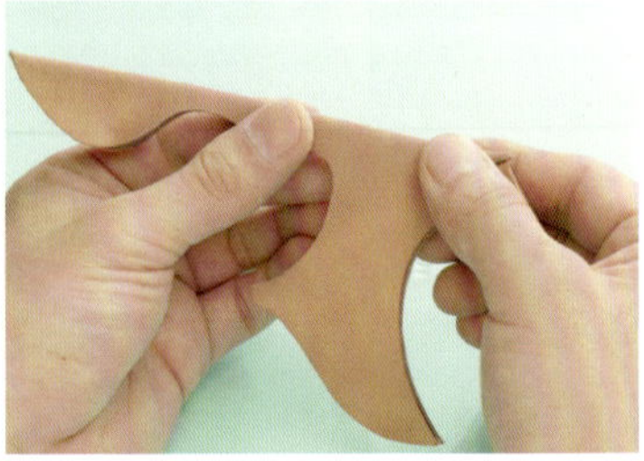

02 まず縦に二つ折りにして、背筋の折り目を付けます

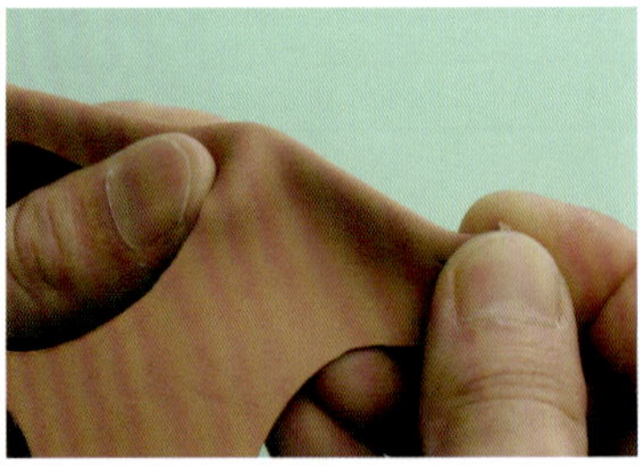

03 背筋の折り目の翼の付け根付近を伸ばすように曲げて、山状にします

足を内側から裏にくるくると巻いて、筒状にします。足先は広げたまま残します

04

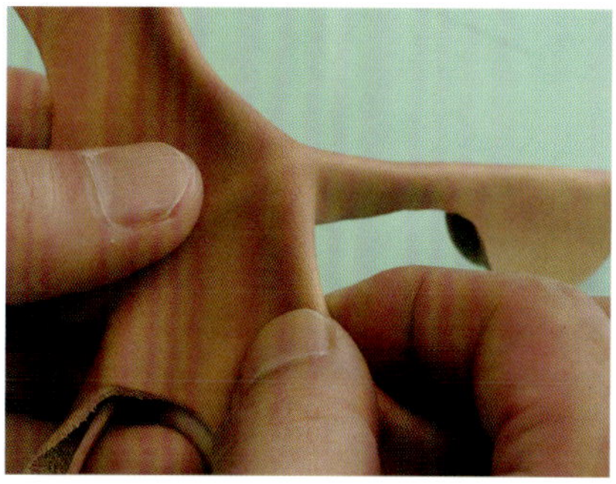

翼の前端部を、裏側に曲げながらつまみ、ふくらみを成形します

05

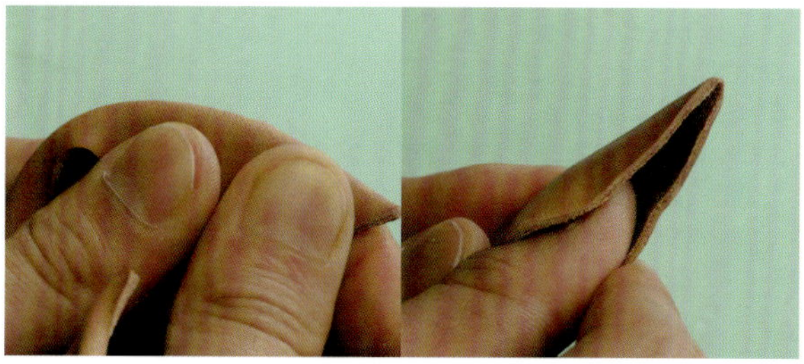

06 腹を伸ばすように曲げて丸みのあるラインを成形し、裏側から側面を押して膨らみを付けていきます

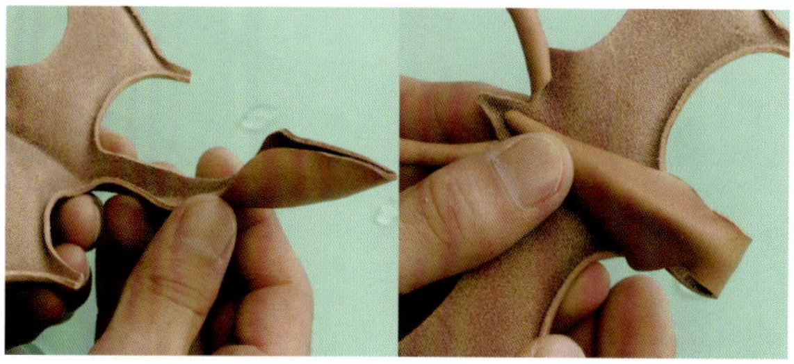

07 腹になる部分の成形ができたら首の部分を折り返して、腹先端を尾の半分程の位置に合わせ、腹を胴体の裏側に収めます

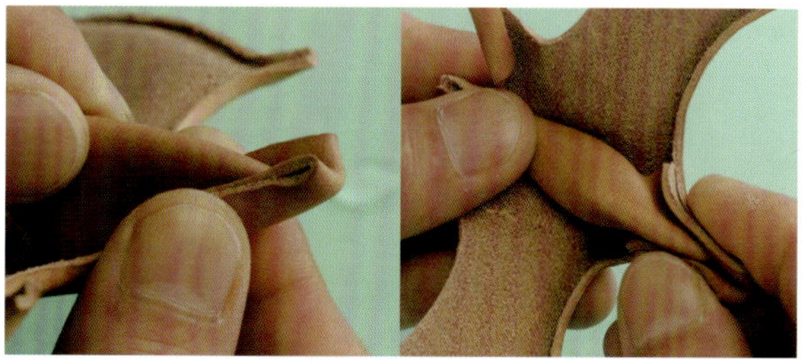

08 首表と首裏が重なったまま、背に沿って折ります。胸が首の間に挟まる形に調整しましょう

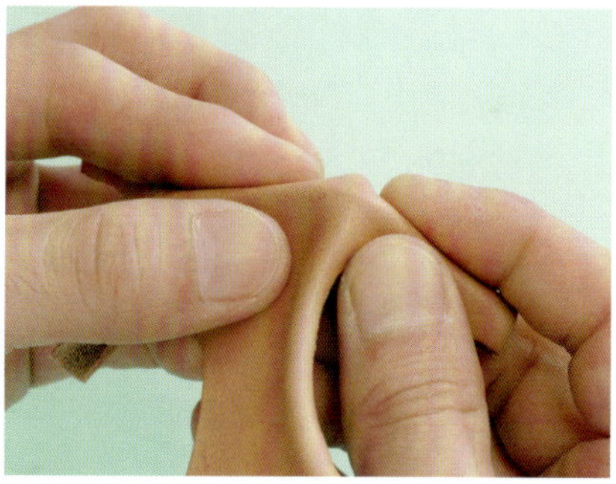

首表と首裏の端が揃うように整えます。腹を背に軽く当てながら。背中のラインを整えます

09

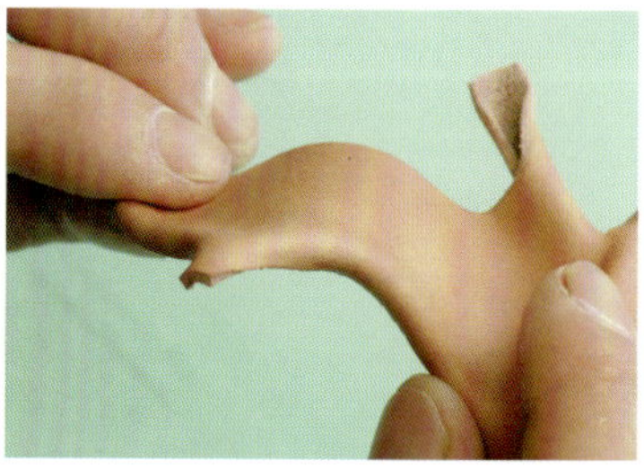

10 翼に抑揚を付けます。翼の中程にかけて膨らませ、翼端は窪ませます

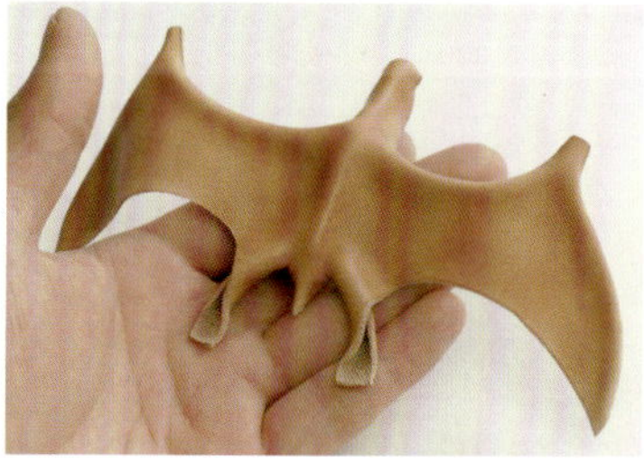

11 両足を曲げて、足先を後方に向けます。翼の抑揚の具合は好みで調整しましょう

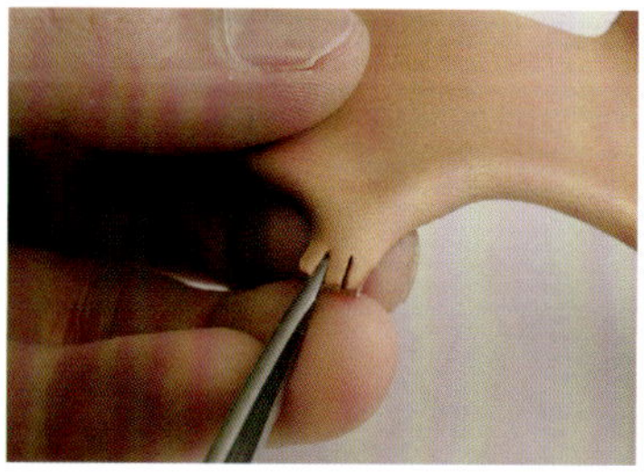

12 ハサミで切れ目を入れて、指を作ります。後ろ足の指も同様にして作ります。前足が3本、後ろ足が4本です

▶ **頭部と胴体の接合**

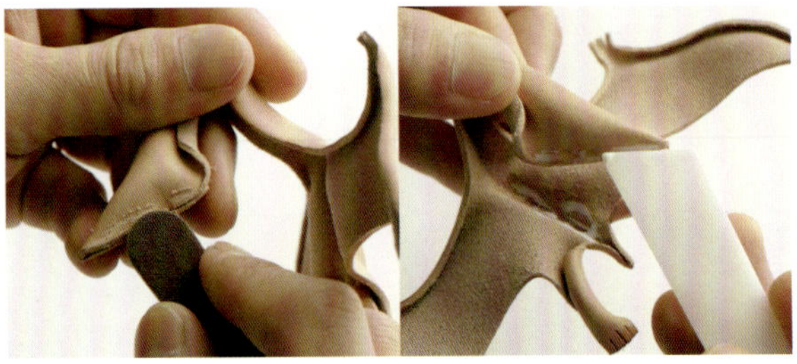

01 しっかり自然乾燥させたら、腹の部分の縁から5mm程ギン面をサンドスティックで荒らし、サイビノールを塗って貼り合わせます

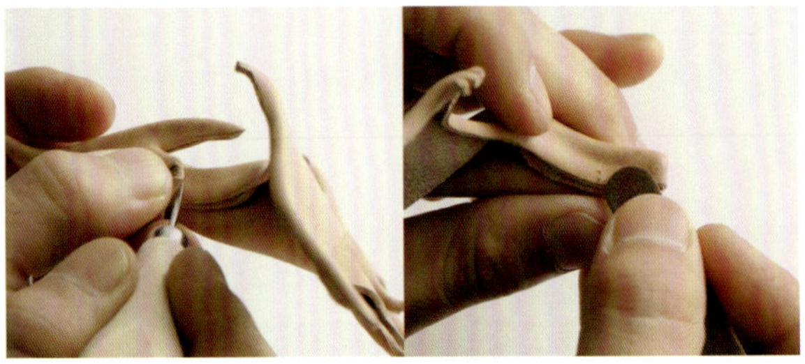

02 頭と胴体を合わせてみて、貼り合わせる位置に印を付けます。首部分の先端を、印の所までサンドスティックで荒らします

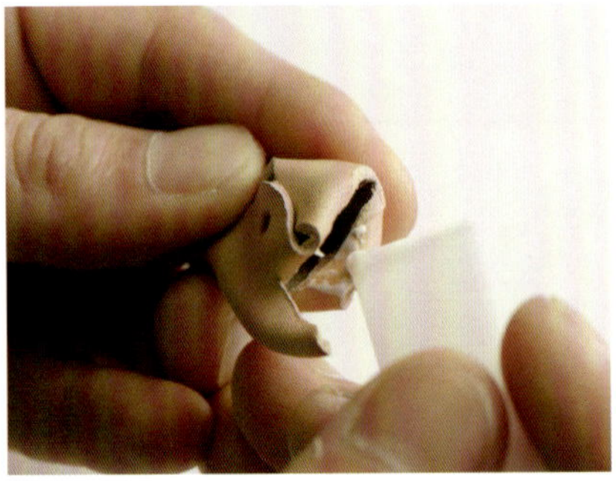

頭の後端部の内側をサンドスティックで荒らし、サイビノールを塗ります
03

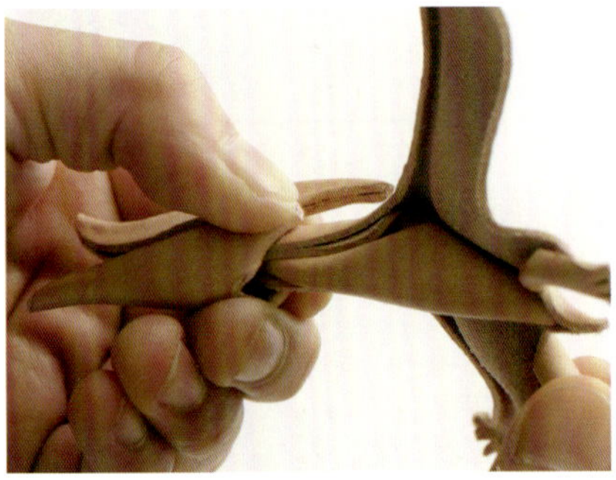

荒らしたクビの先端部分にもサイビノールを塗り、頭と貼り合わせます
04

シンプルなパーツ構成にも関わらず、しっかりとした造形のプテラノドンが仕上がりました。革の可塑性を上手く使いこなして、様々なポージングを楽しんでみましょう

[トリケラトプス]

トリケラトプスは、頭部が角と顔の2ピースで構成されています。丸めて作られる角や、フリル（頭の後ろの立ち上がったヒダ部分）の部分など、繊細に仕上げる必要のある箇所が多いので、水分が乾かないように注意します。

▶ 頭部の成形

トリケラトプスのパーツを切り出します

01

顔のパーツの、角と目の部分に穴を空けます。後ろふたつの角は30号、前は20号、目は10号のハトメ抜きを使います

02

穴の開けられた顔のパーツです

03

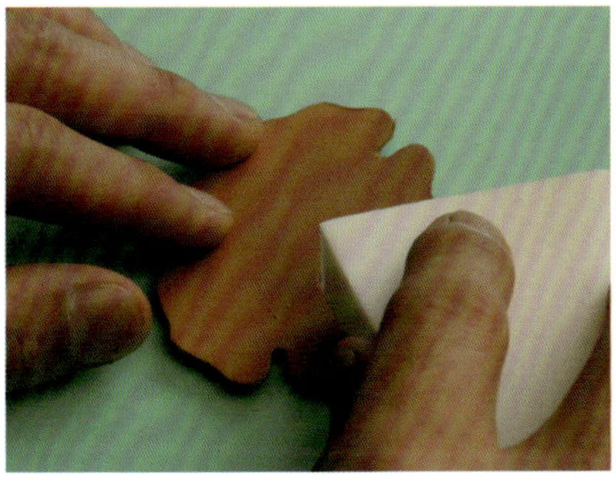

顔パーツの表裏から2~3回ずつ、しっかり水を含ませます

04

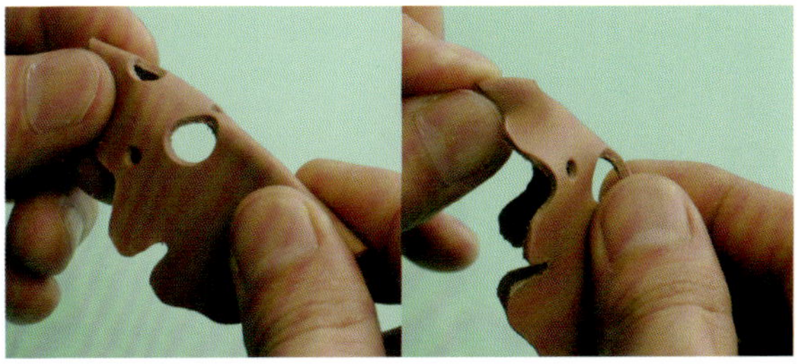

05 額を残して中心でしっかりと折り、先端を伸ばすように下方にまげてクチバシを作ります

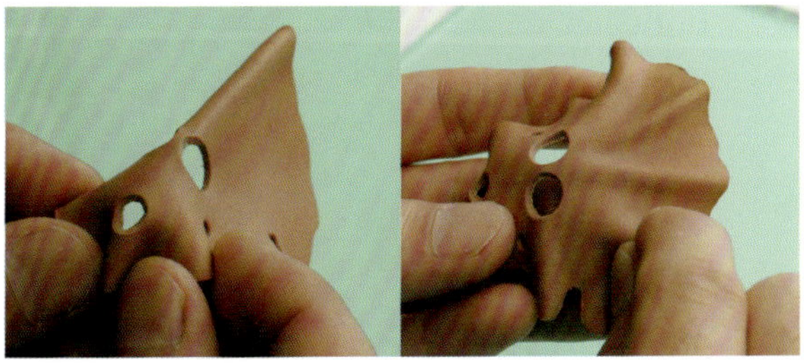

06 さらに横の部分をつまんで立体的にします。そして、最大の特徴とも言えるフリルをしっかり折り、ひだを作っていきます

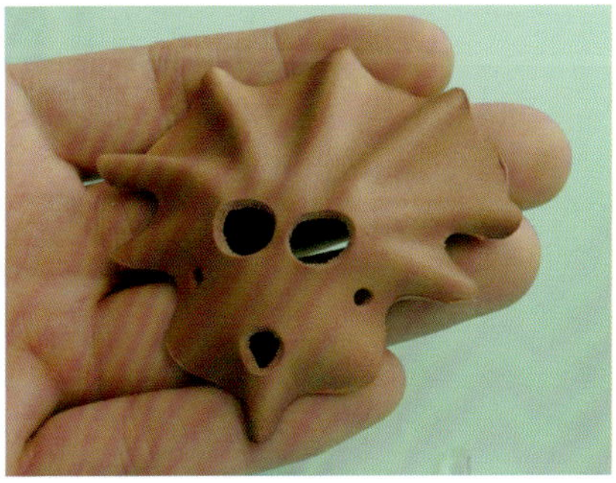

顔のパーツは、このような状態になります

07

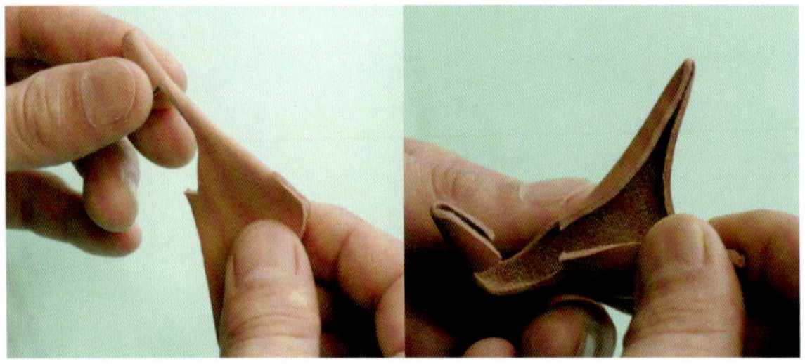

08 角のパーツを成形します。中心でしっかりと折り、パーツの先端を丸めて円錐状にして3本の角を作ります

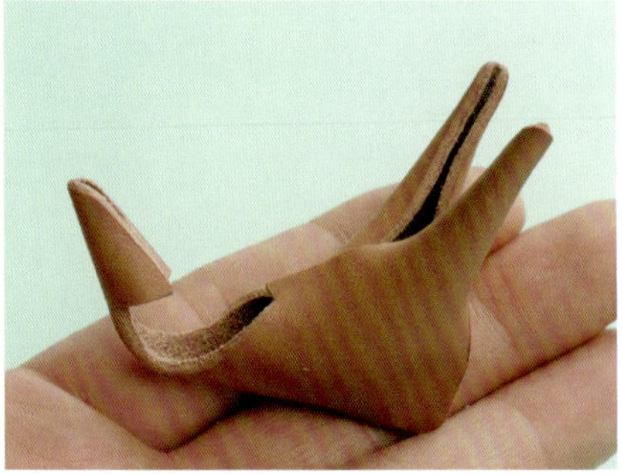

角のパーツは、このような状態になります

09

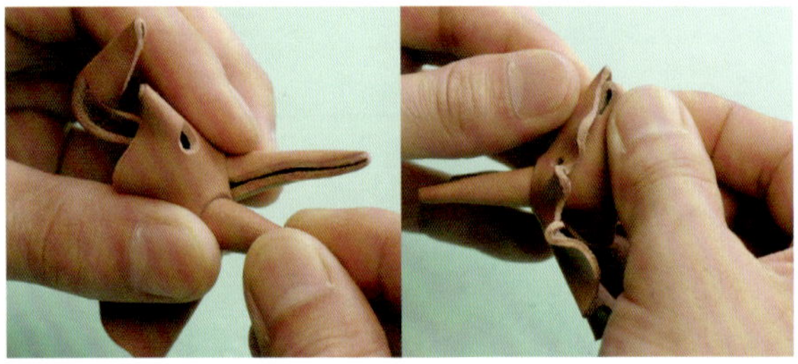

10 頭のパーツと角のパーツを組み合わせてます。大きい角が約3cm、小さい角が約1cm表に出るように調整します

大きい角をねじりながら前に曲げ、角度を付けます

11

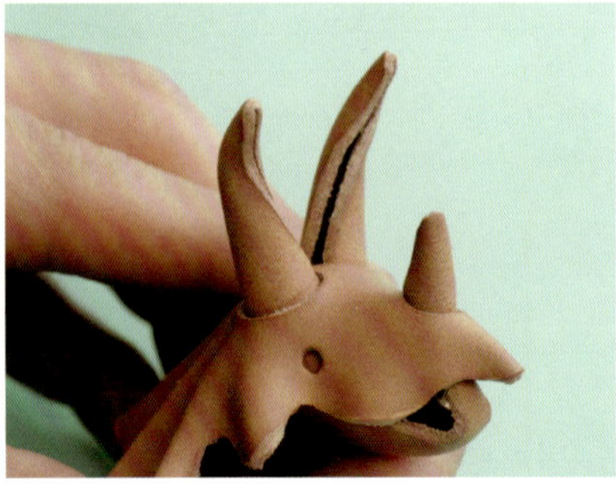

角はこのような形に仕上げます。小さい角は、やや後方に曲げます

12

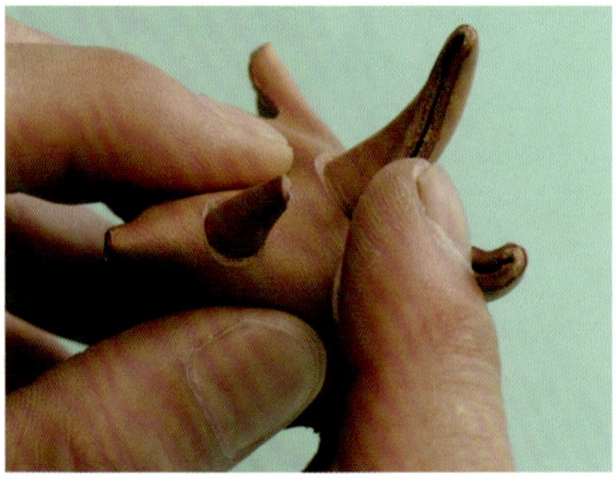

目を押さえながら額を押して、平坦に形を整えます

13

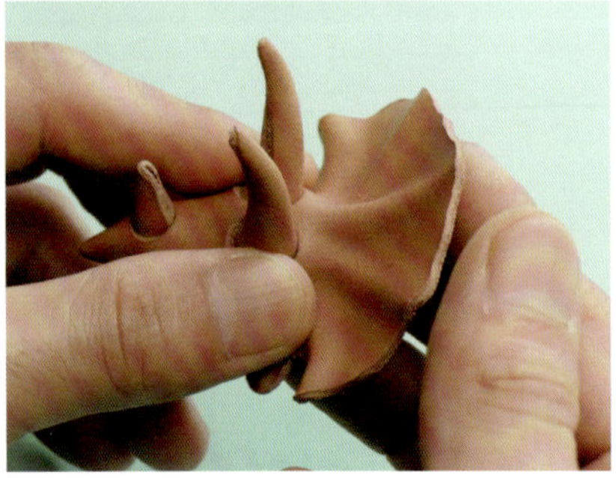

角の生え際を押さえながら、フリルを起こします。角度は、バランスを見ながら決めます

14

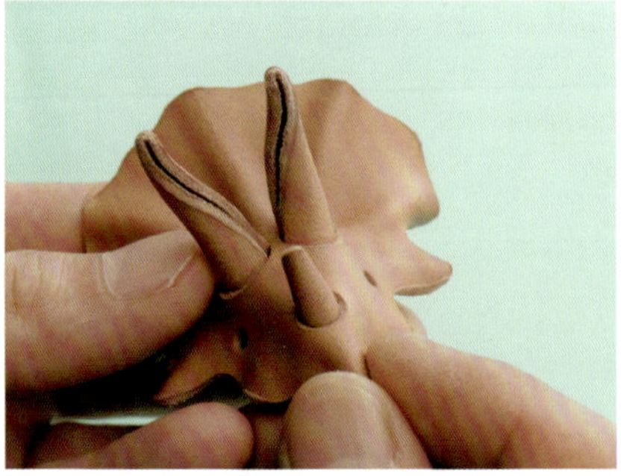

全体を見直して、微調整します

15

頭はこれで完成です。しっかり乾かしましょう

16

▶ 胴体の成形

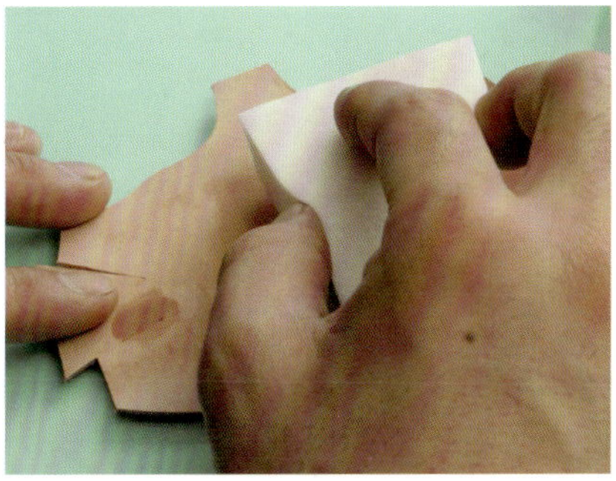

胴体のパーツの表裏から2〜3回ずつ、しっかり水を含ませます

01

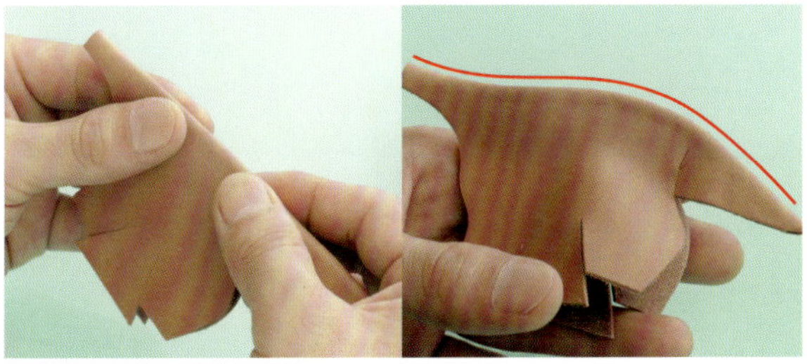

02 背中で縦に二つ折にして、伸ばすように曲げて背中のラインに丸みを付けます。少し力を入れて引っ張ることで、繊維が伸びます

尻尾の部分を円錐状に丸めます

03

4本の脚を円柱状に丸めます

04

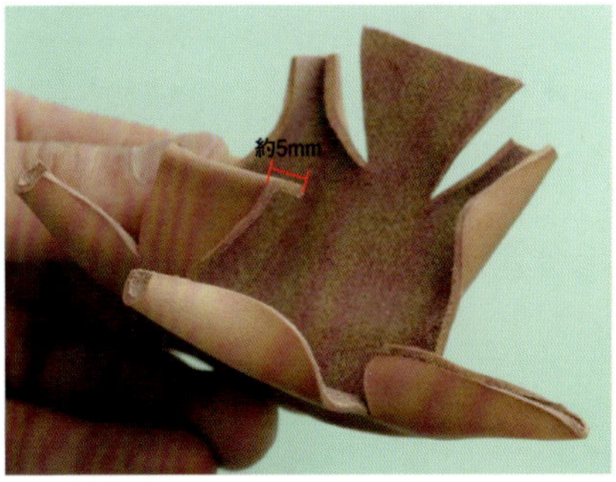

尻腹の先端5mm程を直角に折り、脚の付け根で内側に曲げます

05

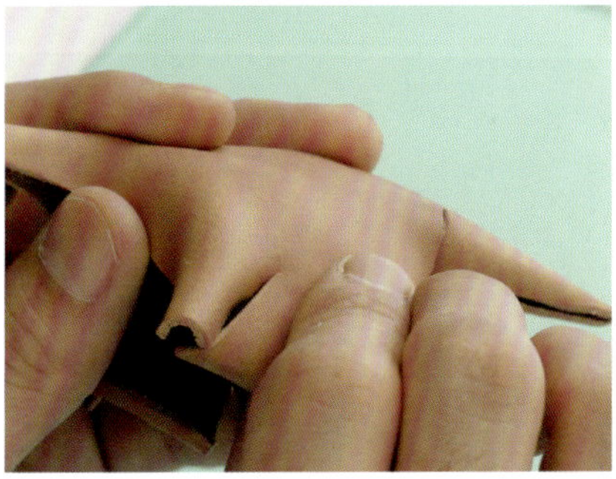

胴体の内側に指を入れて、膨らみが出るように成形していきます

06

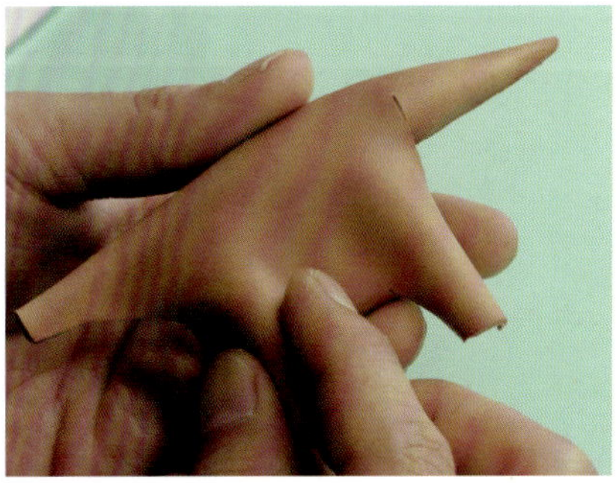

肩〜前脚、尻〜後脚が自然な流れになるように、胴体に脚のふくらみを緩やかに成形します

07

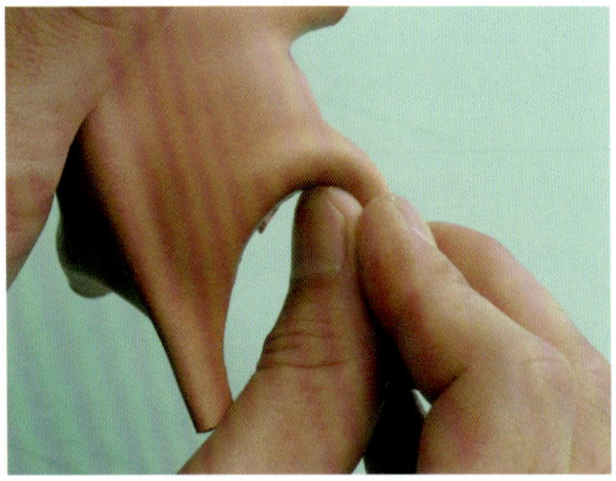

背～足先が山なりになるように成形し、足先を前方に曲げます

08

後脚も山なりになるように成形し、前脚とのバランスを取ります。尾を寝かせて、付け根を脚の間に入れます

09

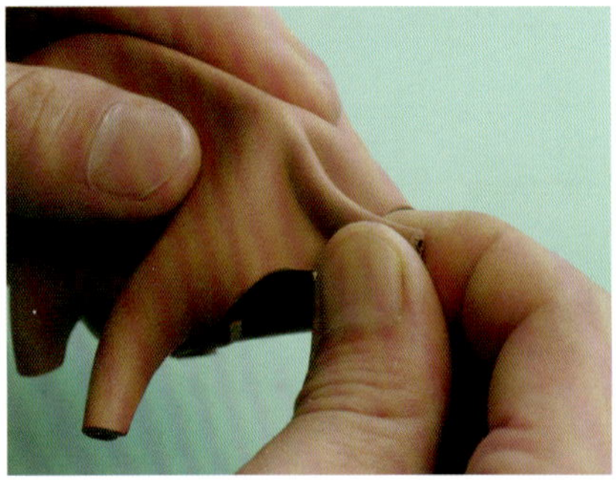

肩を頂点に、首を伸ばすように下方に曲げて段を作ります。ここまで作業したら、よく乾かします

10

▶ **頭部と胴体の接合**

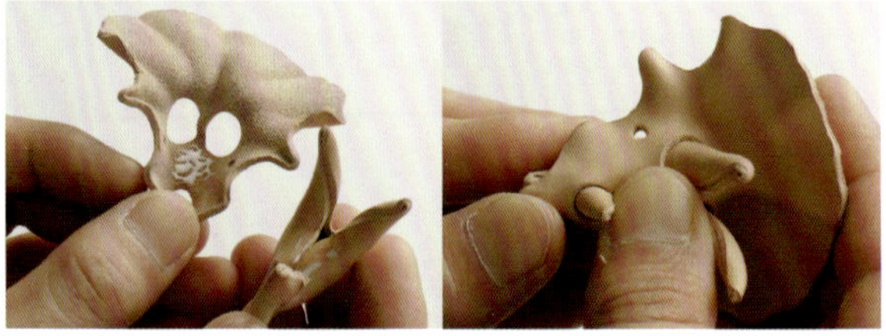

01 頭部を分解し、顔と角にサイビノールを塗って、貼り合わせます。きちんと接触する場所にサイビノールを塗るようにしましょう

折り曲げた腹の先端5mmをサンドスティックで荒らし、サイビノールを塗って貼り合わせます

02

クビの部分の先端を荒らしてサイビノールを塗り、内側にサイビノールを塗った頭と貼り合わせます

03

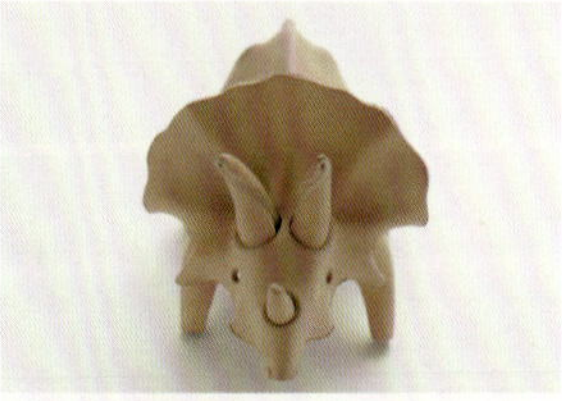

かなり頭が重くできていますが、前脚に角度を付けたことで、安定しています

[モビールに仕上げる]

仕上がったプテラノドンとトリケラトプスを、モビールに仕上げていきます。モビールはバランスが大切なので、少しずつ調整しながら取り付け位置を決めます。ストッパーとテグスを仮留めして、慎重に位置を決めていきましょう。

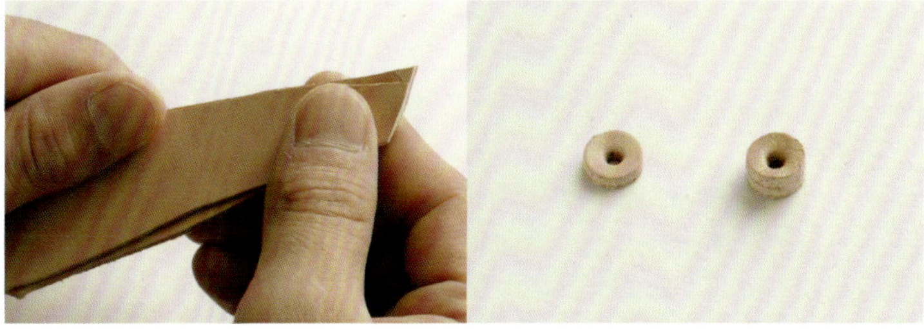

01 ストッパーは厚みの違う2種類を作ります。厚い方は革を2枚貼り合わせてからハトメ抜きで丸く抜きます。ハトメ抜きのサイズは外側が20号、中が4号です

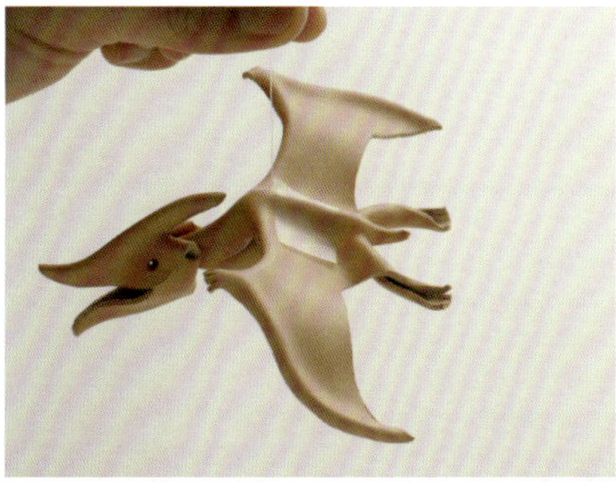

テープでテグスを背のライン上に貼ってみて、バランスの良い場所を探します

02

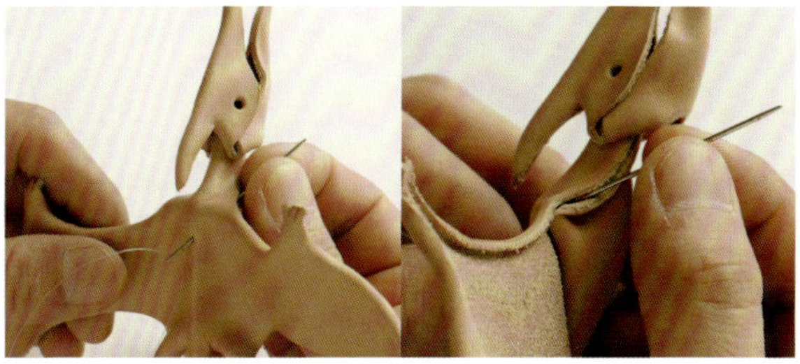

03 糸を取りつける位置を決めたら丸ギリで突いて穴を空け、糸を針に通して背中側から通し、胴体の隙間から外に出します

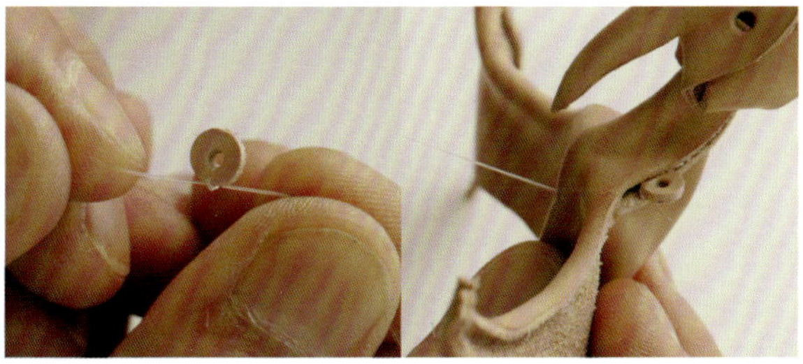

04 糸から針を外したら、薄い方のストッパーを結んで隙間から胴体の中に戻します

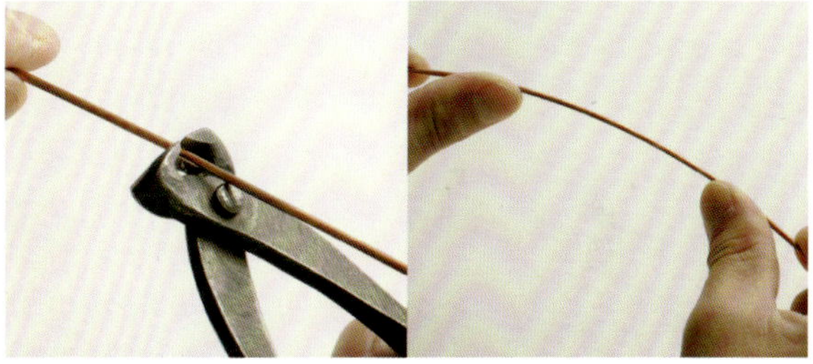

05 2mm径の銅線を切って、緩やかなカーブを付けます。今回は19cmと16cmの2本を用意しました

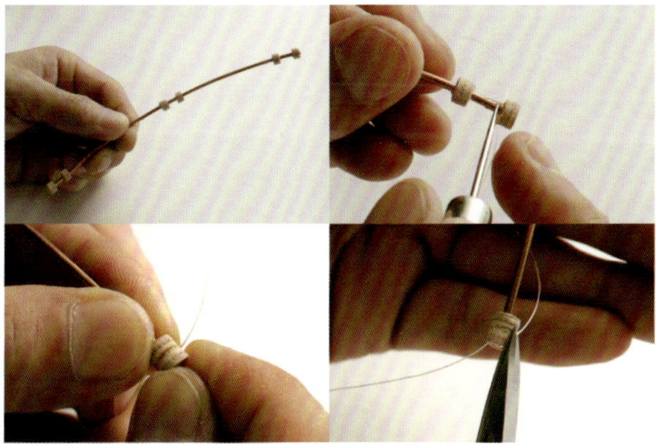

ストッパーを6個セットして、その間に糸を結びます。左右のストッパーは、サイビノールを付けて固定しておきます

06

実際に吊ってみて、バランスを調整します。バランスが取れた所で中央のストッパーをサイビノールで固定します

07

テクスチャと可塑性を活かした

シープスカルネックレス

ネイティブアメリカン風に仕立てた、シープスカルのネックレスです。可塑性を生かして立体に作り上げたシープスカルの表面に、モデラを使ってテクスチャーを付けていきます。カラフルな革ビーズと組み合わせることで、個性的な仕上がりにすることができます。

[製作のポイント]

表面にテクスチャーを付けると、よりリアルに仕上げることができます。モデラの使い方には多少の慣れを要するので、端革などを使って使い方に慣れておきましょう。このアイテムの製作方法を基本にして、様々な立体造形に挑戦してみましょう。

製作者　本山知輝

▶型紙はp.172

用意する道具と材料

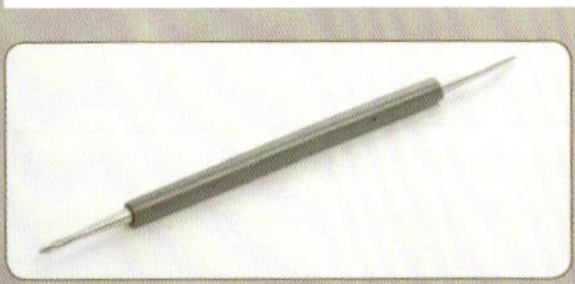

フィギャー用金モデラ
このアイテムポイントとなる、テクスチャーを付けるために使用します。片方ずつ先端形状が異なるので、使い分けます

硬化剤
(ハードタイプ)
革を硬く固めるための液です。成形した革の形状を保つために使用します

クラフト染料
革ビーズを染めるのに使います。色は好みのものを使ってください

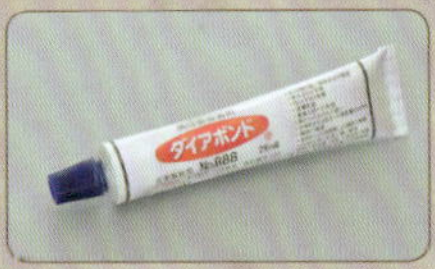

ダイアボンド
合成ゴム系の接着剤です。金具を丸牛レースに接着する際に使用します

使用した革

○サドルレザー 1.5mm厚

○キット　ナチュラル ¥1,890 (クラフト社)

▶ 切り出しと穴空け

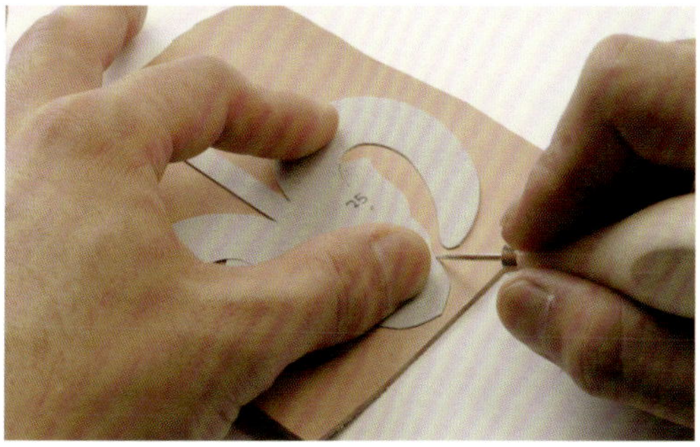

型紙に合わせて革のギン面に、形をけがきます

01

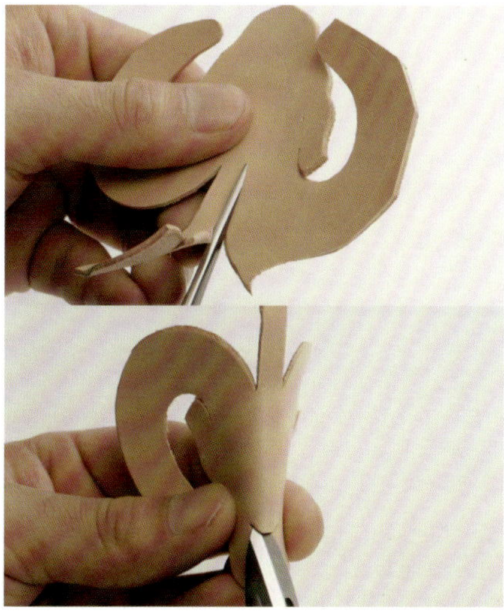

02 革を切り出します。別たちだと切りにくい、複雑な曲線があるので、ハサミが便利です

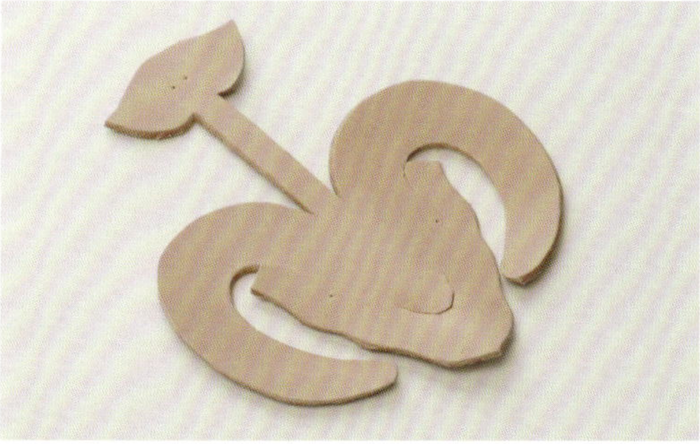

切り出されたパーツです。この平面パーツを可塑性を生かして立体に仕立てていきます

03

頭の後ろ側になる部分に、カン（ひもなどを通す部分）が出てくる穴をハトメ抜き10号で空けます

04

05 2つ空けた穴間の余分を。ハサミで切り取って長穴にします

目の部分に25号のハトメ抜きで穴を空けます

06

▶水をしっかり含ませること

POINT!

革の中まで、しっかり水を含ませます。水はギン面、トコ面の両方から2~3回ずつ入れます

01

鼻の部分の切込みを、山折りにします

02

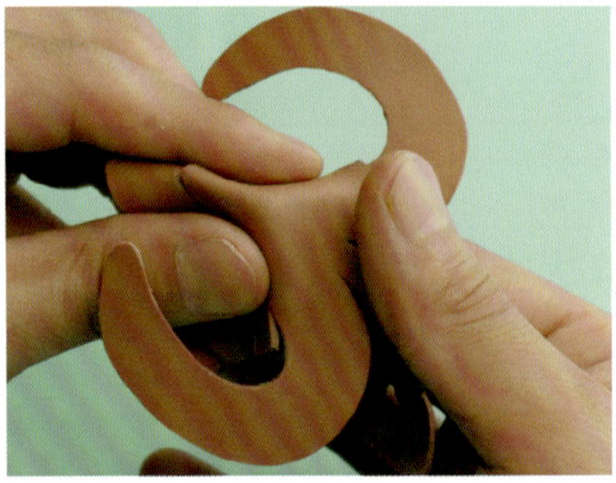

目の穴の上部分をつまむようにして、額の部分を三角形に潰して平らにします

03

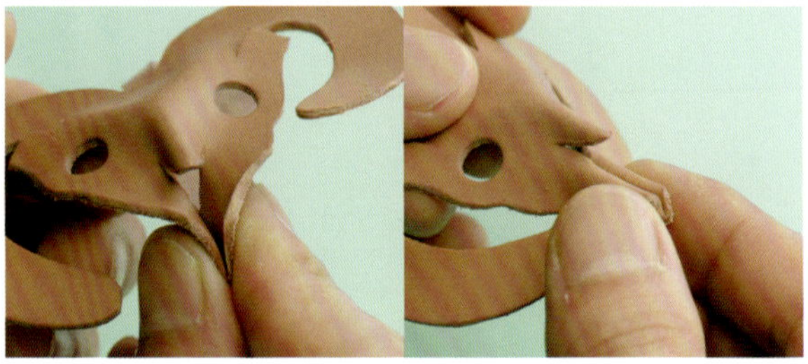

04 先端の部分をまず谷折りし、左右に分かれた部分をそれぞれ山折にして右写真のような状態にします

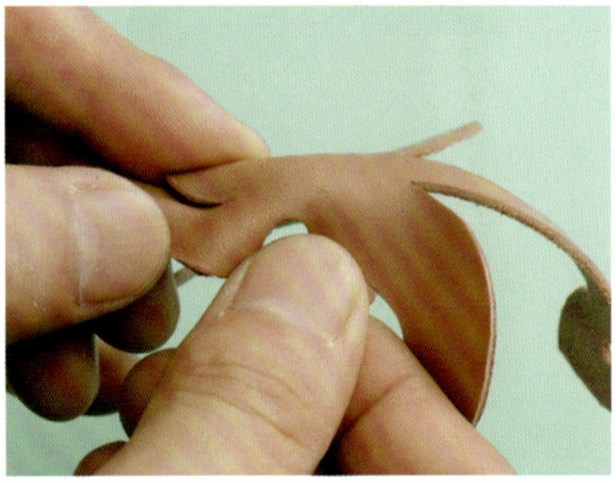

目の穴の前方を曲げるようにして、山なりのふくらみを付けます

05

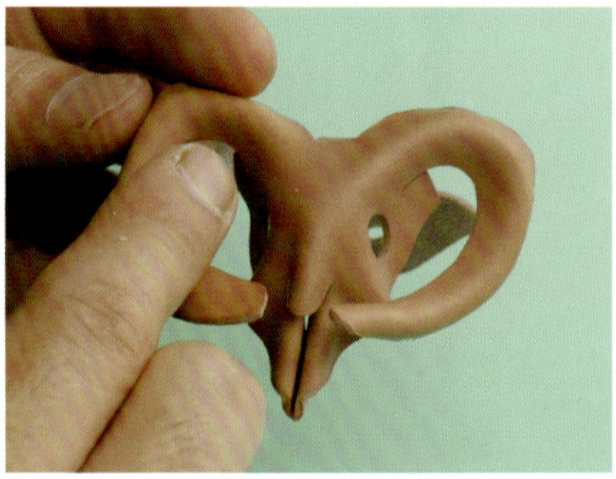

額の折り目からから流れるように角を曲げます。生え際は直角に、先端に向かい徐々に鋭角に折ります

06

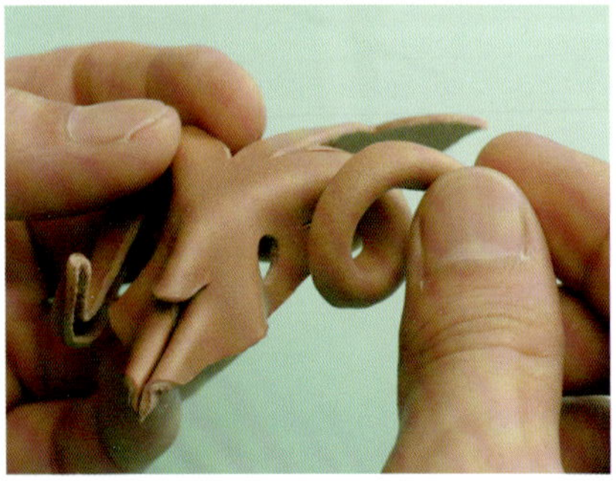

角は少しずつ折り曲げながら、写真のような形に丸めます

07

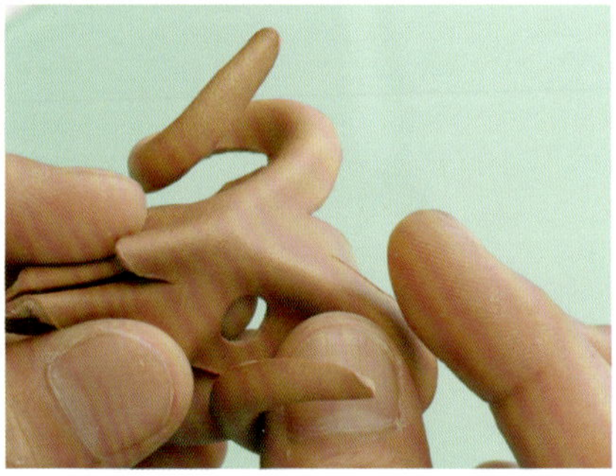

各部のバランスを見ながら、形を微調整します

08

切り込みを入れておいた、頭の後ろ側になる部分ののり代を、写真のように折り曲げます

09

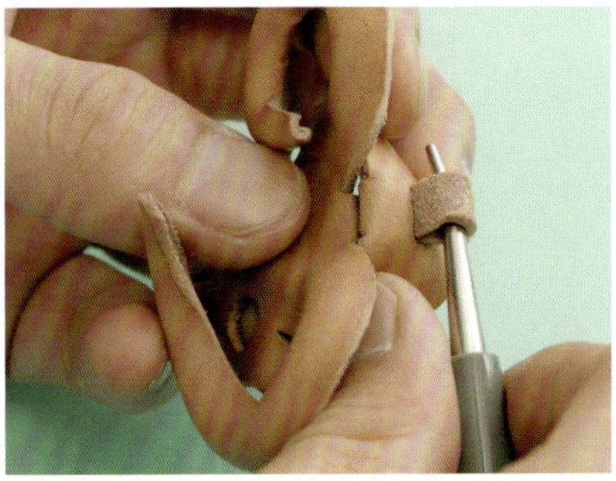

カンの部分を折り曲げて、頭の後ろ側になる部分に空けた穴からモデラで引き出します

10

11 ここまでで基本の形ができ上がるので、全体のバランスを見て調整します。一方向だけではなく、色々な角度から見てみましょう

各部をしっかり成形していきます。鼻骨は下に、上あごは上に伸ばすように曲げて、丸みを付けます

12

頭の後ろの部分は、中心を軽く折った後、のり代に合うように丸みを付けます

13

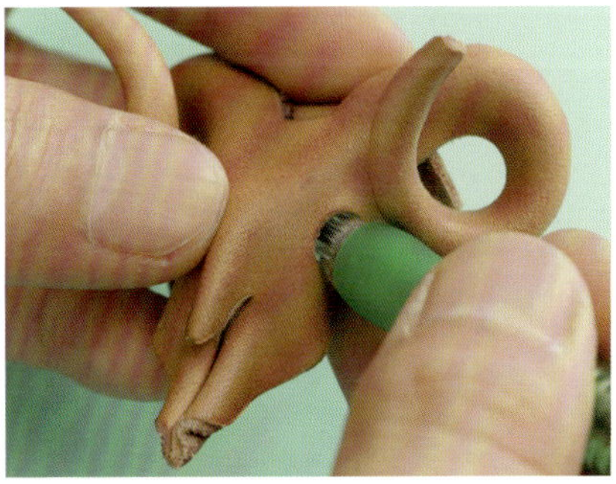

目の穴は丸くなるように、ボールペンの先端などで形を整えます。穴の上部が下部よりも外側に出るようにすると、よりリアルです

14

これで形は完成です。モデラを使って、表面にテクスチャーを付けていきます

15

▶ テクスチャーでリアルに仕上げる

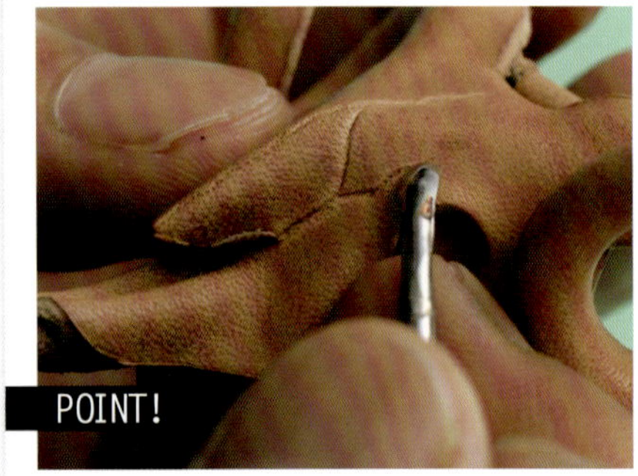

テクスチャーは、写真などを参考にしながらモデラで筋を付けて表現します。リアルな仕上がりを目指します

01

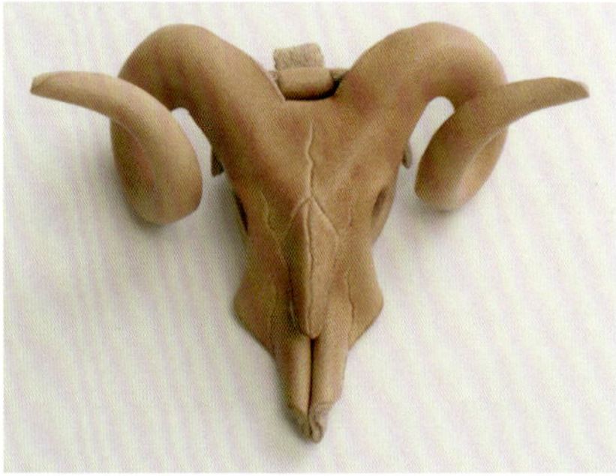

テクスチャーでヒビ割れを再現しました

02

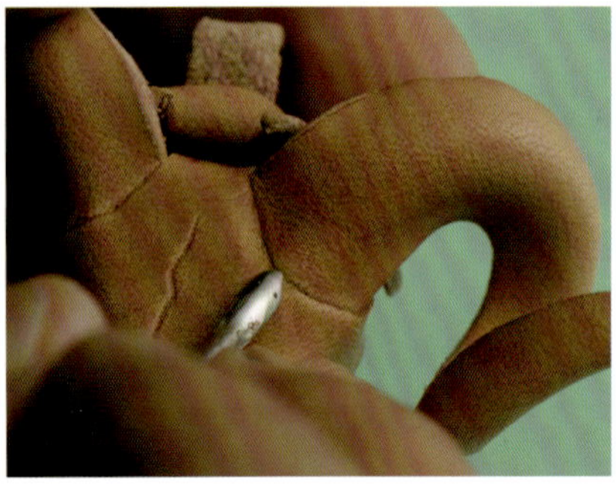

角の部分にテクスチャーを付けていきます。まず根元の部分に、頭側が凹むように線を引きます

03

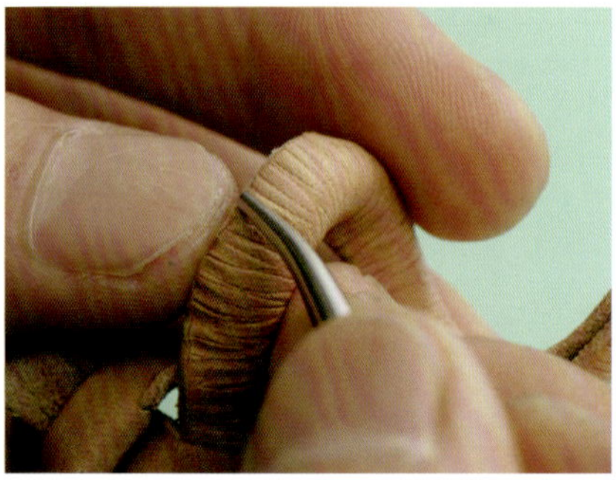

角の外側から表に向かって、細かく線を引いていきます

04

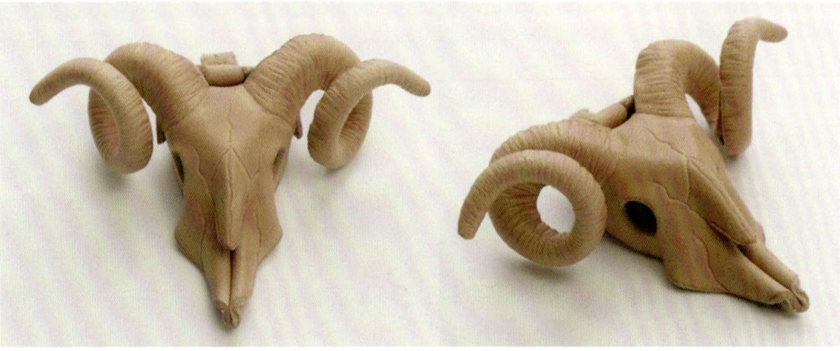

テクスチャーを全て付けたら、しっかり乾かします

05

仕上げ

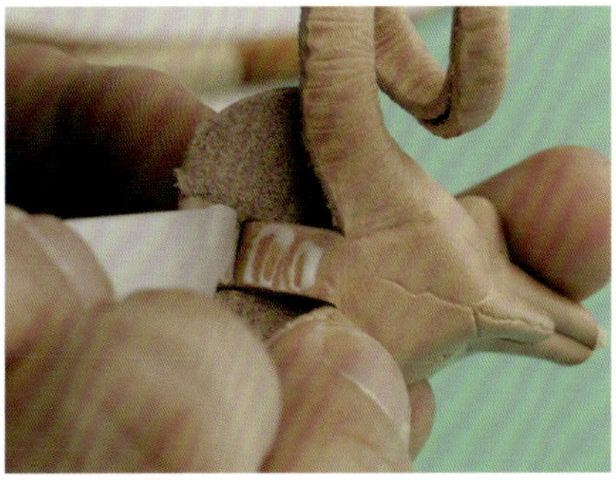

完全に乾いたら、頭の後ろ側とカンの裏側にサイビノールを塗ります

01

のり代と後頭部を、サイビノールで貼り合わせていきます

02

サイビノールを塗った部分を、しっかり貼り合わせます

03

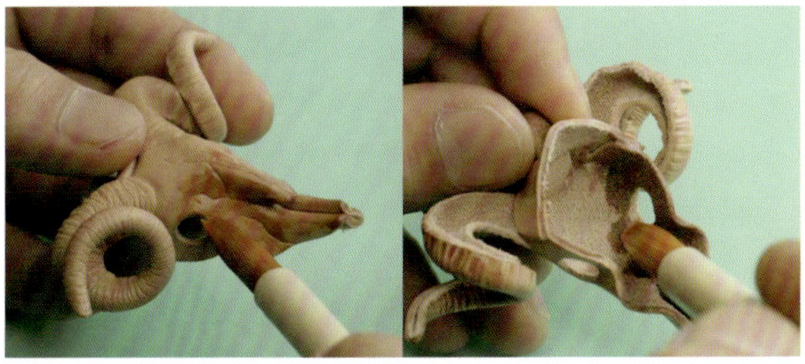

04 硬化剤を塗ります。通常はトコ面側からだけ塗りますが、このアイテムの場合ギン面側からも塗ります

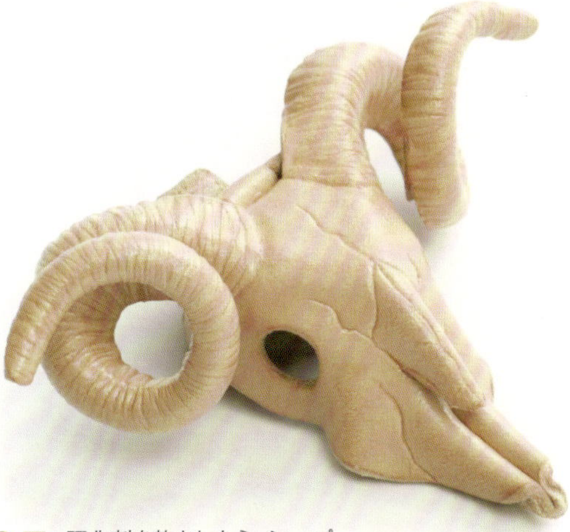

05 硬化剤を乾かしたら、シープスカルのペンダントトップは完成です

革ビーズを作る

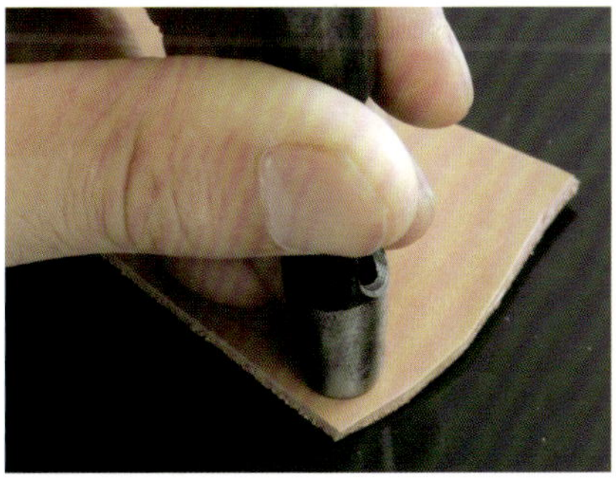

2mm厚と3mm厚のサドルレザーを、30号のハトメ抜きで抜きます

01

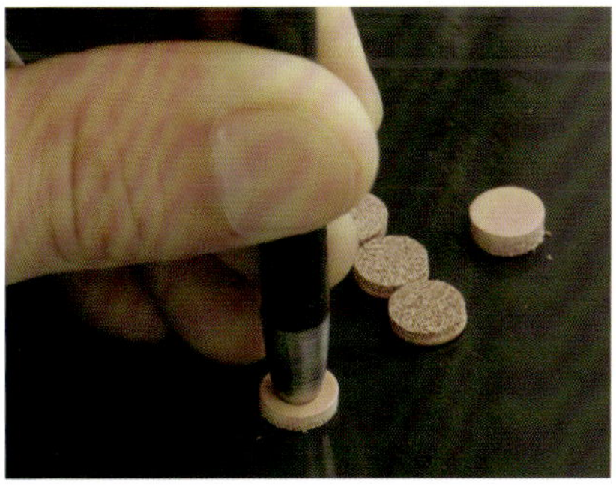

30号で抜いたパーツの真ん中に、15号で穴を空けます

02

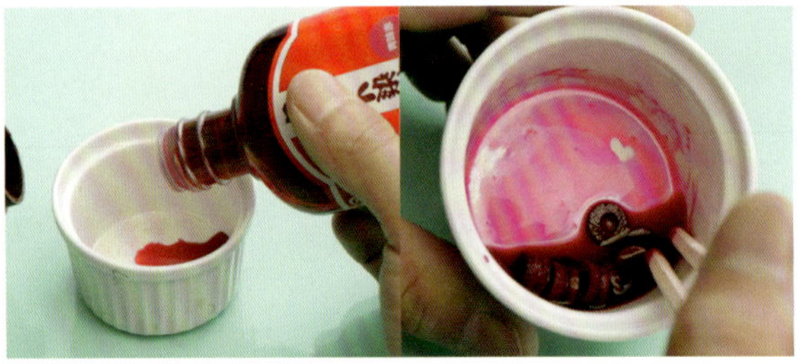

03 容器に染料を入れ、抜いたパーツを浸けて染めます。色は好みで構いませんが、何色かあると見栄えします

しっかり染まったら、乾かします

04

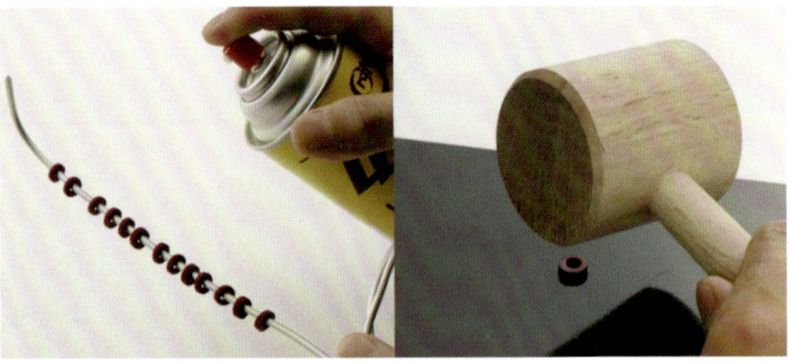

05 染料が乾いたら、レザースプレーを吹きつけてコートします。ラッカーが乾いたら、木槌の腹で叩いて軽く潰して形を整えます

完成した革ビーズ。数や色は好みに合わせましょう

06

丸牛レースΦ4mmを約46cmにカットし、ペンダントトップと、革ビーズを通します

07

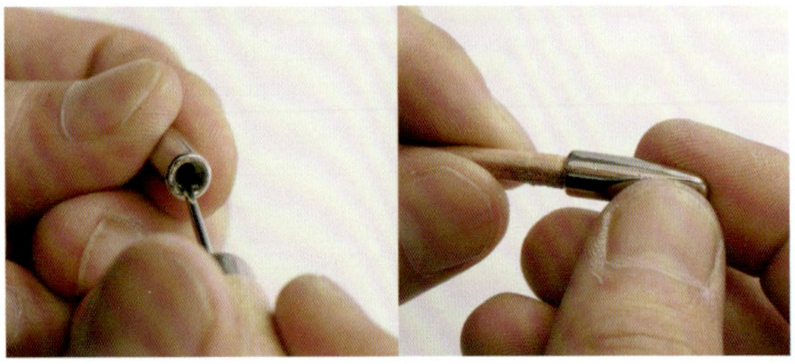

08 フックタイプの留め金具の中にダイアボンドを塗り、丸牛レースの両端に取り付けます

完成!

ダイアボンドが乾いたら、完成です。革ひもと革ビーズだけを組み合わせて、ブレスレットにもできます。色々なアレンジを考えてみましょう

step-2

基本の縫い方で作るアイテム

手縫い、かがり、ミシンによる仕立て方法の基本を、アイテムの製作を通して学んでいきます。手縫いは慣れるまで上手くいかないかもしれませんが、アイテムをいくつか製作していくうちに自然と技術が身について、縫い目がきれいになっていくはずです。かがりやミシンも同様にして、技術を身につけましょう。

ステップ2で使用する工具

ステップ2では、パーツの縫い合わせ工程が入ってきます。手縫いの場合は基本的には針と糸で縫っていくのですが、布地と異なるのは先に縫い穴を空けておいて、そこに糸を通していくということです。縫い穴は、菱形の穴を空けるヒシ目打を使用して空けます。かがりはレースを使って、かがっていきます。かがり穴は、目打と呼ばれる平穴を空ける道具か丸穴を空けるハトメ抜きを使い、先端にレース針と呼ばれる専用の針を取り付けてかがります。かがり方は何種類かありますが、ステップ2ではシンプルなランニングステッチを使います。ミシンは縫い穴を空ける必要がなく、縫う速度も早いので、製作時間が短縮できます。ちなみに、ミシン縫いで作っているアイテムは、基本的に手縫いでも作ることができます。ステップ2、ステップ3で使う道具は、基本的に同じです。

縫い穴を空ける道具

手縫いのための縫い穴は、ヒシ目打で空けるのが基本です。ただし、角の部分や段差などの基点となる穴は丸ギリで空けます。縫い穴の目安となる縫い線は、1.5mm厚以下の革はヘラ付ヘリみがきかディバイダーで引き、1.6mm以上の厚さがある革の場合は、ステッチンググルーバーで溝を彫ります。

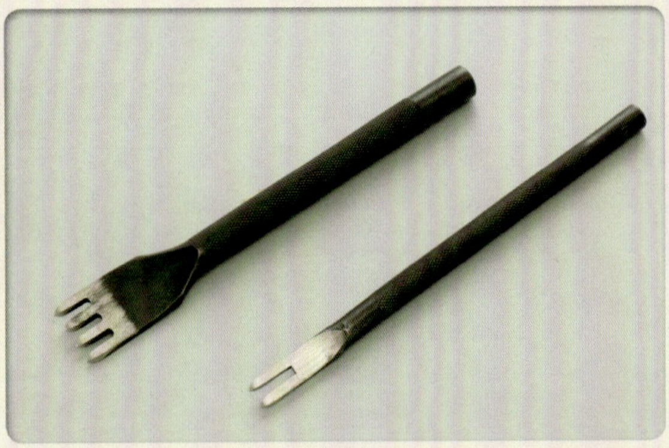

ヒシ目打

4本と2本で、ほとんどのアイテムを作ることができます。ピッチの異なる物を持っておけば、縫い目をアイテムによって選べます

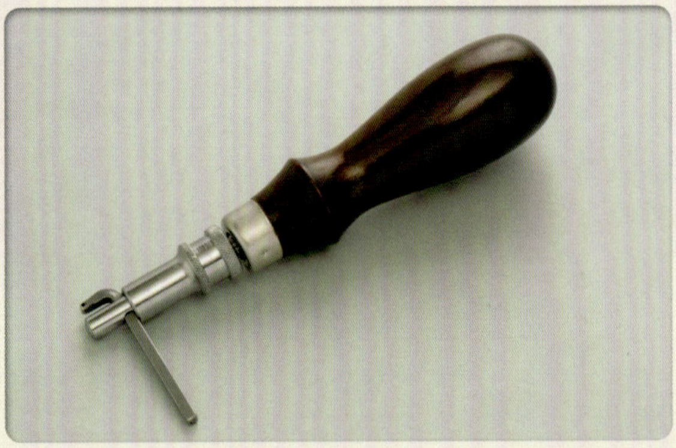

ステッチンググルーバー

厚みのある革に縫い線の代わりになる溝を彫る道具です。溝を彫ることで、糸の収まりが良くなります

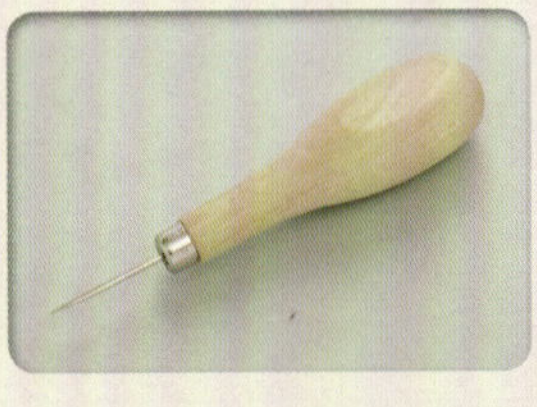

丸ギリ・ゴム板・フェルト

ステップ1でも出てきた道具類も当然併用して使用します。丸ギリは角の部分など基点の縫い穴を空けるのに使用します。ゴム板とフェルトはヒシ目打を打つ際に下に敷きます

手縫いの道具

手縫いの際に必要なのは、裁縫と同じく糸と針です。布地と異なるのは、糸をロウ引きする必要があるということです。道具セットには麻糸と手縫いワックス（ロウ）が入っていますが、ロウ引きされた状態で販売されている糸もあります。また、麻以外に、ナイロン系やポリエステルなどの糸もあります。

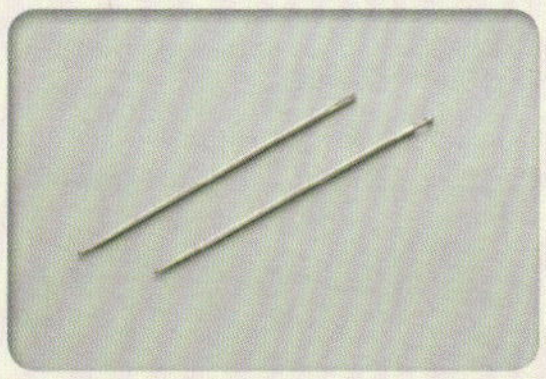

手縫い針
太さが何種類かありますが、基本道具セットに入っている、「丸・細」が手縫い針としてはベーシックです。糸に合わせて太さを変えるようにします

エスコード中
最もベーシックな麻糸です。ロウ引きして使う必要がありますが、ナチュラルなテイストに仕上がります。糸の種類や色は、アイテムに合わせましょう

手縫いワックス
平縫いの場合、同じ穴に2本の糸が通ることになるため、糸の滑りが悪いと糸が傷んで切れたり、汚れてしまいます。しっかりロウ引きして防ぎましょう

かがりの道具

かがり穴を空けるのに必要な目打は、使用するレースの幅によってサイズを変えます。また、ステップ2で出てくるランニングステッチでは、目打の代わりに8号のハトメ抜きを使用しています。レース針には種類があるので、用途や好みに応じて使い分けましょう。

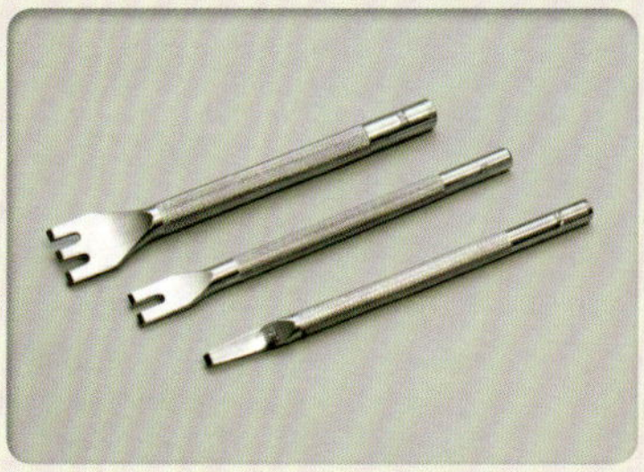

目打
レースを通すための平穴を空ける道具です。使用するレースに合わせて2mm幅と3mm幅があるので、サイズの合った物を使用します

レース針·レースギリ
レースの先端に取りつける、かがり専用の針と、かがり目の調整や、レースの引き出しや押し込みなどに使うレースギリです

ミシン

ミシンは、レザークラフトの製作時間を劇的に短縮し、アイテム製作の幅を広げてくれる道具です。ただし、革を縫い合わせるためにはある程度強力なミシンが必要になるので、お手持ちのミシンを使用する場合は革を縫うことができるかどうかを確認してから使用してください。

ホームレザー110
レザークラフトに使うことを想定して設計された、ポータブルミシンです。タンニン革も4.5mmの厚さまで縫い合わせることができます

手縫いと革ひもで作る
キーカバー

両方の端を縫い合わせるだけで完成するキーカバーです。最低限の部分しか縫いませんから、初めての手縫いに最適なアイテムです。サイズは2種類用意したので、使用したいキーのサイズに合った型紙を使用しましょう。また、シンプルな形状なので、自分流に形をアレンジして作ることも楽しめます。

［製作のポイント］
カバーが大きすぎるとキーが鍵穴に差し込めなくなってしまうため、使用する際に邪魔にならない大きさに作られています。形をアレンジして作る場合も、実際に鍵を使用することを考えて形を決めましょう。

製作者　本山知輝

▶型紙はp.166

用意する道具

このアイテムは、基本工具セットのみで作ることができます

使用した革

○バルケッタ　1.7mm厚

○キット　3色セット ¥1,050（クラフト社）

▶ 切り出しと穴空け

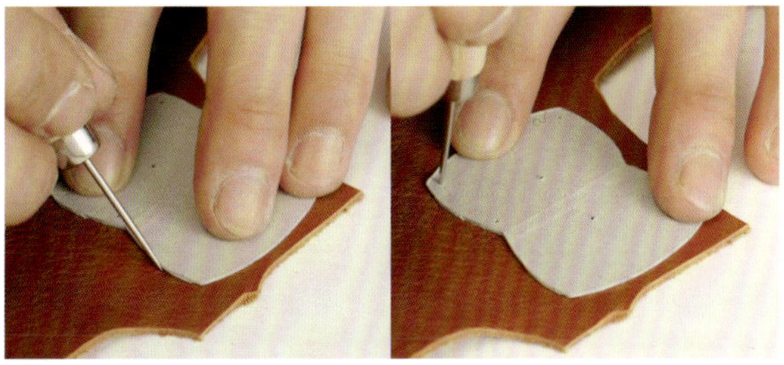

01 丸ギリで型紙をギン面に写します。縫い穴を空ける際の基点とひもを通す穴の位置にも、型紙に合わせて印を付けておきます

別たちを使って、型紙の通りに切り出します

02

サンドスティックで、挿し込み口のコバを整えます

03

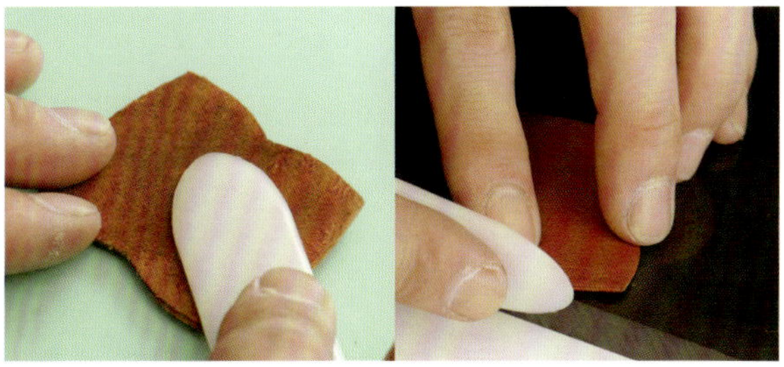

04 トコ面にトコフィニッシュを塗って磨き、縫い合わせない部分のコバも磨いて仕上げます

紐を通す穴を、ハトメ抜き15号で空けます。二つ折りにした時に、穴の位置がずれないように注意します

05

サイビノールで貼り合わせるため、トコ面縫い代になる部分をサンドスティックで荒らします

06

縫い代部分にサイビノールを薄く塗ります。

07

サイビノールが乾く前に、二つ折りにして貼り合わせます

08

▶ **縫い合わせ**

貼り合わせたら、サンドスティックでコバを整えます

01

コバを整えたら、3mm幅で縫い線を引きます

02

03 丸ギリで基点の穴を空けます。基点は左右の縫い始めと縫い終わりの穴なので、計4カ所あります

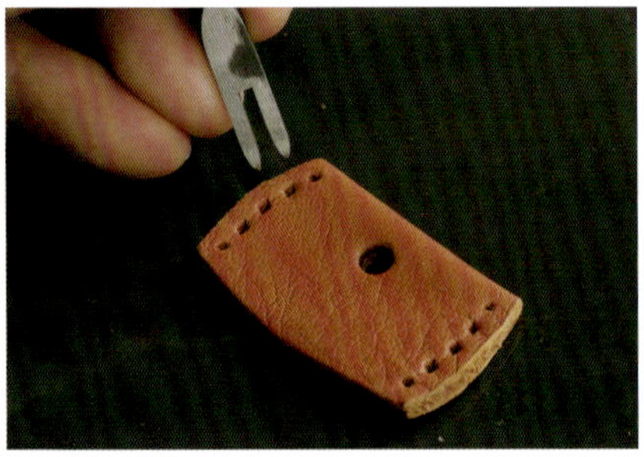

縫い線に合わせて、2つの基点の間にヒシ目打で縫い穴を空けます

04

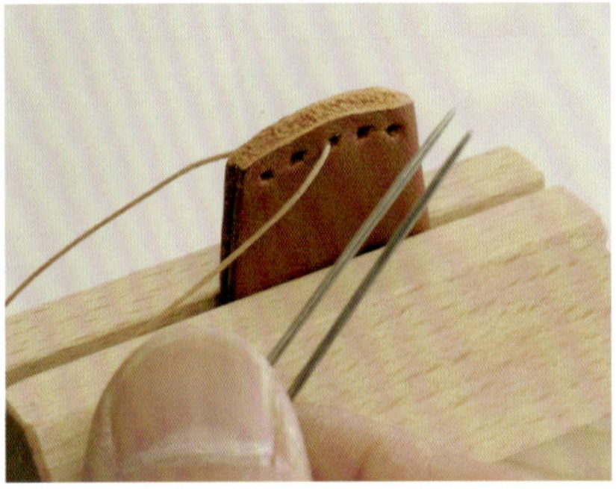

ふた目縫い返すので、3つ目の縫い穴に最初に糸を通します

05

縫い始めの方向に、平縫いしていきます

06

始点で縫い返し、最後まで縫ったら再びふた目縫い返します

07

糸を切って端を処理したら、手縫いの作業は終了です

08

へりおとしで、縫い合わせた部分のヘリを落とします

09

サンドスティックで、コバの形を整えます

10

トコフィニッシュを塗り、ヘラ付へりみがきでコバを仕上げます

11

完成！

キーカバーに鍵を入れて、鹿レース3mm幅と革ビーズを通して結びます。革ビーズは3mm厚のサドルレザーを30号のハトメ抜きで抜き、それに12号で穴を空けたものです

手縫いの基本を学ぶ

ペンカバー

プラスチック製のボールペンに被せて使うペンカバーは、デスクの上の雰囲気を変えてくれるおしゃれなアイテムです。基本の直線縫いが主ですが、ペンを入れることで立体感を出します。このペンカバーを通して手縫いの基本を覚えることで、様々なレザーアイテムを作り出すことができるようになるはずです。軸径8mm前後のボールペンに対応しています。

［製作のポイント］

使い込むほどに手になじむレザーペンカバーは、シンプルなデザインながら、プラスチック製のボールペンを簡単に高級感のあるペンに変えてくれます。

製作者　本山知輝

▶型紙はP.171

用意する道具

このアイテムは、基本工具セットのみで作ることができます

使用した革

○ ピアノルレザー　1.3mm厚

○ キット イエロー/チョコ/オリーブ　各¥840
（クラフト社）

▶ 切り出しと貼り合わせ

型紙通りにパーツを切り出します

01

02 裁断できました。手縫いの基点には、丸ギリで印を付けておきます

口の部分のコバだけ先に仕上げます。サンドスティックで軽く面取りし、トコフィニッシュで磨きます

03

トコ面にトコフィニッシュを塗り、ヘラ付きヘリみがきで磨きます

04

05 縫い代の部分3mmを、サンドスティックで荒らします

06 キャップ同様に、本体も縫い代を荒らします

07 荒らした縫い代に、サイビノールを薄く塗り広げます

二つ折りにして貼り合わせ、ヘラ付へりみがきで擦って圧着します

08

サイビノールが乾いたら、サンドスティックでコバを整えます

09

▶ **縫い合わせ**

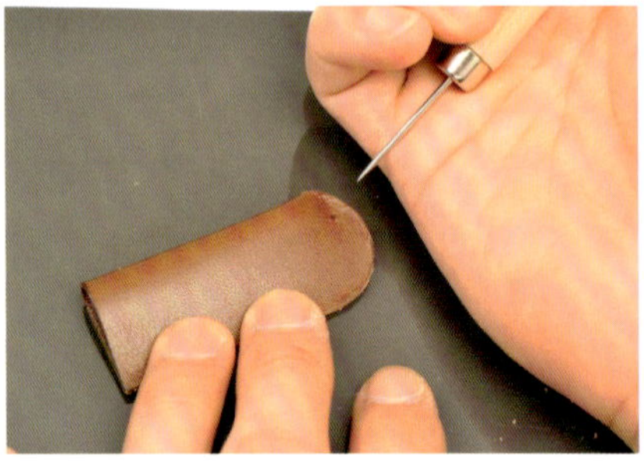

基点になる縫い終わりの部分を、ゴム板上で丸ギリで突きます

01

基点から口の部分まで、縫い線を引きます

02

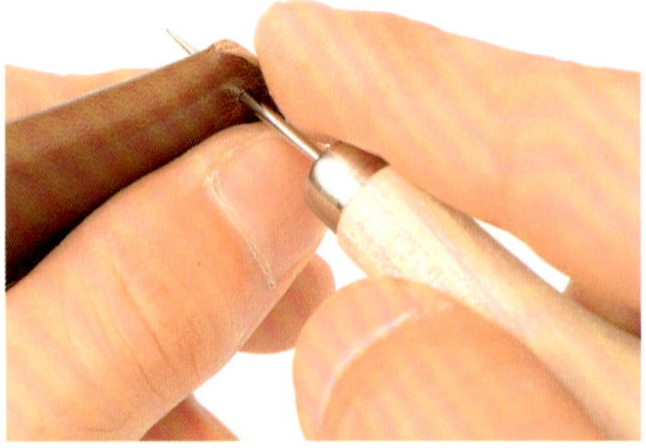

基点を丸ギリで貫通させて穴を空けます

03

基点から先に、ヒシ目打で縫い穴を空けます。曲線部分は2本目打を利用しましょう

04

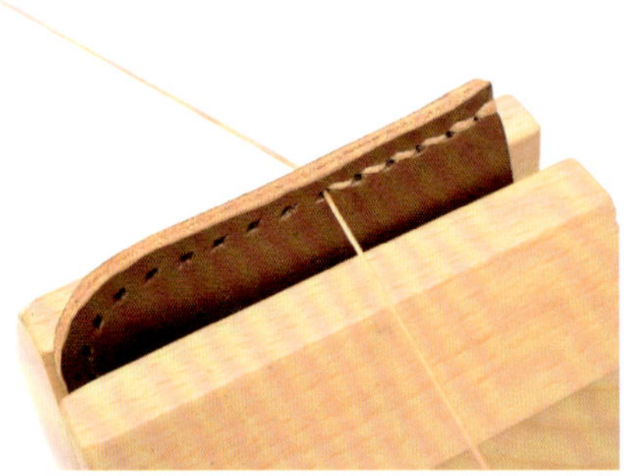

糸で縫っていきます。縫い始めの口の部分はふた目を二重に糸を通し、縫い終わりの部分もふた目縫い返します

05

キャップが縫い終わった状態です。サンドスティックでコバを整えます

06

へりおとしで縫い合わせた部分のヘリを落とします

07

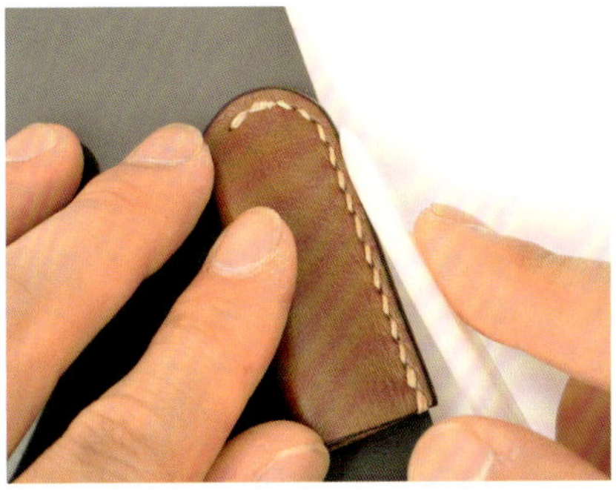

サンドスティックで形を整えたら、トコフィッニッシュを塗り、磨いてコバを仕上げます

08

本体側もキャップと同様に縫い合わせ、コバを仕上げます

09

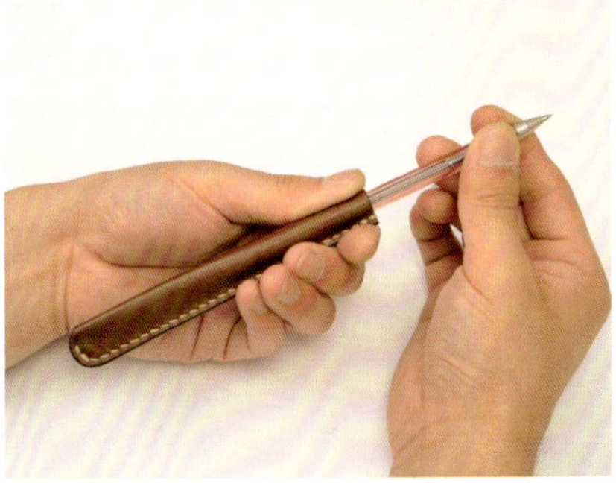

仕上がった本体に、ボールペンを入れます

10

しっかりとボールペンを奥まで押し込み、本体の形を整えます

11

キャップをかぶせ、キャップの形も整えます

12

完成！

使い込んでいくほどに、手に馴染んでくるペンカバーです

バイカーのための
名刺入れ

バイカーの方も名刺を配る機会が多々あるはずですが、名刺を入れるケースもバイカースタイルと合わせたワイルドなものにしたいところ。ここで紹介する名刺入れは、経年変化を楽しめるサドルレザー、太めの糸、鹿革レースとコンチョを使って、男らしい雰囲気に仕上げました。手縫いのテクニックを程よく使うシンプルな作りなので、縫い方の練習にもぴったりです。

[製作のポイント]
太めの糸に合わせ、ピッチの広いヒシ目打を使います。糸目を変えたい場合は、糸の太さとピッチのバランスを見ながら、見栄えが良い組み合わせにしましょう。巻末で紹介する、バーニングなどの装飾技法を活用し、個性を出してみてください。

製作者　小林一敬

▶ 型紙は巻末折り込み（裏面）

用意する道具

ディバイダー
縫い線を引く定番の道具です。ヘラ付ヘリみがきでも引けますが、ディバイダーの方が作業効率がアップします

ガラス板
ポケット内側にトコ面が出るので、ガラス板を使って滑らかに磨くと、仕上がりが格段に良くなります

エスコード ロウビキ糸¥630
太めで丈夫なポリエステル糸です。ロウが引かれているので、そのまま手縫いに使えます

使用した革

○本体:サドルレザー　2.5mm厚
○ポケット:サドルレザー　1.5mm厚

キット　ナチュラル ¥3,780 / 黒 ¥3,990
（クラフト社）

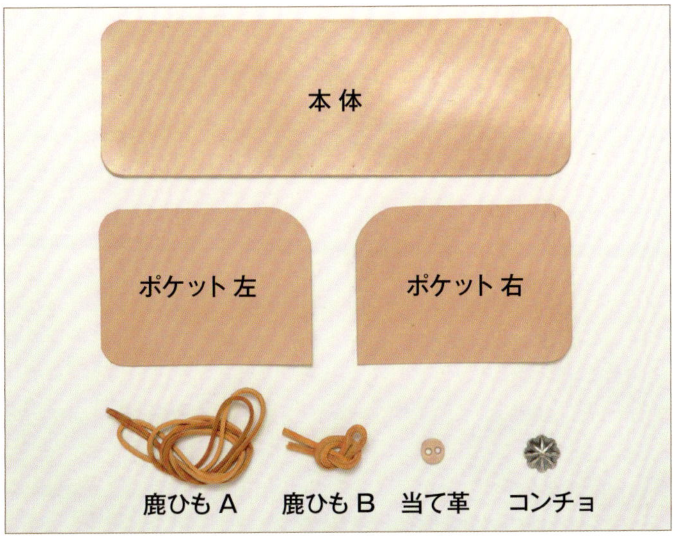

01 ポケットと本体は、パーツ取りの方向に注意して下さい（15ページの「部位と繊維の方向」参照）。ポケットは写真の横方向を革の伸びない向きに合わせ、本体は中央で折り曲げるので、写真の縦方向と革の伸びない向きを揃えます。鹿革レースは、Aが2mm幅で90cm、Bが3mm幅で15cmです

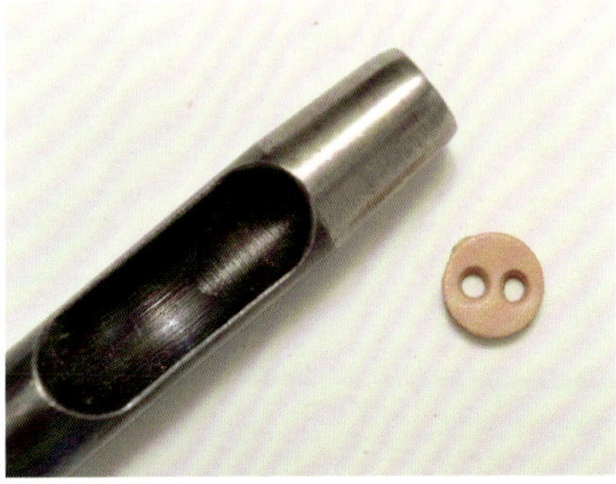

02 「当て革」は、40号のハトメ抜きで切り出した円形の革に、10号で穴を2つ空けます

この名刺入れには直径2cm程度のコンチョが適しています（シルバーコンチョ ループ式 ¥1,050）

03

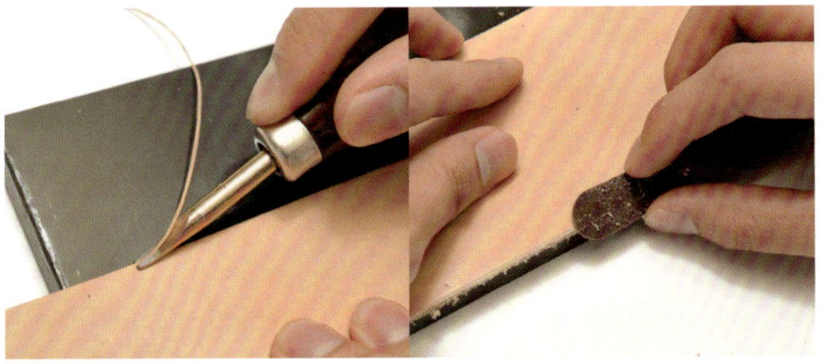

04 組み合わせた後では磨けない部分のコバと角を、予め仕上げておく必要があるので、へりおとしで表裏の角を落とし、サンドスティックの目が細かい面で磨いておきます。仕上げる範囲は右の囲みを参照してください

POINT!

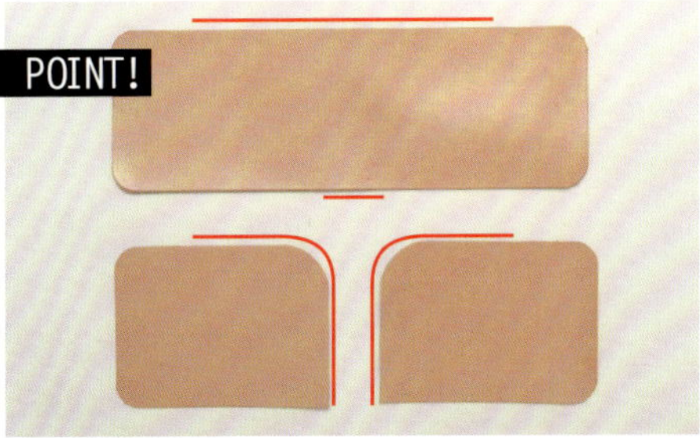

予めコバを仕上げておく範囲は、完成後にコバが重ならない部分（上の写真の、印が付いている範囲）です

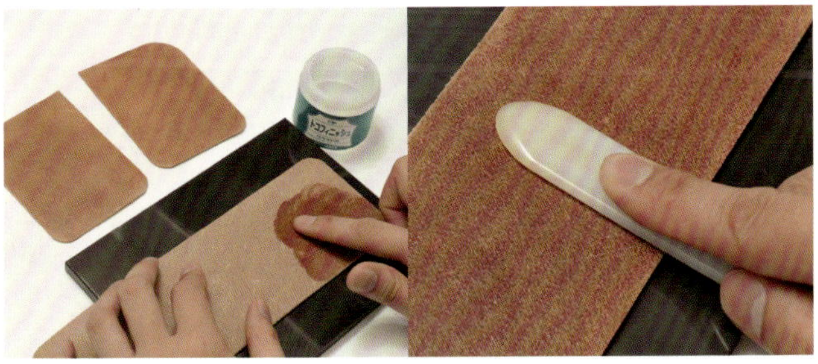

05 本体、ポケット共に、トコ面全体にトコフィニッシュを満遍なく塗ってヘラで押し固めるように擦り、滑らかに整えます。サドルレザーはシミが付きやすいため、ギン面にはトコフィニッシュが付かないように注意してください

POINT!

広い範囲のトコ面を整えるには、ガラス板を使用すればスピーディに、かつ綺麗に仕上げることができます

同時に、先ほど角を落として整えた部分のコバを、トコフィニッシュで磨いておきます

06

型紙に記してある穴位置を本体に写したら、ひも側を15号、コンチョ側を12号ハトメ抜きで穴空けします

07

08 鹿ひもAを三等分に切り、ギン面が同じ向きになるように気をつけながら端を結んで三つ編みの準備をします

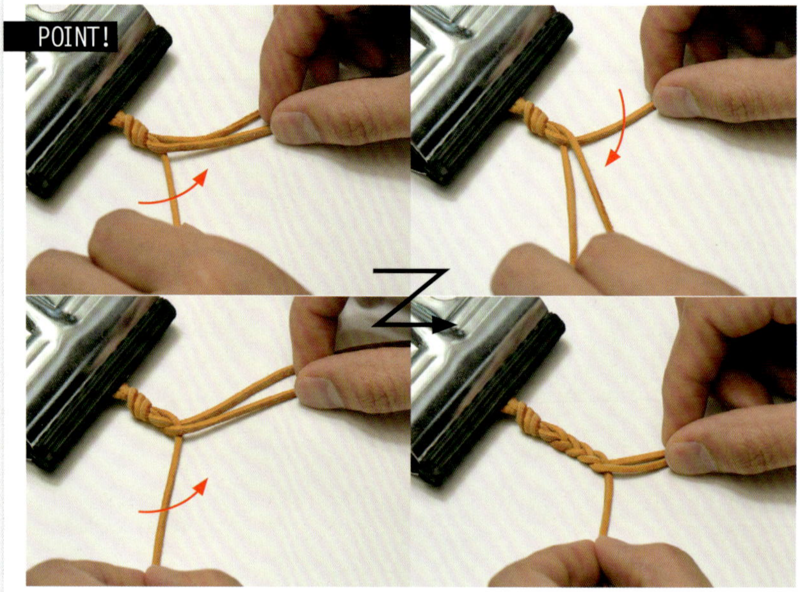

09 三つ編みの手順は非常に簡単です。左右どちらかのひもを中央の上にまたがせ（左上）、続いてもう一方のひもを、先ほどとは対称の動きで中央にまたがせます（右上）。これを繰り返すだけです。ギン面が表を向くように、調整しながら編んでいきましょう

三つ編みの部分が10cm程度になったら、写真のように結んで留めます

10

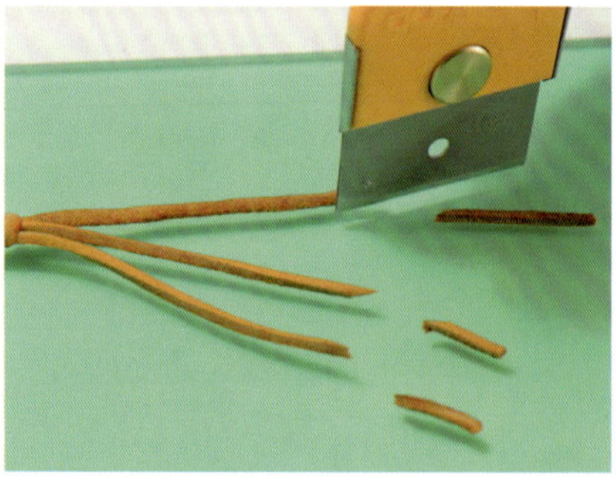

その結び目から先の鹿革レースは、適当な長さで切っておきます。斜めに切り込むと見栄えが良くなります

11

三つ編みにしたひもは、名刺入れを留めるためのパーツです。本体の「ひも側」の穴に取り付けます

12

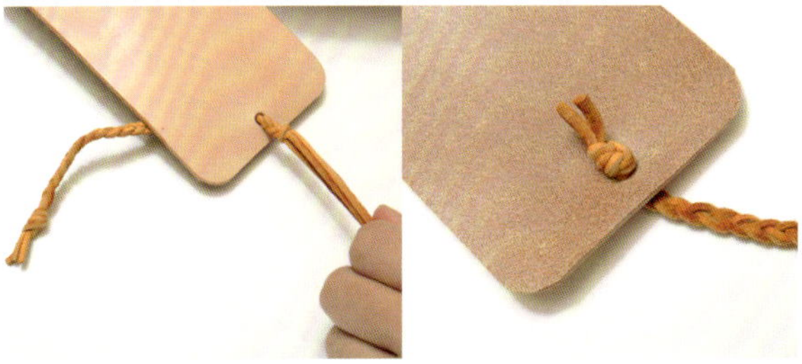

13 先端をトコ面側から穴に通し、引っ張ります。最初の結び目は大きいので、穴を通らずに引っかかるはずです

ループタイプのコンチョを通した鹿ひもBを半分に折り、もう一方の穴のギン面側から通したら、さらに当て革の穴に通します

14

POINT!

コンチョを完全に固定する前に、革との間にひもを巻きつけられる隙間を確保できる固定位置を確認しておきます

15

16 確認ができたら、その位置でひもを固結びし、固定します。両端の余ったひもは、5mm程度を残してカットしておきます

結び目が解けないよう、念のためサイビノールを少しだけ付けて固定しておきましょう

17

18 トコ面はトコフィニッシュで磨いたので、接着剤がつきにくくなっています。本体とポケットの縫い代を、改めて5mm幅程度で荒らしたら、サイビノールを塗って貼り合わせます

貼り合わせた部分は、ヘラでよく圧着しておきましょう

19

貼り合わせた箇所のコバを、サンドスティックで磨いて平らに整えます

20

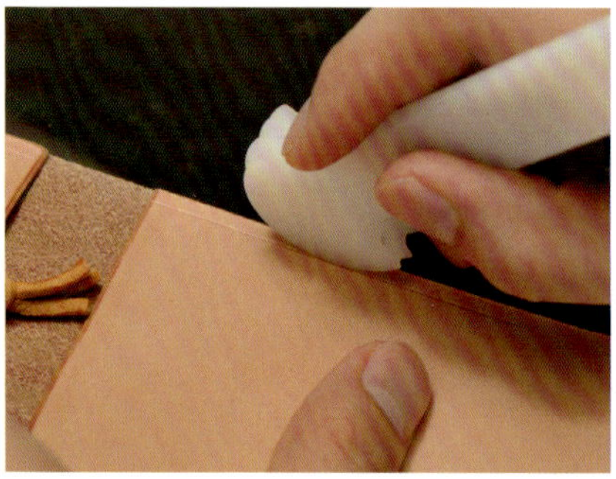

ヘラ付きヘリ磨きを写真のように使い、ポケット側の縫い代の範囲に縫い線を引きます

21

POINT!

線引きの専用道具であるディバイダーを使う場合は、間隔を3mmに合わせて縫い線を引いてください

22

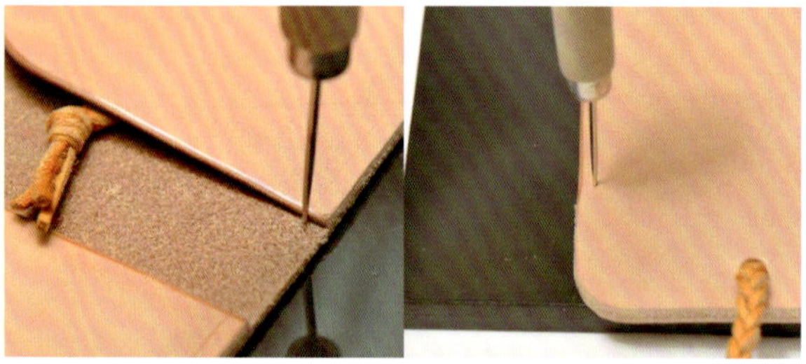

23 計4カ所ある縫い止まりは、丸ギリで穴を空けます。下側2カ所は、ポケットのコバのキワ、本体パーツにだけ穴を空けましょう。同じ穴に両側から丸ギリを通し、穴の形を整えておきます

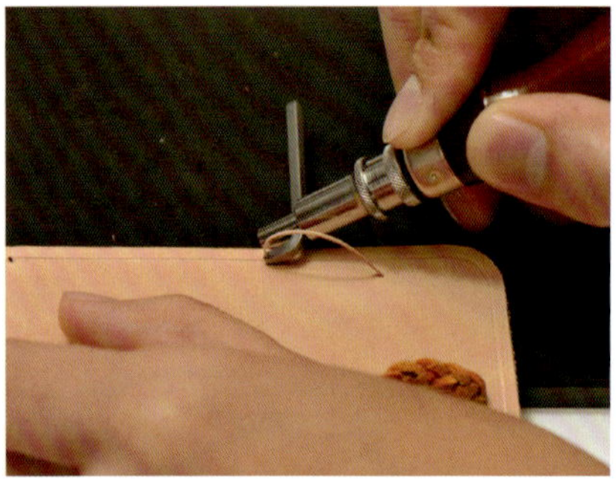

本体側は、ステッチンググルーバーを使って線を引きます(薄めの革を使っている場合は、ディバイダーを使いましょう)。こちらも3mm幅です

24

縫い代の範囲に縫い線が引けました。初めは、裏と表の線が重なる位置に来るよう、端切れ革を使って何度か練習しておくと良いでしょう

25

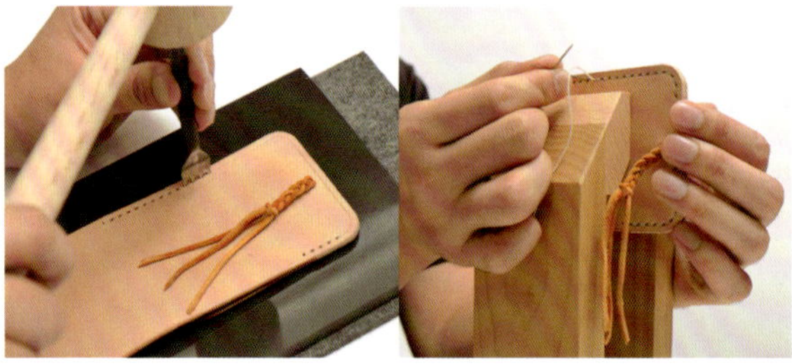

26 穴を空け、縫います(ひもに穴を空けないように注意)。縫い方は142ページから掲載している基礎技法を参照してください

縫い代の範囲の角を、へりおとしを使って落とします。裏表、両方です

27

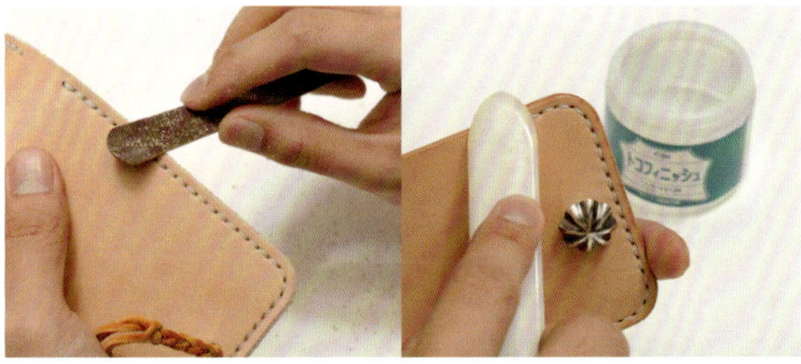

28 サンドスティックの目が細かい面を使って角とコバを整え、トコフィニッシュとヘラで磨いて仕上げます

POINT!

ポケットの内側にヘラを差し入れ、縫い目の近くに膨らみを持たせるように押し広げます。名刺が入るような空間ができるよう、整えてください

29

完成!

しっかりとポケットの型出しをしたら完成です。名刺を出し入れする際に、トコ面のザラつきで擦れないよう、できるだけ滑らかに仕上げておくことがポイントです

裏貼りをして作る
ペンケース

タンニンなめしの牛革の裏に、裏革の定番とも言えるアメ豚を貼って仕上げたペンケースです。裏貼りしたことで、トコ面を磨いて仕上げた物よりも全体的に張りが出て、高級感のある仕上がりになります。また、金具を使わずベルトでかぶせを留める構造にし、シンプルなデザインになっているのもこのアイテムの魅力です。好きな色の革を使って、作りたいアイテムです。

[製作のポイント]

裏貼りにどんな革を使うかによって、アイテムの印象はまったく変わってきます。色や革の組み合わせを変えて、オリジナルデザインに仕上げましょう。裏貼りに使う革はアメ豚以外でも、0.5mm程度の厚みの革であればOKです。

製作者　本山知輝

▶型紙は巻末折り込み（裏面）

用意する道具

このアイテムは、基本工具セットのみで作ることができます

使用した革

○ 本体:ピアノルザー　1.3mm厚
○ 裏貼り:アメ豚　0.5mm厚

▶ パーツのカットと裏貼り

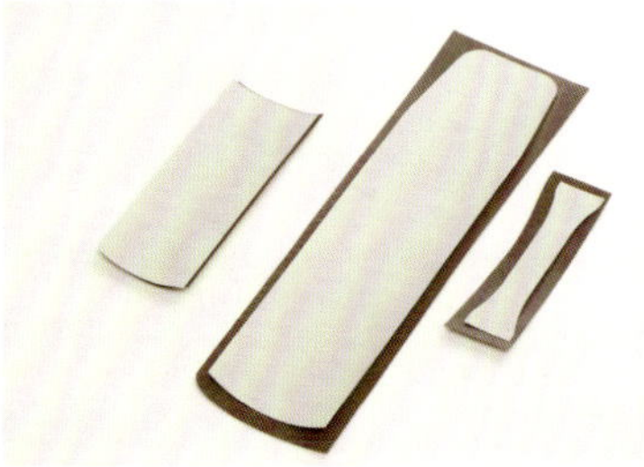

01 型紙に合わせて各パーツを切り出します。本体Aとベルトの裏貼りになるパーツは型紙よりもひと周り大きくカットして、貼り合わせてから本体に合わせてカットします

02 ベルトと裏革のトコ面にサイビノールを塗り、貼り合わせます

▶ かぶせ部分は曲げ貼りする

03 本体Aの裏貼りをする際は、かぶせ（蓋）になる部分で曲げ貼りします。机の端などを使って、90°程曲げながら貼り合わせます

本体Aとベルト部分の、はみ出した裏革をカットします

04

本体Bの裏革は胴部分の裏側だけに貼られます。裏革の貼られる部分を、丸ギリでけがきます

05

けがいた線からはみ出さないように、サイビノールを塗ります

06

07 裏革のトコ面にもサイビノールを塗り、位置を合わせて貼り合わせます。裏貼りをしない部分はトコフィニッシュを塗って磨きます

裏貼りの必要なパーツに裏貼りをし、切り揃えた状態です

08

▶先に仕上げるコバの処理

本体Bの口の部分のコバだけを、先に縫い合わせます。まず、サンドスティックでコバを整えます

01

口のヘリから3mmの所に、縫い線を引きます

02

縫い始めの部分と縫い終わりの部分に、丸ギリで基点を突きます

03

03で突いた印を目安に、裏貼り側に縫い線を引きます

04

基点の穴を、丸ギリで貫通させてしっかり空けます

05

基点と基点の間に、ヒシ目打で縫い穴を空けます

06

平縫いで縫い合わせます。縫い始めと縫い終わりは、ふた目ずつ縫い返します

07

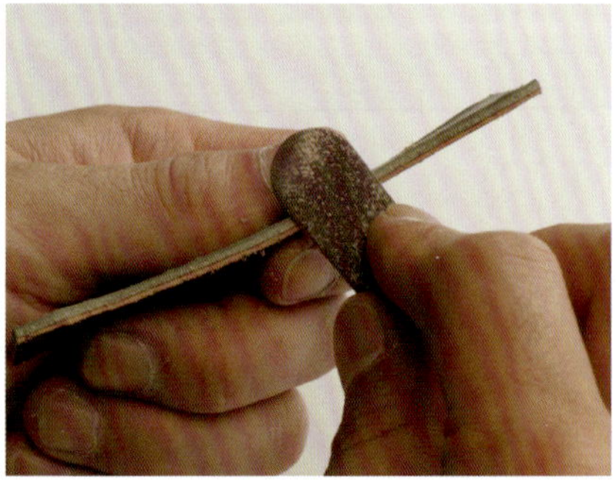

ベルトも先に縫い合わせるので、コバをサンドスティックで整えます

08

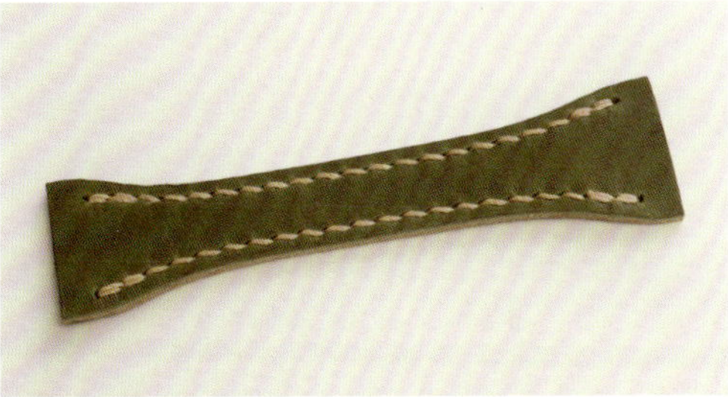

09 ベルトを縫い合わせます。両端の部分は本体と一緒に縫い合わせるので、ここではまだ縫いません

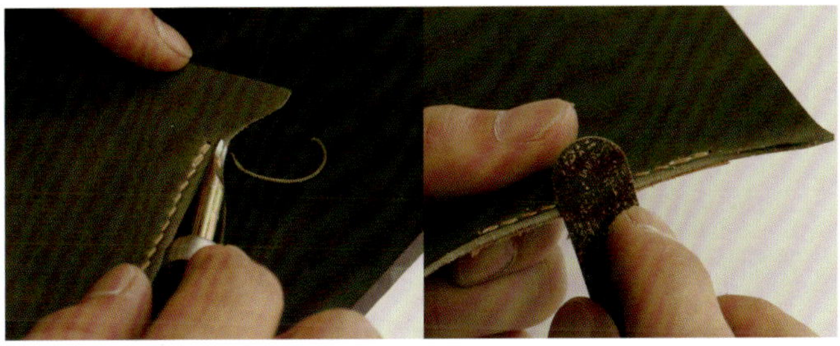

10 縫い合わせた部分のコバを仕上げます。へりおとしでヘリを落としたら、サンドスティックで形を整えます

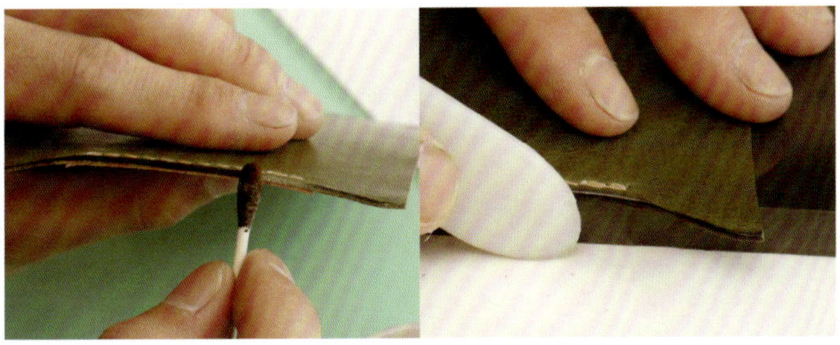

11 サンドスティックで形を整えたら好みで染料で染め、トコフィニッシュを塗ってヘラ付ヘリみがきで磨いて仕上げます

12 ベルトも同様にコバを仕上げます。コバを先に仕上げておく必要があるのはこのふたつのパーツです

▶ マチの縫い合わせ

本体Bの上辺以外の縁を3mm程サンドステイックで荒らします
01

三角形に切り込みの入った部分がマチになる部分です。この部分の縫い代にサイビノールを塗ります
03

サイビノールを塗った部分を貼り合わせて立ち上げ、マチを作ります
04

▶ ベルトの取り付け部分も荒らす

ベルトは本体Bの表側に取り付けられるので、取り付けられる部分のギン面をサンドスティックで荒らします。ベルト側のトコ面も荒らします
02

▶マチの部分は丸ギリで縫い穴を空ける

貼り合わせた部分に縫い線を引き、型紙の印に合わせて丸ギリで3カ所縫い穴を空けます

05

縫い穴は、貼り合わされてこのように山になった部分に、貫通するように空けます

06

07 マチを縫い合わせます。真ん中の穴から縫い始め、両側に縫い返して真ん中の穴で縫い終わります

両側のマチを縫い合わせます

08

縫い合わせた部分のコバを、へりおとしとサンドスティックで整えます

09

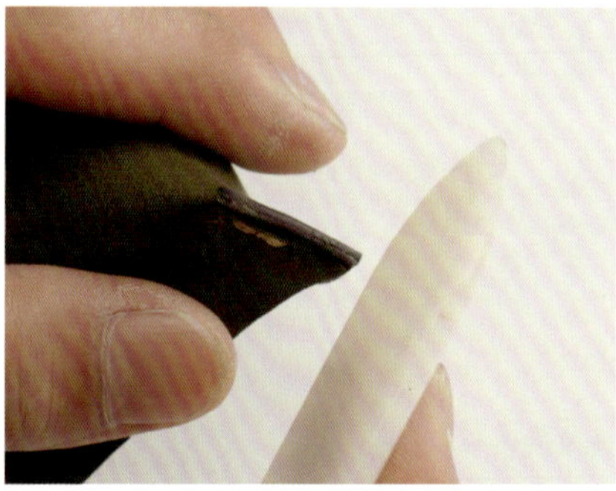

染料で染めた後、トコフィニッシュを塗って磨いて仕上げます

10

▶本体を貼り合わせる

本体Bを裏側の端に沿って折り、形を整えます

01

縫い代の部分を、外側に折っていきます

02

03 本体Aの縫い代をサンドスティックで荒らし、本体Bと貼り合わせます。角がずれないように、慎重に貼っていきます

本体AとBを貼り合わせたら、ヘラ付へりみがきで擦って圧着します

04

ベルトを本体に貼り合わせていきます。本体とベルトの取り付け位置に、サイビノールを塗ります

05

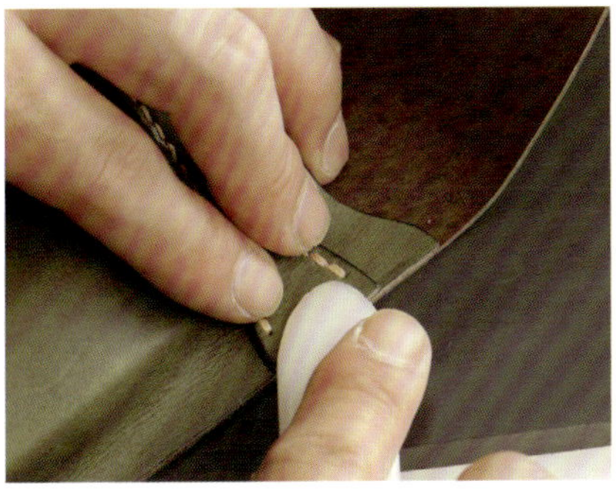

ベルト側にもサイビノールを塗って貼り合わせ、圧着します

06

07 ここまででペンケースの形ができ上がりました。サイビノールがしっかり乾くまで待って、次の作業を始めます

▶ **本体を縫い合わせ、仕上げる**

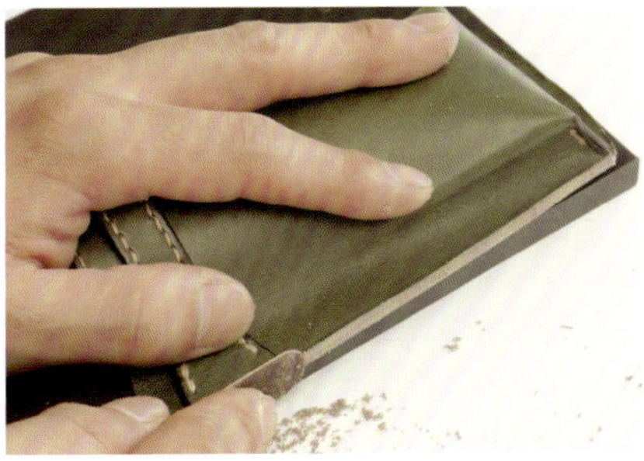

貼り合わせた本体のコバを、サンドスティックで整えます

01

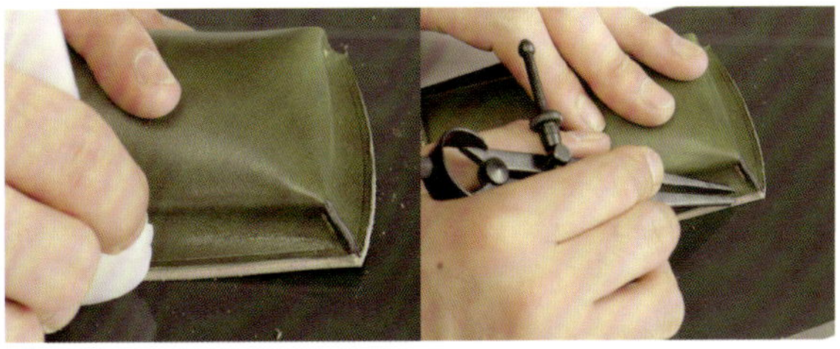

02 縫い線を引きます。ヘラ付へりみがきでも引けますが、ディバイダーを使うとより作業がスムーズに行なえます

基点のひとつとなる角の部分は、丸ギリで縫い穴を空けます。穴は突き合わせたコバの間に空けます

03

本体の裏側にも縫い線を引きます。ゴム板の段差を利用しましょう

04

縫い始めと縫い終わりと、段差のキワを丸ギリで貫通させ、基点の穴を空けます

05

基点を基準にして、縫い穴を空けます

06

縫い始めはふた目縫い返し、ベルトの段差の部分は二重に糸を通します

07

08 角の部分は基点の穴を縫うので、針はこのように突き合わせたコバの間を通すことになります

▶ **角の部分の処理**

角の部分はこのように糸が通ります。しっかりと接着しておかないと浮いてきやすいので、注意しましょう

09

最後はふた目縫い返して、縫い終わります

10

かぶせになる部分は本体とは別に縫います。これは続けて縫ってしまうと表側に出る縫い目が逆になるためです。ひと目分空けた所から縫い穴を空けます

11

かぶせ部分を縫い終わった状態です。縫い始めと縫い終わりはふた目縫い返します

12

本体とかぶせのコバを仕上げていきます。へりおとしでヘリを落とした後、サンドスティックで形を整えます

13

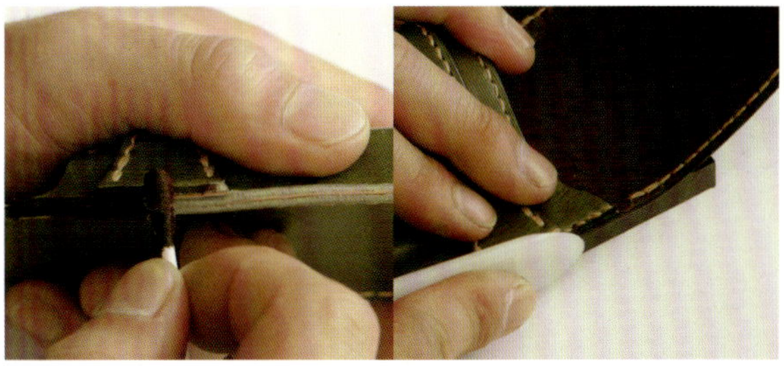

14 コバを染料で染めます。最後はトコフィニッシュを塗り、磨いて仕上げます

完成！

完成したペンケース。P.72から製作しているペンカバーがきちんと入るサイズになっています

ランニングステッチで作る
パスケース

角をラウンド型に仕上げ、鹿革レースのランニングステッチで縫い合わせるデザインのパスケースです。女性向けの柔らかな雰囲気のアイテムですが、使用する革の種類や色、ストラップをアレンジすれば、男性向けのデザインに仕上げることもできるでしょう。左右2ヵ所のポケットには、それぞれ「Suica」と「PASMO」に描かれた模様や文字が覗く窓を開けました。

[製作のポイント]

鹿革レースは様々なカラーが選べるので、革の色との組み合わせでオリジナリティを出せます。覗き穴は、使っているパスの種類や好みによっては空けなくても良いでしょう。柔らかめのタンニンなめし革か、張りのあるクロムなめし革がお勧めです。

製作者　星めぐみ

▶ 型紙はp.170

用意する道具

3連ハトメ抜き
等間隔で穴を空けていく際に便利です。このアイテムでは8号を使用しています

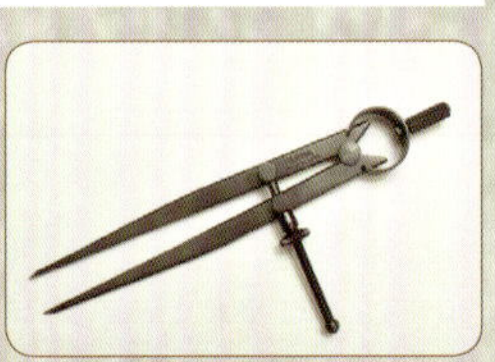

ディバイダー
等間隔の穴位置を決める際に使用します。付属の型紙通りに製作する場合は不要です

※この他に、「かがり」に使う道具も用意します。

使用した革

○本体:バルケッタ グリーン

○キット　キャメル/レッド/グリーン　各¥1,890（クラフト社）

01 鹿革レースは2mm幅90cmを2本程度、バネホック中を1セット、ハンシャ中を用意します

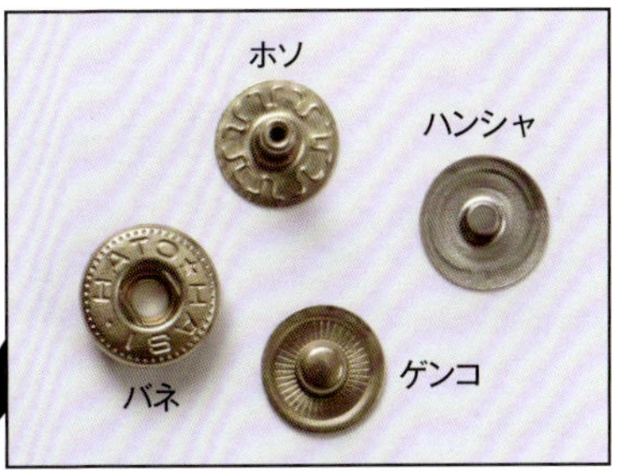

バネホックは本来「バネ」「ホソ」「ゲンコ」「アタマ」の4パーツで構成されていますが、今回はアタマの代わりに、厚みが出ない別売りパーツの「ハンシャ」を使います

左がバネホックのセットに付属している「アタマ」、右が別売りの「ハンシャ」です。厚みの差が分かるはずです

02 内と外、両方の本体のトコ面にトコフィニッシュを薄く塗り広げたら、ヘラを使って磨き滑らかに整えます

型紙の位置を元に、本体にハトメ抜きで穴を空けます。本体(内)の大きい穴が15号、小さい穴が8号、本体(外)の覗き穴は50号を使います

03

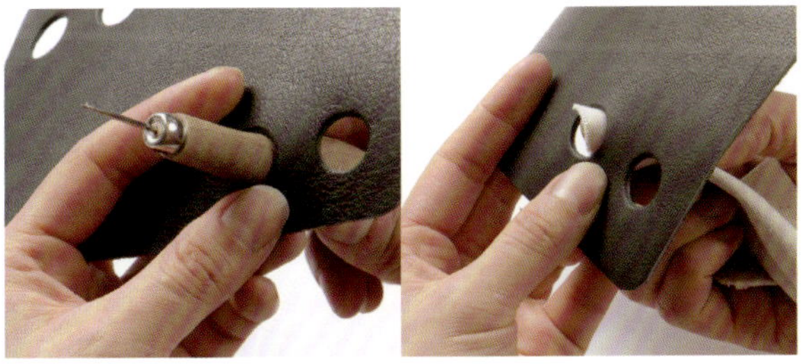

04 覗き穴の内側のコバは、組み合わせた後は磨けなくなるので、この時点で磨いておきます。丸ギリの柄や帆布を利用しましょう

バネホックの組み合わせ方は、大きい穴にバネとアタマ、小さい穴にゲンコとホソです。バネとゲンコがギン面側にきます

05

06 革の種類や厚みによっては、バネホックをそのまま打つと隙間ができます。革で作ったゲタを1～2枚挟みましょう

POINT!

バネホックと革の間に挟むゲタは、30号ハトメ抜きで切り出した円形の革に、対応するサイズ（15号と8号）の穴を空けたものです

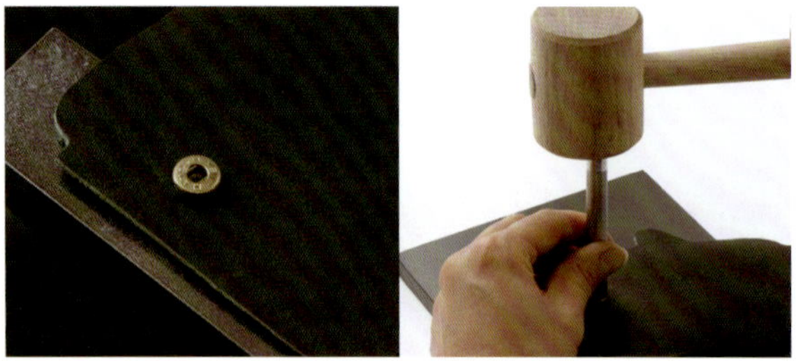

07 ホック打とオールマイティプレートを使い、バネホックを打ち付けます。強く打つと潰れてしまうので、加減を練習しておきましょう

バネホックを取り付けました。実際に付けたり離したりして、ガタがないか、潰れすぎていないかを確認しておきましょう

08

09 後から磨けない部分のコバを仕上げておきます。柔めの革を使っていれば、角もサンドスティックだけで仕上げられます

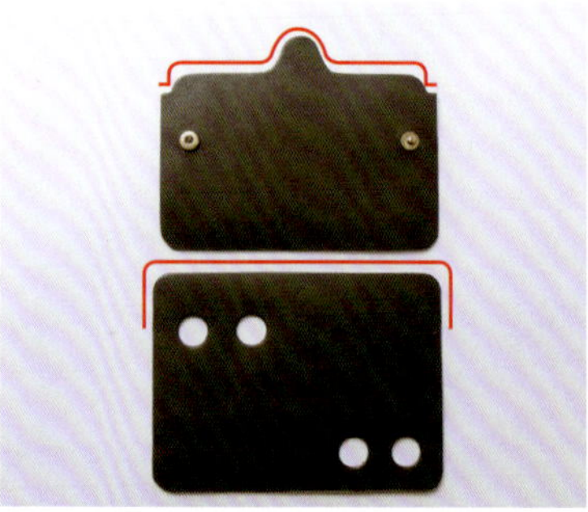

予め仕上げておくコバは、かがらない範囲です（左の写真で示している範囲です）

10

中心で半分に折った型紙をトコ面側に当て、丸ギリで縦の中心線をけがいておきます

11

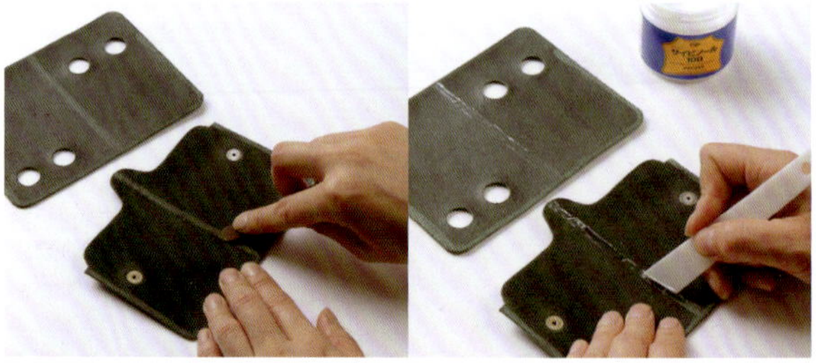

12 けがいた線を中心とした5mm幅をサンドスティックで荒らし、サイビノールを塗ります

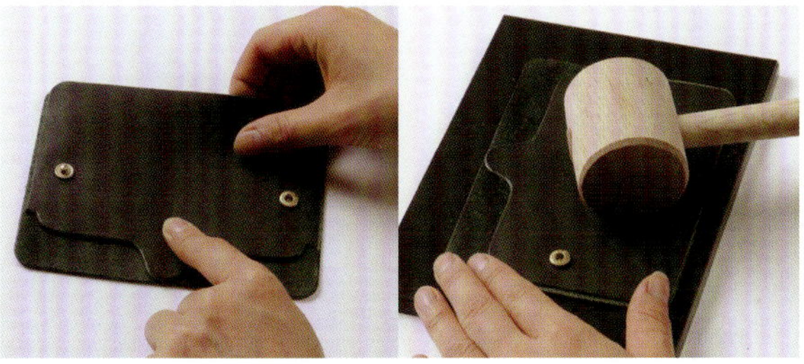

13 本体を中心線がぴったり重なるように貼り合わせ、木槌で叩いて圧着します。両サイドと下側はまだ接着していません

外側の本体に、型紙に記されているかがり穴の両端の点を写し、その2点間をヘラでけがいて結びます（丸ギリでは傷が付くためです）

14

POINT!

ディバイダーを、およそ6mm幅に設定し、始点から終点に等間隔の点を取りますが、必ず偶数個に合わせてください。型紙には適切な穴位置を記しておきました

15

等間隔で付けた点を元に、8号のハトメ抜きでステッチ用の穴を空けます。3連ハトメ抜きを使うと便利です

16

鹿革レースを、ステッチをする距離の2倍程度の長さに1本切り出し、レース針に取り付けます

17

▶ **ランニングステッチ（波縫い）**

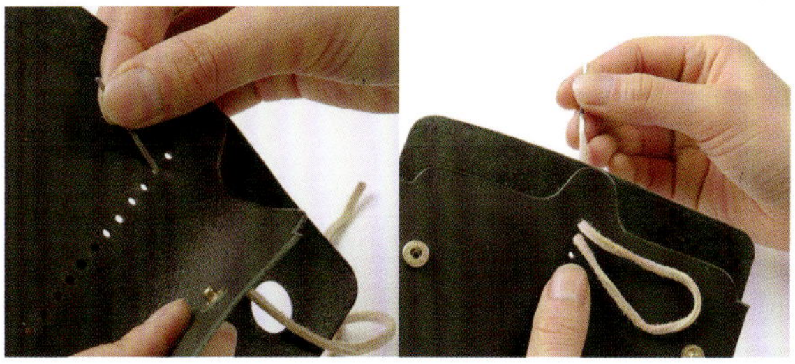

18 本体パーツの間から針を差し入れ、端から2つ目の穴に通して内側に出します。次に、端の穴から表側に出します

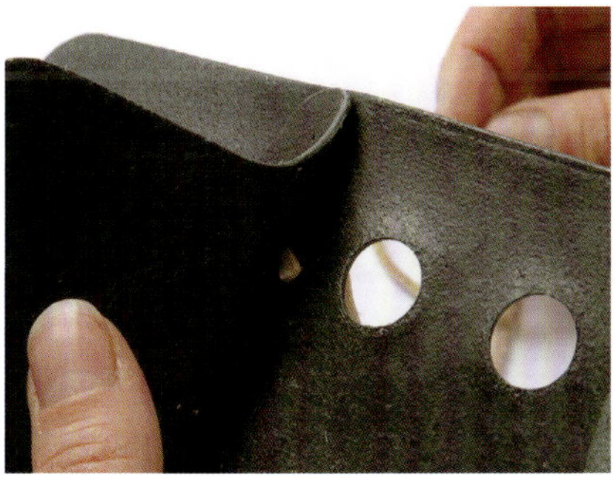

鹿革レースの後端は、本体の間に5mmほど残しておきます

19

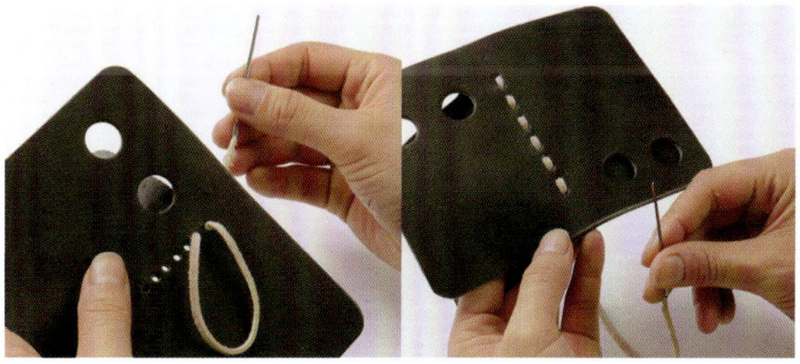

20 続いて、再び2つ目の穴に表から差し入れて裏側に出します。その後は波縫いで進めていけば、最後の穴は裏に出るはずです

21 次に、最後から2つ目の穴に再び差し入れ、本体の間から出します。5mmほど残して切り、始点と終点をサイビノールで留めます

22 両サイドと下側のかがり代にサイビノールを塗り、中心を折り曲げながら貼り合わせます（曲げた状態で端が重なる設計です）

23 外側のかがり代に線を引き、6mm程度の間隔で点を取っていきます。再び偶数に合わせる必要があるので、適宜調整します

ステッチの始点と終点は、本体（内）の端をまたぎます。ハトメ抜きで穴を空けるときに革の端にかからないよう、裏側を確認しながら作業をしてください

24

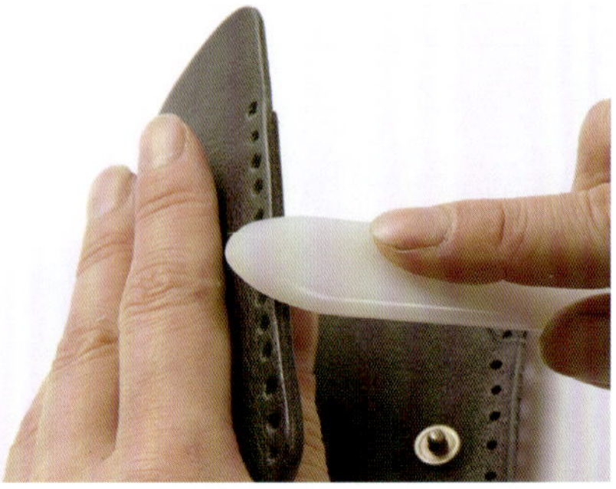

かがり代のコバは、ステッチ前に磨きまで仕上げておくと良いでしょう

25

▶ ランニングステッチ2

26 先ほど同様、本体の間から2つ目の穴に差し入れ、今度は外側に出したら、端の穴に一度戻ってから、再び2つ目の穴に通します

27 ここで、補強のために一度コバの外側にレースをかけておきます（写真左）。その後、通常通りの波縫いでかがっていきます

最後の穴まで進めたら2つ目の穴に戻り、補強のための一針を外側にかけ、再び本体の間に出します。レースの端は5mm程度残してカットし、留めておきます

28

POINT!

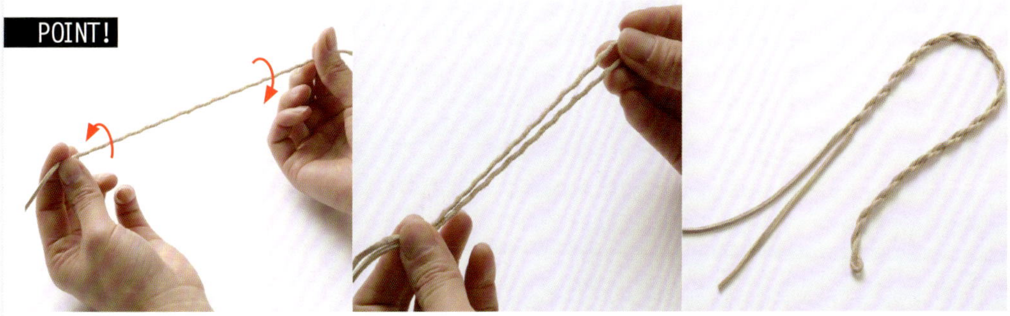

背の部分に付けるストラップを作ります。鹿革レースを捻り、その状態で半分に折ると自然に縒れる力が働き、縒りひもができます

29

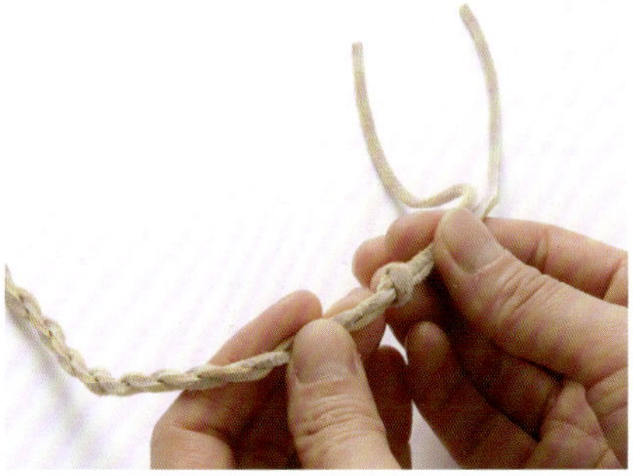

縒りの端は、2つまとめて固結びで留めます。結び目よりも先の部分は15cm程度にします(90cmの鹿革レースを使用)

30

31 背の上部に、15号ハトメ抜きを使ってストラップを通す穴を空けてください。縒りひも先端を内側から通すと、結び目で止まります

32 ひもの先端を反対側のループ部分に通し、固結びをして固定すれば完成です

ストラップの代わりに、キーホルダー金具などを取り付けることで、雰囲気もガラリと変わります。自由なアレンジを楽しんでください

完成!

ミシン縫いで作る
トートバッグ

直線で構成されているトートバッグを、ミシンを使って内縫いで仕上げます。手縫いで作ることもできますが、大きな袋物は縫う距離が長いのでミシン縫いが便利です。また、縫いしろを縫い割することで、使いやすく作りもしっかりしたものになっています。手ひもは本体と同じドラムダイを三つ折りにして強度を出し、手縫いで取り付け部分のステッチにアクセントを持たせます。

[製作のポイント]
作例はクロム鞣しのドラムダイという革を使用していますが、タンニン鞣しの革で作ると張りのあるトートバッグに仕上がります。また、型紙を拡縮して作れば、大きさも自分の好みに合わせることができます。好みや用途に合わせて、アレンジすることで、より使いやすいバッグになります。

製作者　小林一敬

▶型紙は巻末折り込み（表面）

用意する道具

銀ペン
クロム鞣しの革を使うため、裁断や穴空けの位置を決めるために銀ペンが必要になります

※この他に、「ミシン」に使う道具も用意します。

使用した革

○ **ドラムダイ** 1.0mm厚

▶パーツの裁断

01 本体は型紙に合わせて切り出します。手ひもは幅8cmで、長さは50cmです。長さは好みに合わせて変えても良いでしょう

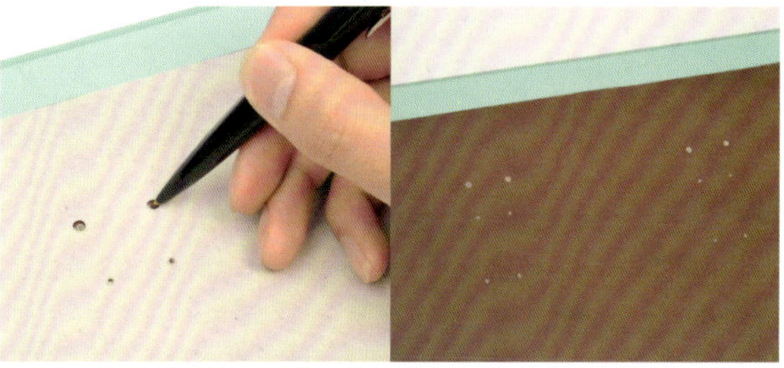

02 型紙に合わせて、手ひもの取り付け位置に印を付けます

折り返す位置の基準になる点にも、印を付けます

03

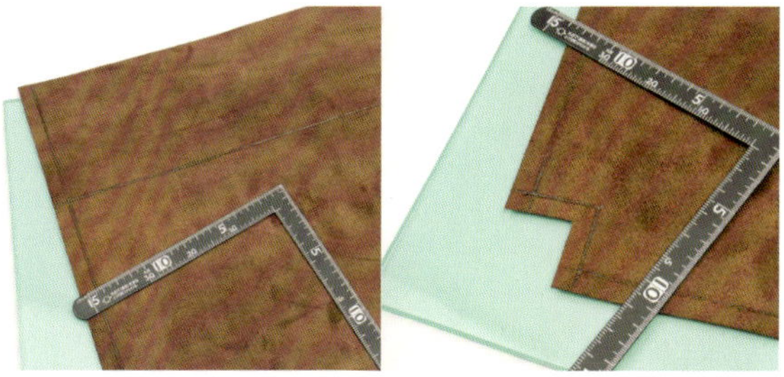

04 縁から1cmの所に縫い目の目安になる線を引きます。折り返す位置の印を左右結んで、折り返す目安の線も引きます

手ひもは上から3cm下から5cmの所に線を引きます

05

手ひもを通す長穴を空けます。まず両端の位置に10号のハト目抜きで穴を空けます

06

穴と穴の間を切って繋げ、長穴にします

07

▶終わりは止め切りします

穴の外まで切れないように、最後の部分は逆側から止め切りするようにしましょう

08

▶縫い合わせ

01 縫いしろのギン面にゴムのりを塗ります。ゴムのりは仮留め用なので、ギン面を荒らす必要はありません

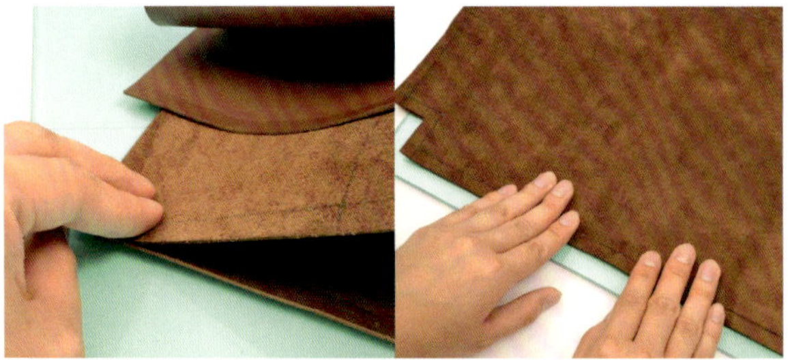

02 ゴムのりが乾いたら、本体を貼り合わせます。角と角をきっちり合わせないと、縫い目がずれるので注意しましょう

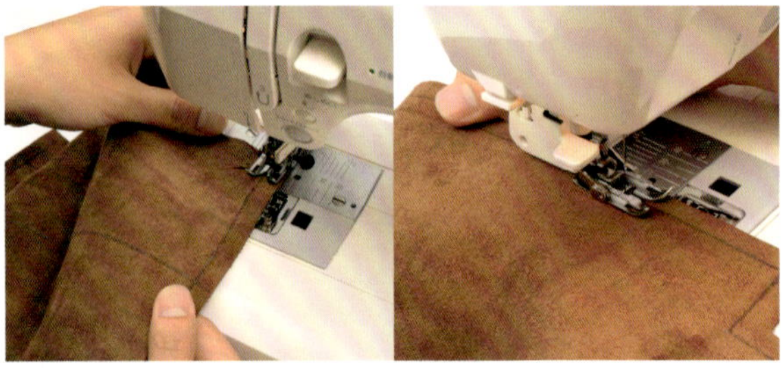

03 先に引いておいた線に合わせて、ミシンで縫います。距離が長いので少し大変ですが、手縫いでも大丈夫です

縫い終わったらライターで炙って糸留めします

04

ゴムのりで貼りあわせた縫いしろを開きます。革を傷めないように注意しましょう

05

▶ゴムのりの剥がし方

ゴムのりは指先で丸めるようにしていくと、剥がれていきます

06

縫い割をするために、端から2cmの幅でダイヤボンドを塗ります。ただし、角の部分は写真のように塗り残します

07

縫いしろを割って、貼り合わせます。貼りなおしが難しいので、注意しながらピッタリ貼り合わせていきます

08

貼りあわせた縫いしろを、ローラーで圧着します

09

三方の縫いしろを縫い割し、このような状態にします

10

11 角の部分の内側（ギン面）に、縫い線の所までゴムのりを塗り、貼り合わせます

貼り合わせたら、木槌の腹で叩いて、圧着します

12

角の部分を、縫い線に合わせてミシンで縫います

13

14 角の部分を縫い合わせると、このように袋状になります。角は縫い割はせず、このままにします

▶ 手ひもの部分は貼り合わせません

手ひもの部分だけを塗り残して、縁の折り返し部分にゴムのりを塗ります

15

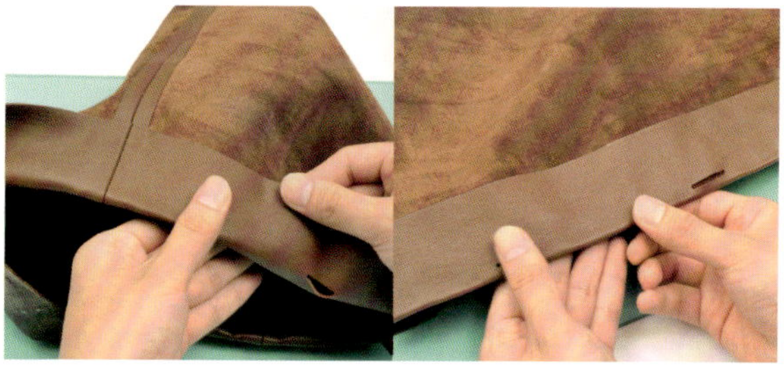

16 目安の線に合わせて、縁をヘリ返します。ずれたりシワになったりしないように注意します

縁をヘリ返す時に、縫い目がきちんと合うようにします

17

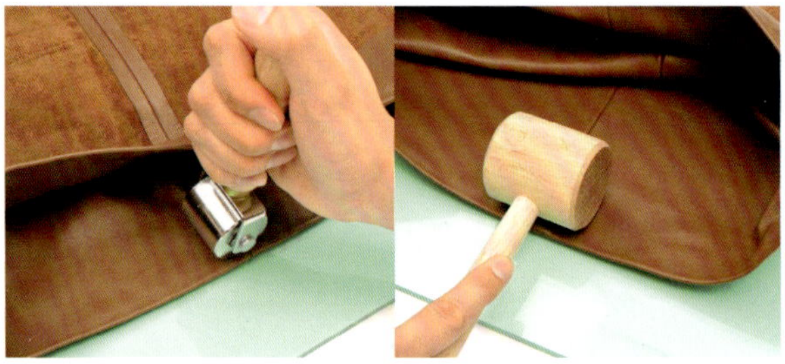

18 縁をすべて折り返したら、ローラーや木槌を使って圧着します

縁が折り返された状態です

19

ここまで仕上げたら、表に返します

20

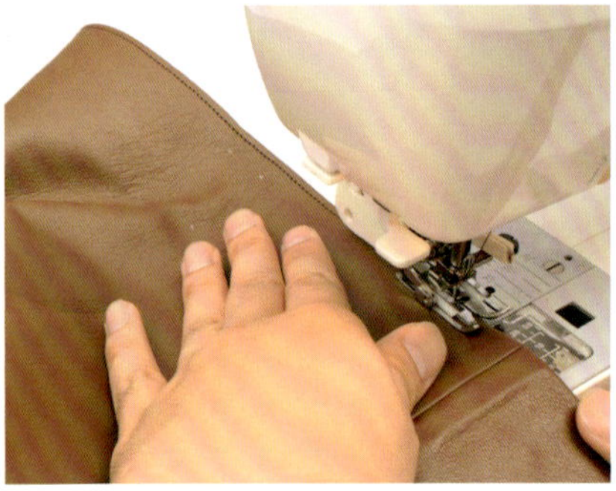

縁から3mmの所を、ミシンで縫い合わせます

21

縁を縫った状態です。手ひもの穴部分は細いので、縫う際に注意しましょう

22

▶ 手ひもの制作

01 手ひもは三つ折りにします。まず線からヘリまで5cm幅にゴムのりを塗り、線とヘリを合わせて貼ります

ローラーをかけて、折り返した部分を圧着します

02

03 折り返した部分と残っている3cmの部分にもゴムのりを塗り、三つ折りにして貼り合わせます

しっかりローラーをかけて、手ひもを三つ折りの状態に貼り合わせます

04

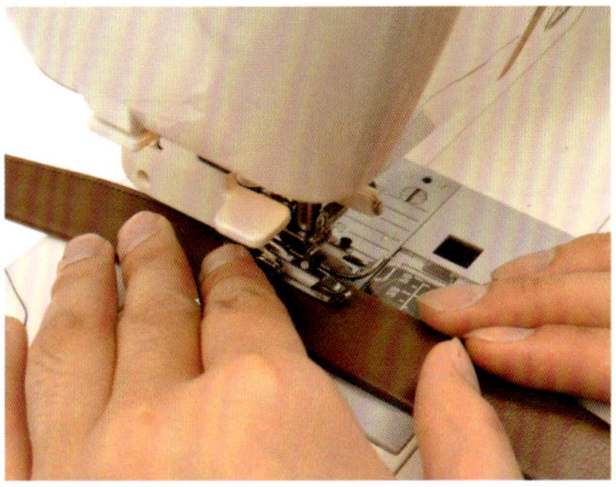

手ひもの端から3mmの所を、ミシンで縫い合わせます

05

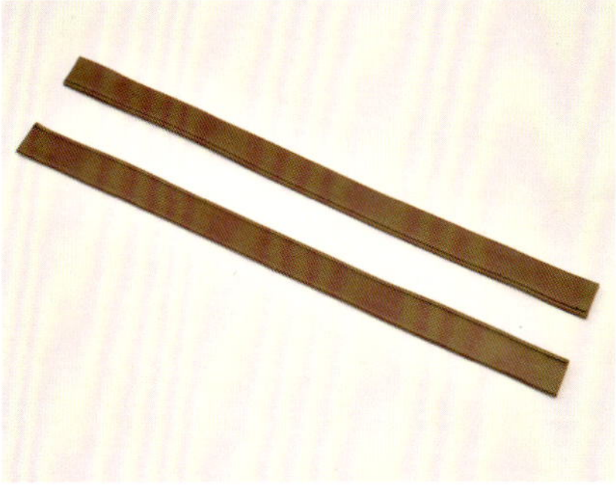

手ひもを2本とも縫い合わせたら、本体に取り付けていきます

06

▶ 手ひもを付けて、仕上げます

手ひもを、先に空けておいた長穴に入れます

01

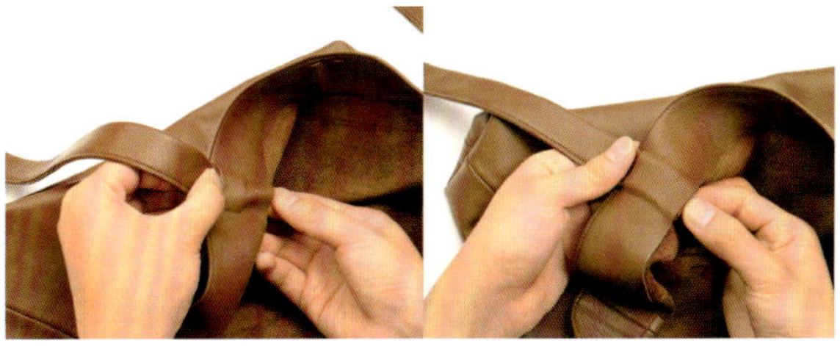

02 手ひもの端は、ヘリ返した縁の部分に合わせます。手ひもが捻れないように、向きに注意しましょう

▶ 手ひもをゴムのりで仮留め

手ひもと縁の隙間からゴムのりを中に塗って、貼り合わせます

03

手ひもを本体に仮留めした状態

04

▶ **手ひもは手縫いで**

05 手ひもは手縫いで縫うため、基点の穴を空けて銀ペンで結んで縫い線を引きます

ヒシ目打で縫い穴を空けます

06

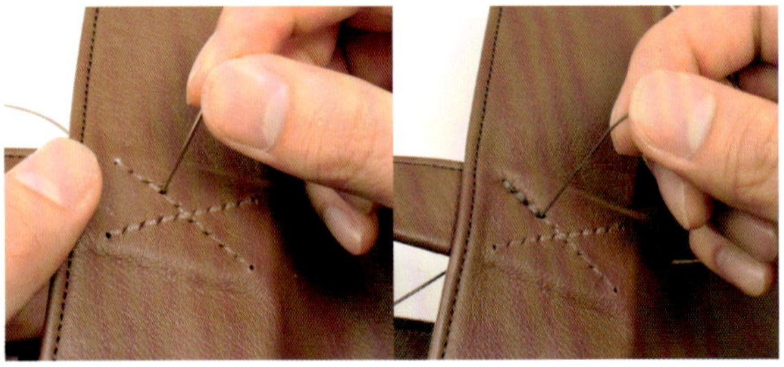

07 手ひもを縫い合わせます。縫い始めはふた目縫い返してから縫い進めます

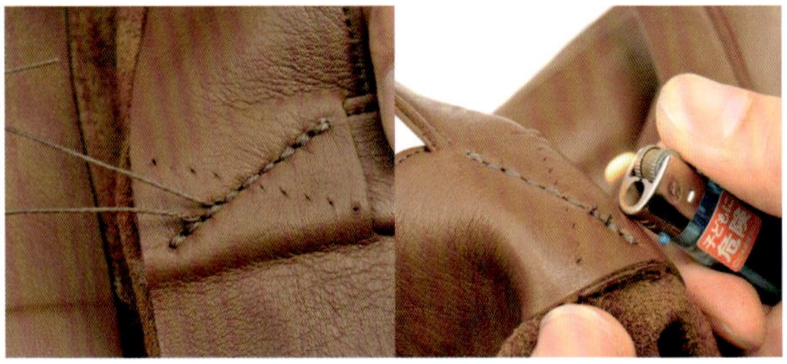

08 縫い終わりもふた目縫い返し、糸を袋の内側に出します。ナイロン系の糸を使ったので、最後はライターで炙って糸留めします

手ひもは、このように縫い付けられます

09

残り3カ所も同様に縫い、手ひもを取り付けます

10

手ひもが取り付けられたら完成です。基本の作り方をマスターしておけば、大きさや手ひもの長さなど様々なアレンジができるます

step-3

複雑な構造のアイテム

ここでは、いくつものパーツを縫い重ねて、複雑な構造のアイテムを製作します。パーツが増えることで、仕立てていく順番や、コバやトコを仕上げるタイミングなどを考える必要が出てきます。ただし、パーツの点数が多いといっても、基本通りの作業を正しく行なえば、必ず作り上げることができるはずです。

複数のパーツを縫い合わせて作る

ミドルウォレット

ロングウォレットに続いて人気のある、お札を横に入れるタイプのミドルウォレットです。カード入れと小銭入れは縦方向に取り付けられているため、非常に使い勝手の良いデザインになっています。特に1枚の革を上手く使って作られた、札入れ部分の構造には注目です。

[製作のポイント]

中パーツ（本体裏の札入れになるパーツ）を真ん中でつまんで縫い合わせることで、本体を開いた時に札入れ部分が両側から引っ張られて開くようになっています。作例は表に2.5mm厚のサドルレザーを使って男らしいイメージを出しています

製作者　小林一敬

▶型紙はp.168／169

用意する道具と材料

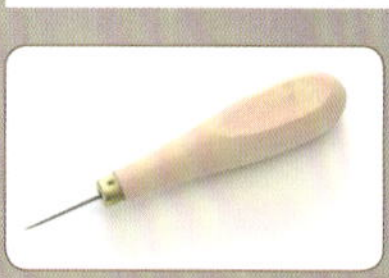

菱ギリ
このアイテムでは、まず表側だけに縫い穴を空け、貼り合わせてから内側の革に縫い穴を空けます。曲げ貼り部分はこの菱ギリを使って縫い穴を空けます

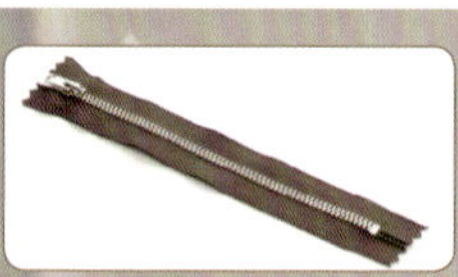

ファスナー
16cmの長さの物をそのまま使用します

トチカン
ネジで留めるタイプです。取りつける際はネジ穴にはサイビノールを塗ってから取り付けます

使用した革

◯表:サドルレザー 2.5mm厚
◯中:サドルレザー 1.5mm厚
◯カード入れ(Tシャツ型のパーツのみ):1.2mm厚

◯キット ナチュラル ¥6,380 / 黒 ¥6,720
(クラフト社)

▶ 裁断と下準備

01 型紙に合わせてパーツを切り出します。アールの付いた角は、ハトメ抜きで先に角の部分を抜いておきます

中パーツに空ける穴は、センターが40号、左右は15号です 02

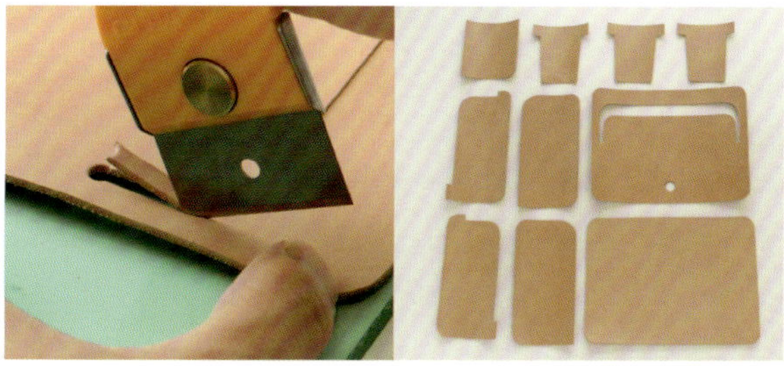

03 各パーツを切り出します。02で空けた中パーツの15号の穴は、型紙に合わせて切って繋げ、札入れになります

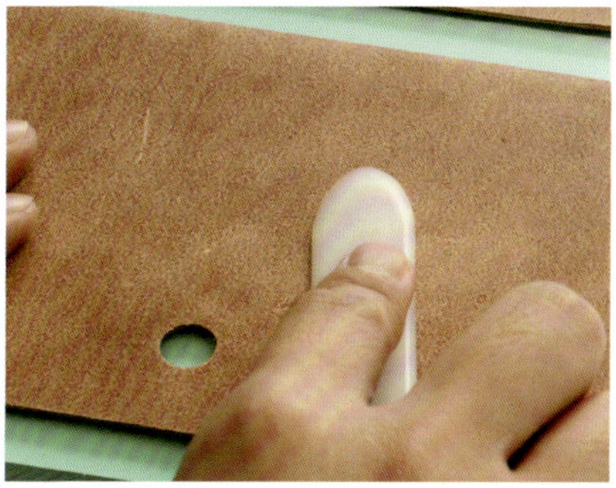

すべてのパーツのトコ面に、トコフィニッシュを塗って磨きます 04

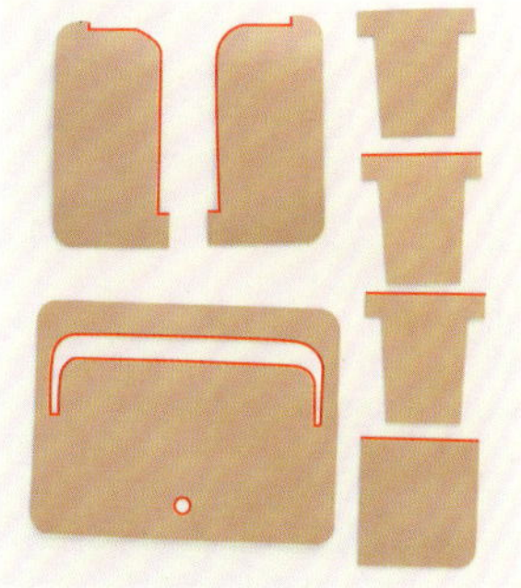

赤い線で示しているのは、仕立てを始める前に仕上げておく必要のあるコバです 05

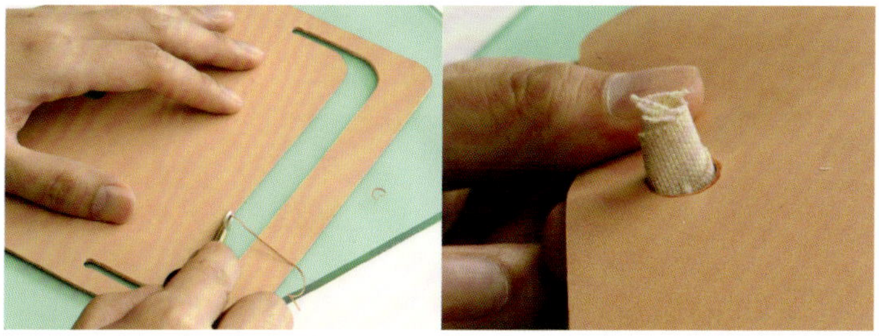

06 ヘリおとし→サンドスティック→トコフィニッシュの順で、それぞれのコバを仕上げます。穴の内側は、帆布を巻いて磨くと上手く磨けます

▶ 小銭入れの製作

01 小銭入れに付くファスナーの縫い代部分に8mm幅で線を引いて、サンドスティックで荒らします

02 荒らした縫い代と、ファスナーテープの貼り合わせる部分（端から7mm）にダイヤボンドを塗ります。

まず直線部分から貼っていき、角の部分は残します

03

04 角の部分はこのようにひだを作って貼り合わせます。この方法を「キクヨセ」と呼びます

05 両側のパーツをファスナーと貼り合わせます。ファスナーを閉めてみて、角の部分が浮いたりしないか確認します

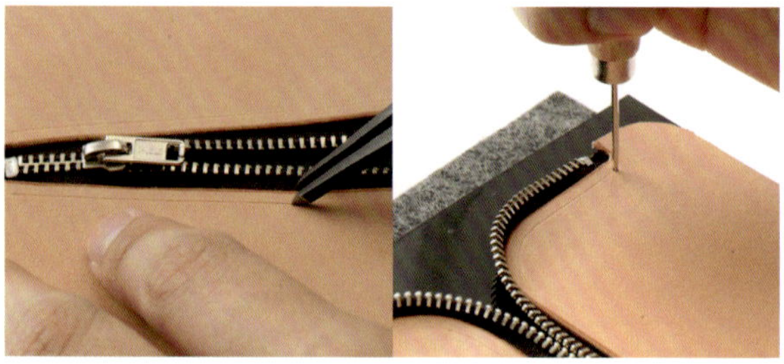

06 ファスナーを縫い合わせるために、3mm幅で縫い線を引きます。基点になる端の穴は、丸ギリで空けます

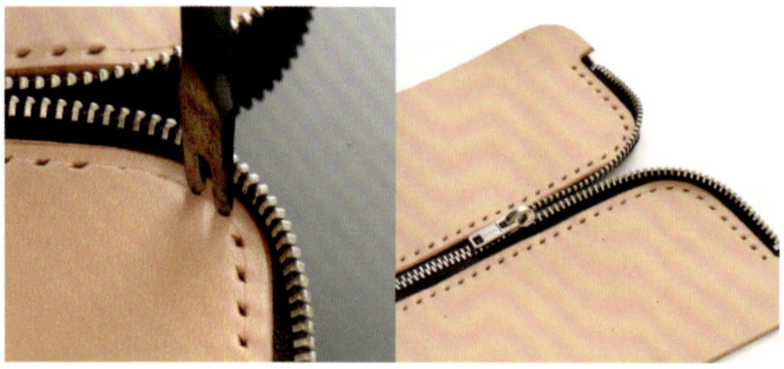

07 ヒシ目打で縫い穴を空けます。角の部分は2本目を使って空けましょう

ファスナーと小銭入れ本体を、縫い合わせます

08

09 テープの両端はほつれないように、ダイヤボンドを塗ってこのように折って貼ります

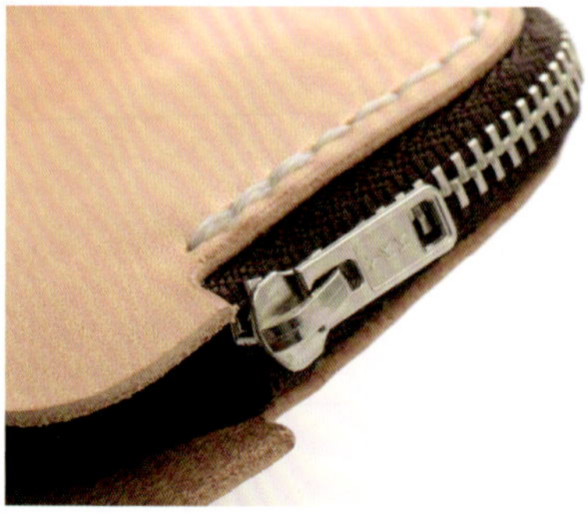

ファスナーを縫ったら、きちんと閉まるか確認をしておきます

10

▶カード入れの制作

カード入れのパーツを合わせてみて、取り付け位置を確認して印を付けます

01

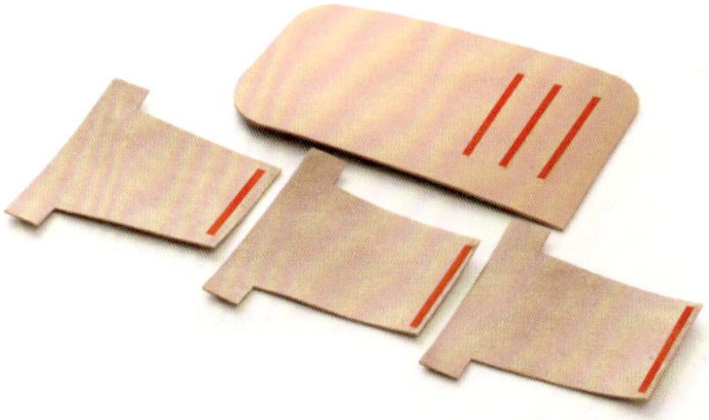

それぞれのパーツの縫い代を、サンドスティックで荒らします

02

03 サイビノールを塗ってTシャツ型パーツを貼り、縫い合わせます。台座パーツにのみ空けられる両端の穴は、丸ギリで空けます

04 Tシャツ型パーツの袖の部分にサイビノールを塗り、一番外側のカード入れのパーツと合わせて台座パーツに貼ります

カード入れのパーツを貼り合わせたら、サンドスティックでコバを整えます

05

06 ウォレットの内側に来る、向かって左側のみ先に縫い合わせます。段差の部分は丸ギリで縫い穴を空け、他はヒシ目打で空けます

縫い合わせます。段差の部分は二重に縫って、強度を出します

07

内側のコバを、通常の手順で仕上げます

08

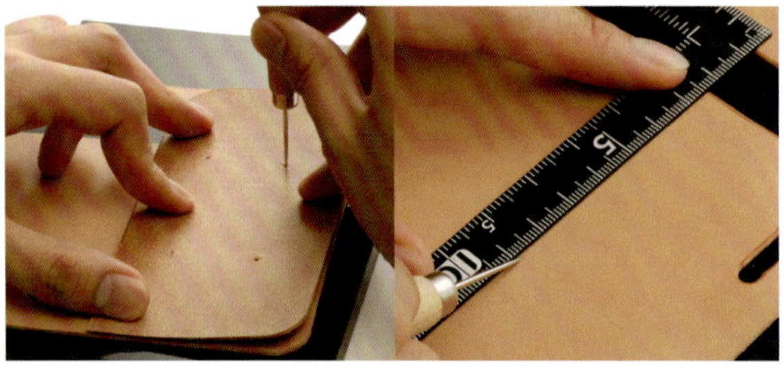

09 小銭入れカード入れを取り付け位置に合わせ、基点となる四ヵ所の角に丸ギリでで穴を空け、線で繋いで四角い枠にします

10 線で繋いだ枠の中を、サンドスティックを使って荒らします。この四角い枠が、サイビノールを塗る位置です

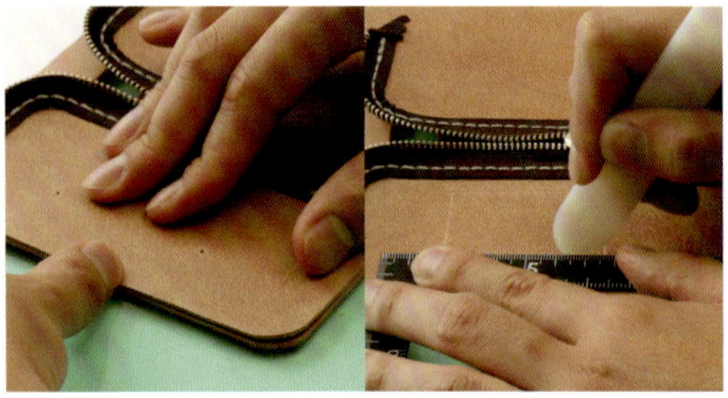

11 小銭入れをサイビノールで中パーツに貼り、09で空けた穴を基点にして縫い線を引きます

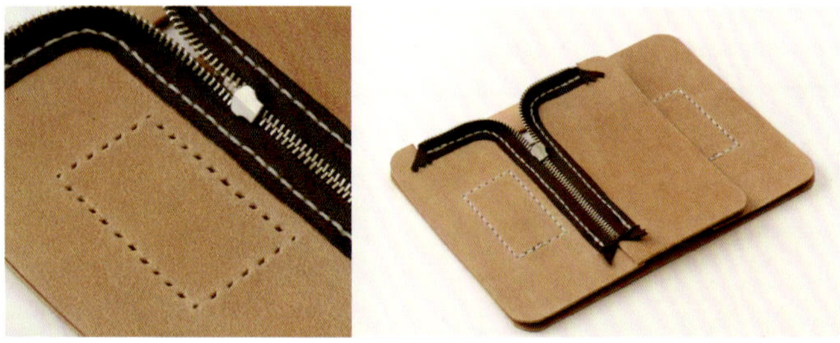

12 ヒシ目打で縫い穴を空け、小銭入れと中パーツを縫い合わせます。カード入れの裏側パーツも同様にして縫い合わせます

13 カード入れと小銭入れの縫いしろをサンドスティックで荒らし、サイビノールを塗って貼り合わせます

小銭入れとカード入れを貼り合わせたら、コバをサンドスティックで削って整えます

14

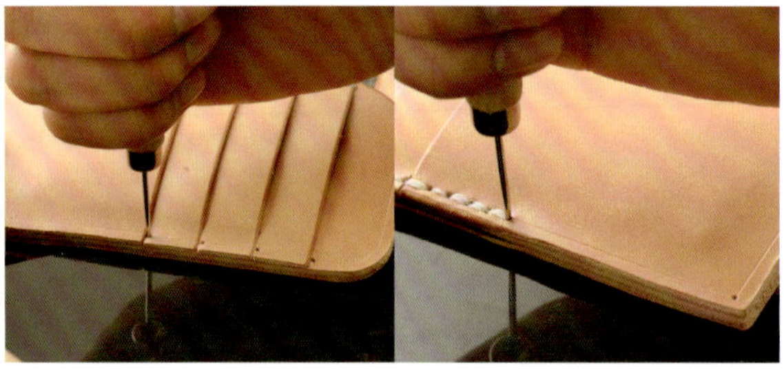

15 縫い線を引き、基点の縫い穴を丸ギリで空けます。カード入れは段差と角、先に縫い合わせていた部分の最後の縫い目です

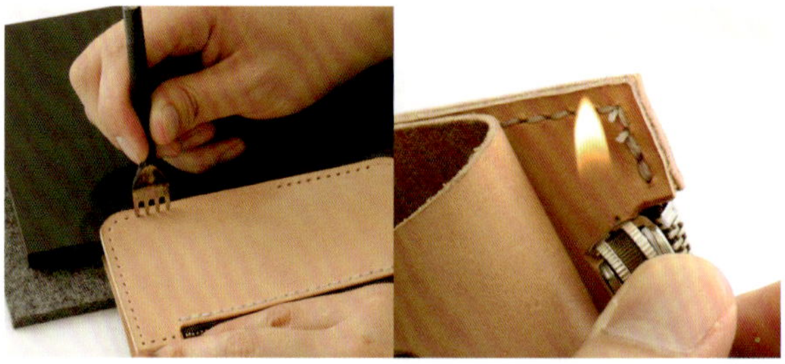

16 カード入れを縫い合わせたら、小銭入れも縫い穴を空けて縫い合わせます。糸は裏側に出して、炙って糸留めします

▶ 本体の製作

01 中パーツを裏返し、中央の部分を1cm（中央から左右5mmずつ）サンドスティックで荒らします

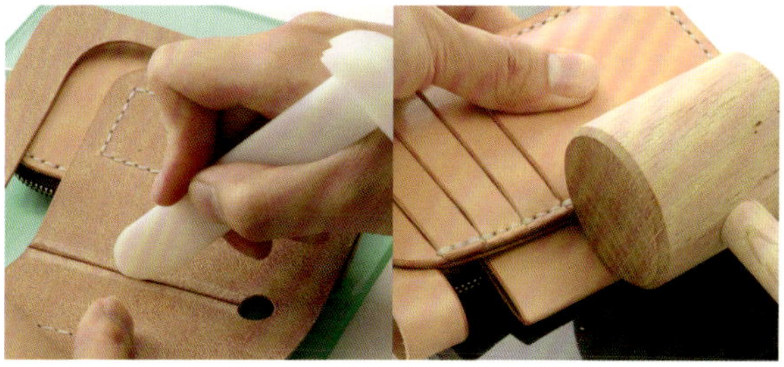

02 ヘラ付ヘリみがきの先端に水を付けながら真ん中に線を付け、その線で二つ折りにして木槌の腹で叩いて折り目を付けます

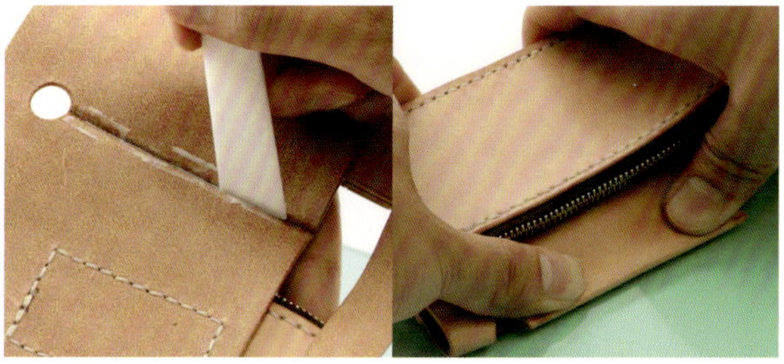

03 真ん中の線から左右5mmずつサイビノールを塗り、右側の写真のような状態でして貼り合わせます

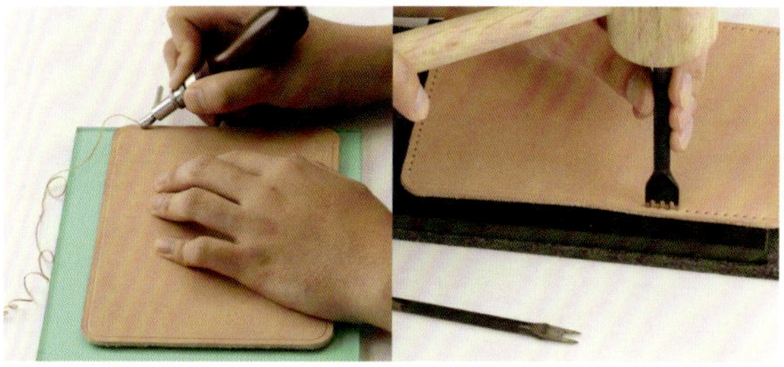

04 サイビノールが乾くのを待つ間に、表側のパーツにステッチンググルーバーで縫い線を引き、ヒシ目打で縫い穴を空けます

▶ 最初のひと目は外にかける

サイビノールが乾いたら、真ん中の部分に縫い穴を空けます。最初と最後のひと目は外にかけるので、ひと目外してヒシ目打を打ち始めます

05

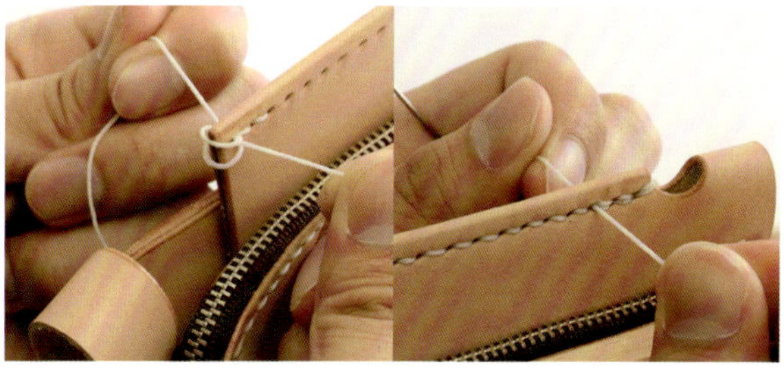

06 最初のひと目は、このように外側に二重に糸をかけます。最後も外側に二重にかけ、ふた目縫い返して糸の始末をします

真ん中を縫い合わせると、このような形になります。ここを縫っておくことで、ウォレットを開いた時に札入れが開くようになります

07

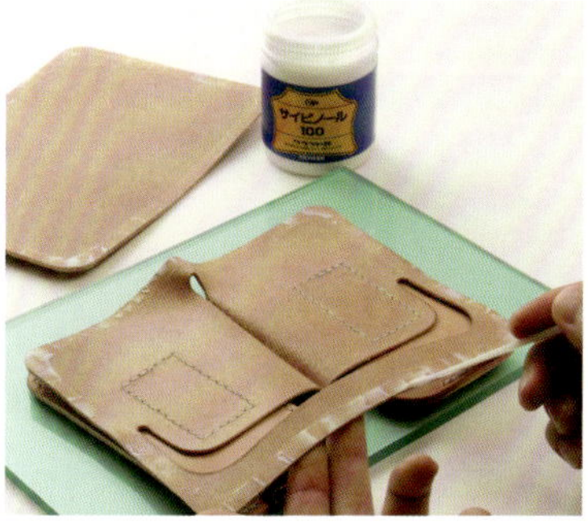

表パーツと中パーツを貼り合わせます。両方のトコ面の、縁から5mm程にサイビノールを塗ります

08

▶ **曲げ貼り部分の接着**

09 ずれないように貼り合わせていきます。曲げ貼りをすることになるので、しっかり圧着して貼り合わせます

サイビノールが乾いたら、サンドスティックでコバを整えます

10

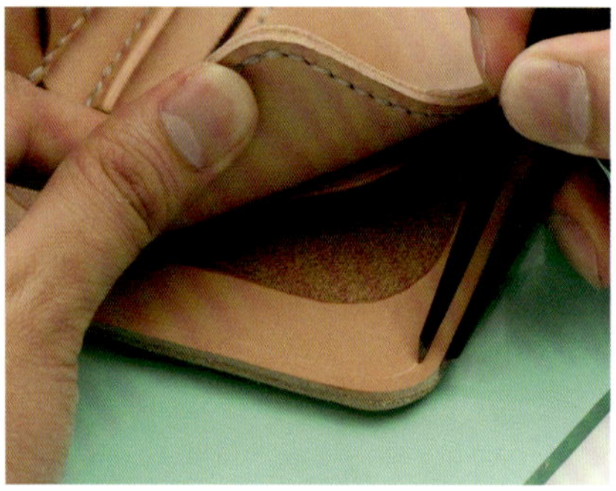

中パーツに縫い線を引きます。穴は表側から空けるので、これは目安の線です

11

先に空けておいた表パーツの縫い穴に、再度ヒシ目打を打って、中パーツに縫い穴を空けます

12

▶ **曲げた部分は菱ギリで空ける**

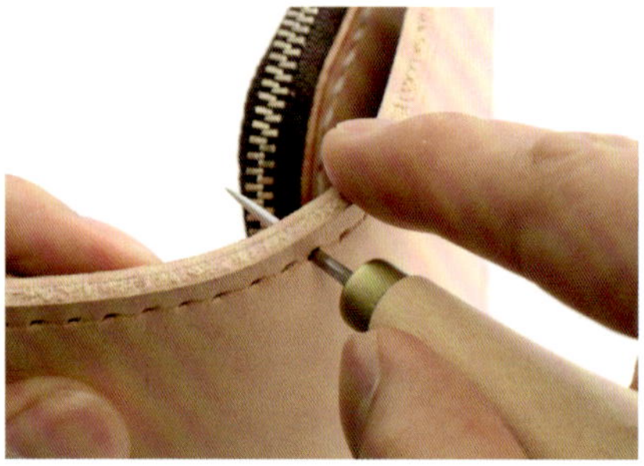

曲げ貼りした真ん中の部分は、菱ギリを使って空けます。この時、11で引いた縫い線を目安にするとずれにくくなります

13

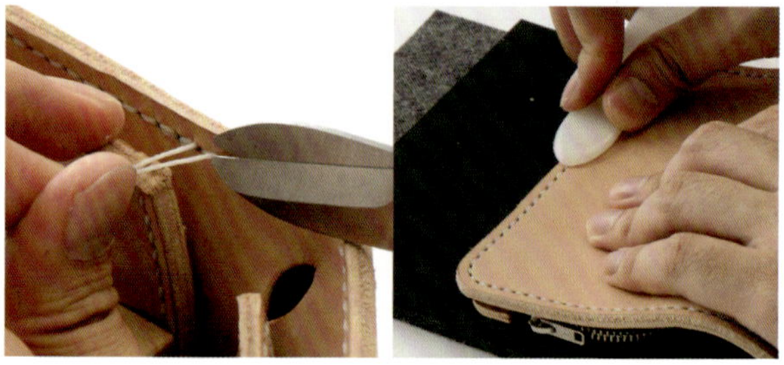

14 表と中のパーツを縫い合わせます。最後はふた目縫い重ね、糸は裏側で始末します。へりみがきで擦って糸目を落ち着かせます

表と中を縫い合わせて、ウォレットとしての形は完成です

15

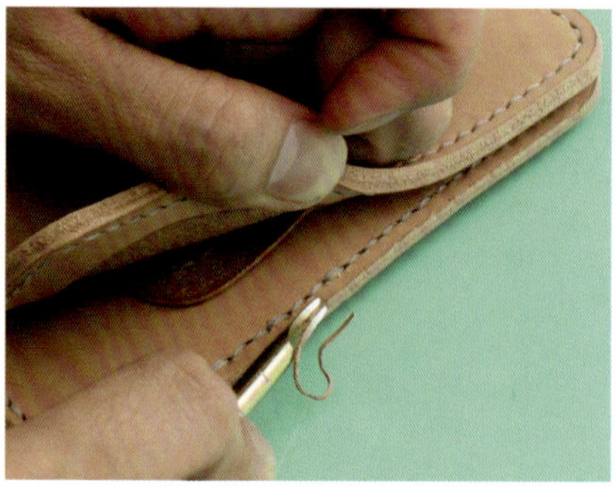

コバを仕上げていきます。まず、へりおとしでヘリを落とします

16

サンドスティックでコバの形を整えます。角は少し丸みを付けます

17

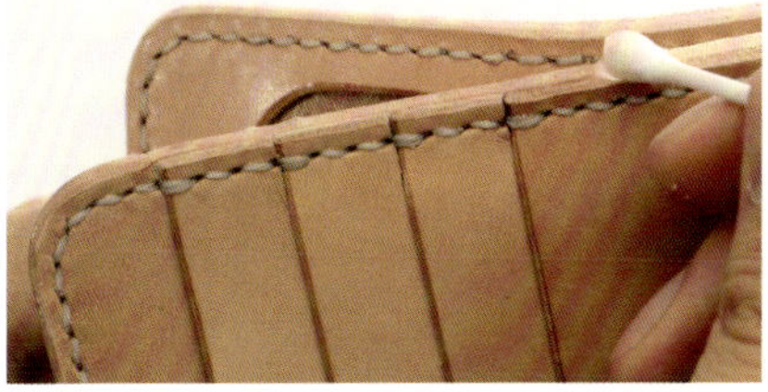

コバからはみ出さないように、綿棒を使ってトコフィニッシュを塗ります

18

ヘラ付ヘりみがきで磨きます

19

帆布を使うと磨きやすく、きれいに磨くことができます

20

21 縁から10mmの所に10号の穴を空け、トチカンを取り付けます。トチカンのネジ部には、サイビノールを入れます

完成！

コンパクトなデザインの中に、高い収納性を持たせたハーフウォレットに仕上がりました

クロスステッチとダブルステッチで作る

バブーシュ

4つのパーツからなるバブーシュは、アッパーとソールをアウトステッチで組み合わせて作り、シンプルなルックスとは裏腹に本格的な靴の構造を踏襲しています。また、ソールは本底と中底の間に中物（クッションとなる詰め物）を入れて作るため、使い心地が良く、室内履きとしては問題ないほどに丈夫です。作り応えと実用性があるのアイテムなので、ぜひ挑戦してみてください。

[製作のポイント]

靴らしいフォルムが潰れてしまわないよう、コシのある革が最適です。揉み加工を施した、やや柔軟なタンニン革などをお勧めします。今回はかがりで作りますが、ミシンや手縫いでも作っても良いでしょう。好みの色を組み合わせ、アレンジしてください。

製作者　星めぐみ

▶ 型紙は巻末折り込み（裏面）

用意する道具

スリーダイン
完成後の柔軟性を確保し、かがり穴にレースを通す際の抵抗を弱くするため、仮止め用の天然ゴムのりを使います。接着力が弱いため、多少の貼り直しもできます

※この他に、「かがり」に使う道具も用意します。

使用した革

○アッパー:グランドシュリンク　カーキ、イエロー
○カカト:バルケッタ　青
○中底:ピッグスエード
○本底:トコ革 2mm厚
○中物:フェルト 6mm厚

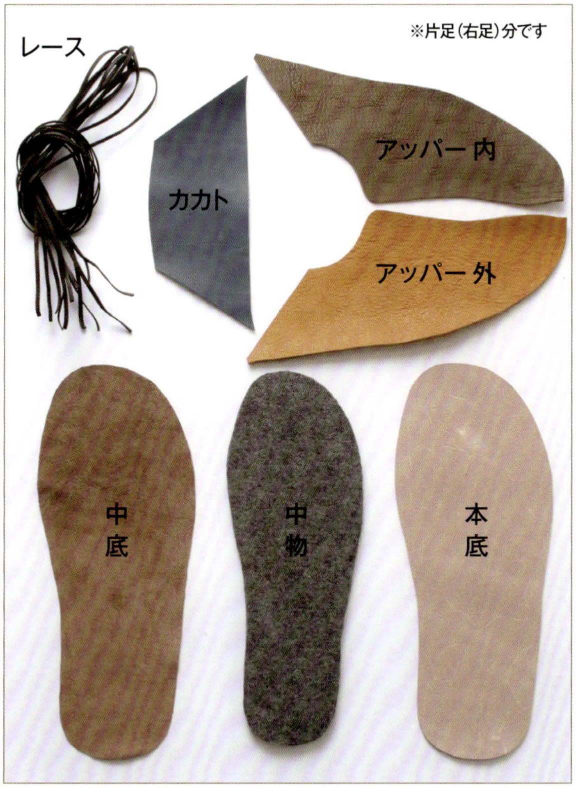

カカト、アッパー、底の形は、メンズとレディースの2サイズを型紙に記載しておきました。立体的に組み合わせるので、単純に拡大・縮小しても同じフォルムが作り出せません。レースは長さ90cm、幅3mmの牛レースを使いますが、レディースは16本、メンズは20本程度用意しておけば、両足分に足りるはずです

01

02 型紙に記されている組み合わせや貼り合わせの目印を、各パーツに写しておきます。フォルムに関わるので、後々重要になります

03 組み合わせた後では磨けない部分のコバを仕上げておきます

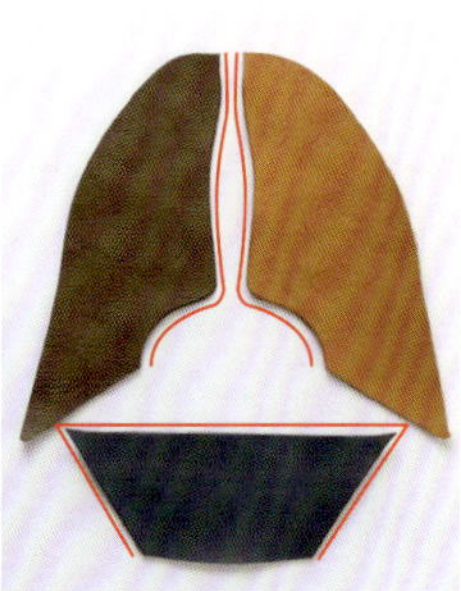

アッパーを、甲側のかがり代(先端からかがり基点まで)3mm幅で貼り合わせます。先端をぴったりと合わせてください

04

貼り合わせたかがり代と、後にソールと貼り合わせる外側に、3mm幅のかがり線を引きます

05

POINT!

06 つま先の角は、ひと穴だけ底とのかがり線に沿って空けます。その後、等間隔で甲のかがり線にかがり穴を空けていきます

▶クロスステッチ

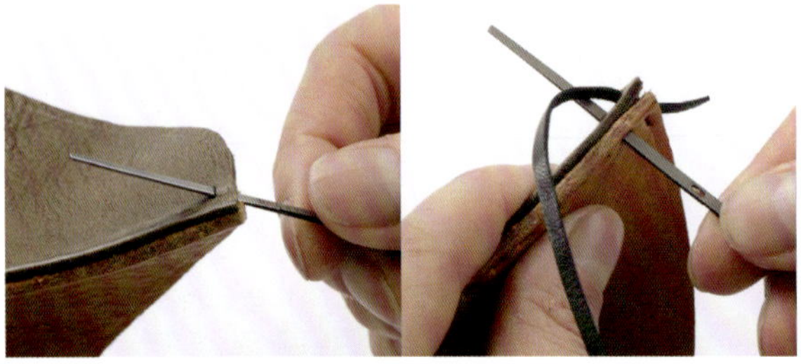

07 つま先の左右にはかがり穴が計2つ空いていますが、一方の穴に革の間から針を通します。続いて、コバをまたいで反対側から、甲のかがり穴の1つ目に針を通します

再び、コバをまたいで反対側から、次のかがり穴に針を通します。これを最後の穴まで繰り返してください

08

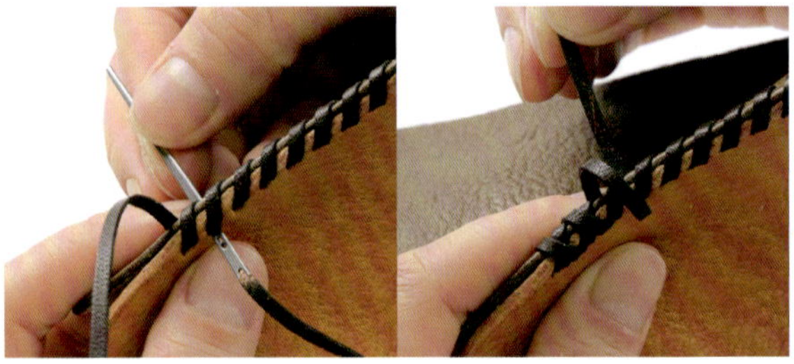

09 このままでは、ただの「巻きかがり」ですが、最後の穴を通した後、同じ穴を使って戻っていきます。これで、ステッチがXの字を描く、クロスステッチになります。かがり穴はレースギリで広げます

甲のかがり穴に全て針を通したら、始めとは反対側のつま先のかがり穴に、表側から革の間に向けて針を通します

10

レースの両端が裏側に出ている状態なので、1cm程度を残してカットし、邪魔にならない方向に倒してスリーダインで貼り付けておきます

11

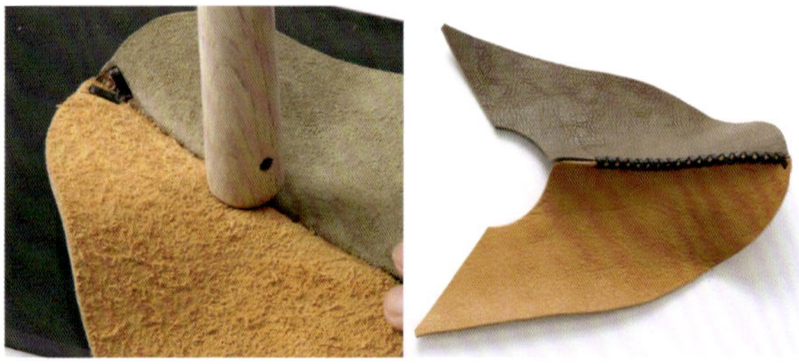

12 続いて、2枚のアッパーを開きます。木槌の柄などでかがり合わせた部分を裏側から押し、開きグセを付けて形を整えてください

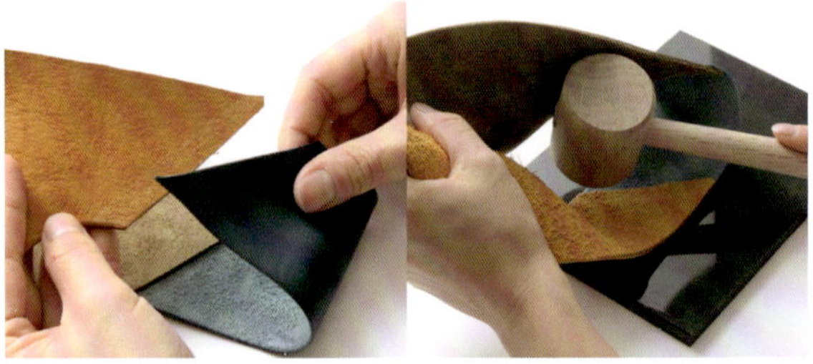

13 続いてカカトパーツを組み合わせますが、アッパーの貼り位置に、カカトパーツを被せるように貼り合わせます。型紙から記しておいた線に合わせて貼り、木槌でしっかりと圧着しておきましょう

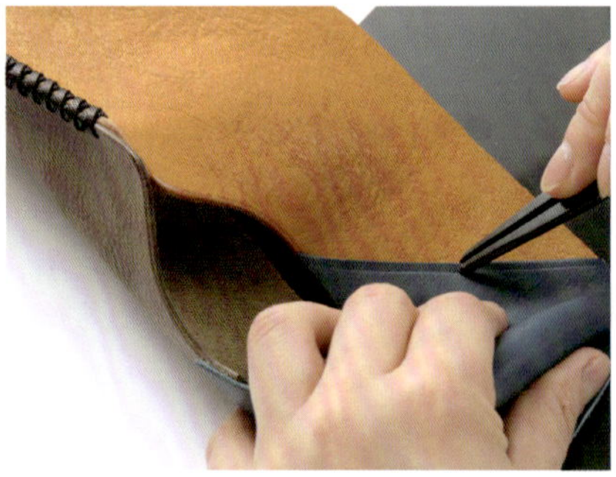

カカトパーツ側に、3mm幅のかがり線を引きます。底とかがり合わせる部分まで引いておきましょう

14

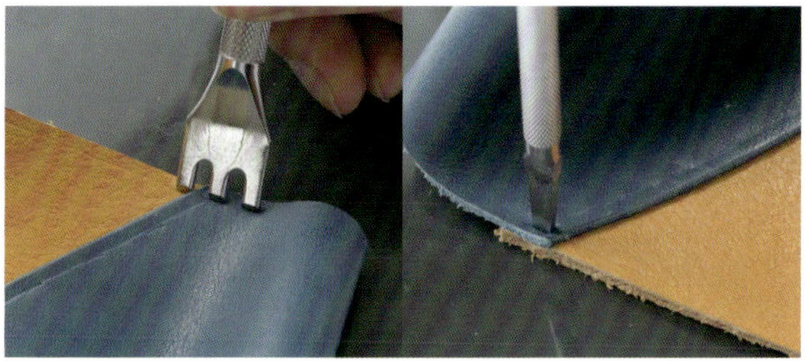

15 底と合わせるかがり線に段差ができていますので、コバを切らない位置を確かめておきます（写真左）。その後、アッパーとカカトが重なっている部分に、ひと穴だけ空けておきます（写真右）

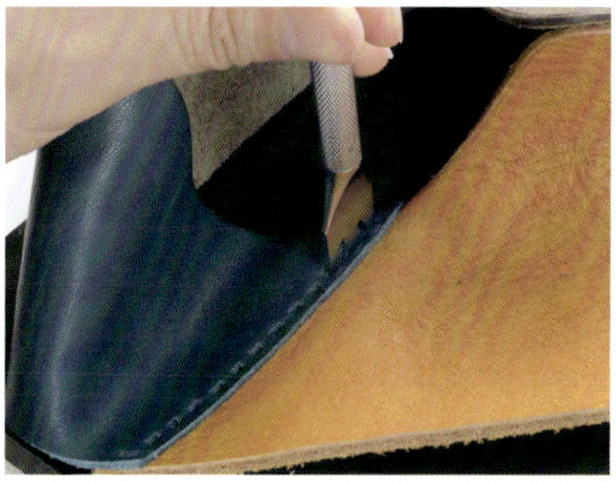

15で空けた穴を基準に、等間隔でかがり穴を空けていきます

16

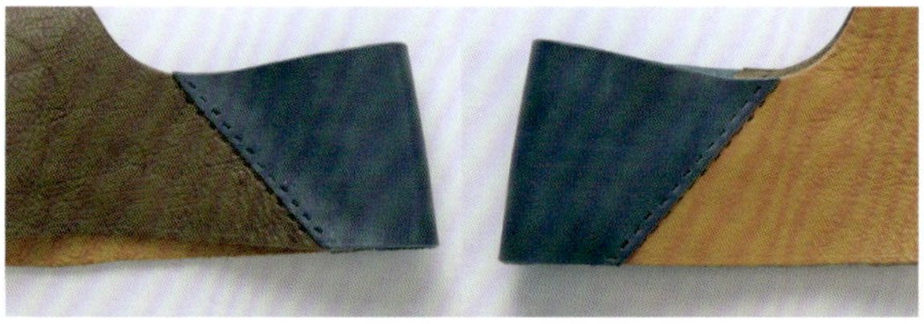

17 カカトパーツのコバをまたいで、アッパー側にも穴を空けます。この時の位置関係がやや分かりづらいので、右の概念図を参照してください。内外、両方で対称のかがり穴になります

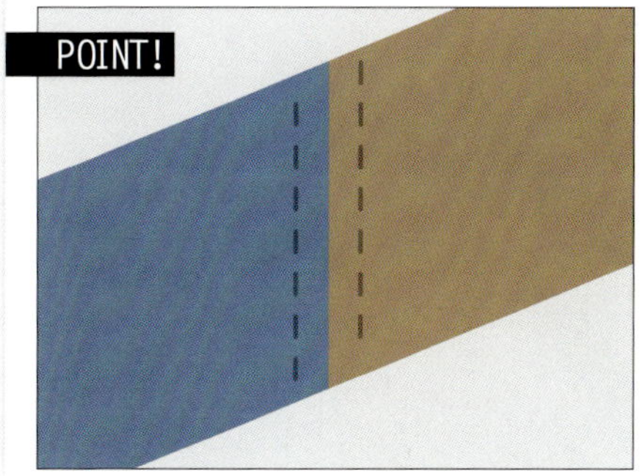

かがり線を垂直に見た時、左右同じ高さにかがり穴を空けますが、斜めになっているので、最初と最後がひとつずつずれます

▶ クロスステッチ2

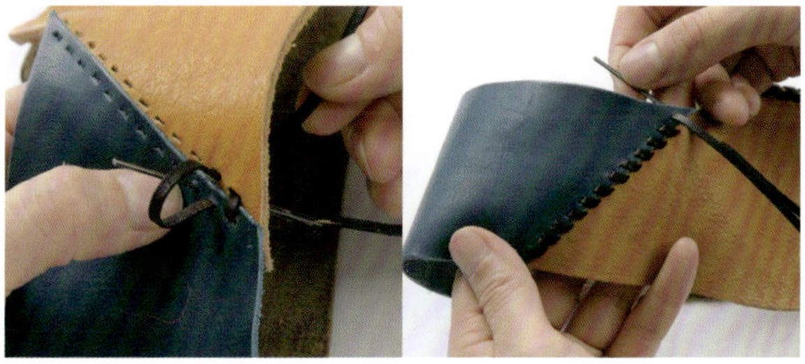

18 底側の穴は使いません。革が重なっている部分の一番下のかがり穴に、裏から通してかがり始め、斜め上に進めていきます

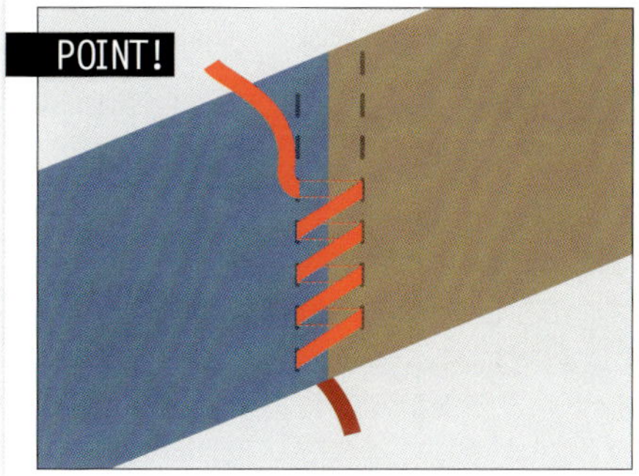

レースの通し方の概念図です。表側のステッチが、斜めになるように進めます。アッパーの内と外で左右対称になるので注意してください

最後の穴まで進めたら、上側のコバをまたぎ、アッパー側の端から2つ目の穴に通します

19

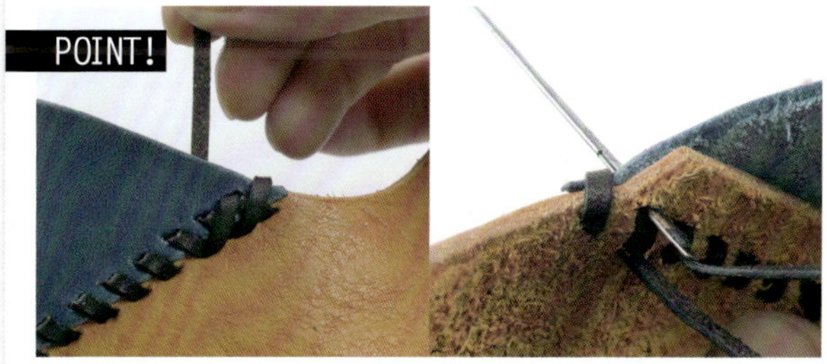

そのまま進めていくことで、表側にクロスステッチができます。裏側は、2本重なった横一文字のステッチになります

20 最後の穴から裏側にレースを出し、余分をカットしてスリーダインで留めておきます。最初のひと穴の分は、クロスしません

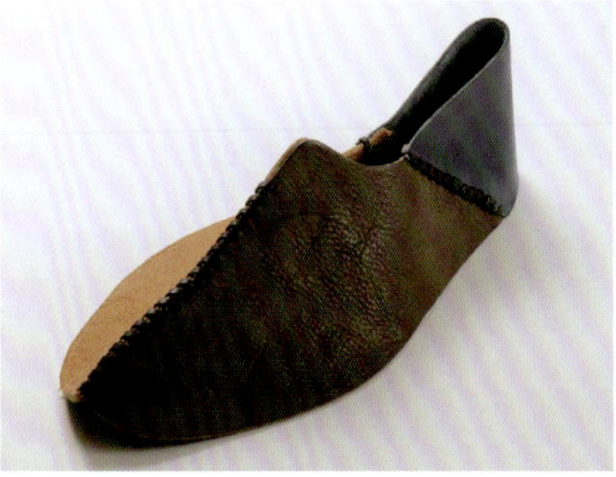

反対サイドもかがり合わせたら（左右対称になるので注意してください）、アッパーパーツの完成です

21

本底と中物の全体に接着剤を塗り、貼り合わせます。中物の方が一周り小さいので、センターに置くよう注意してください

22

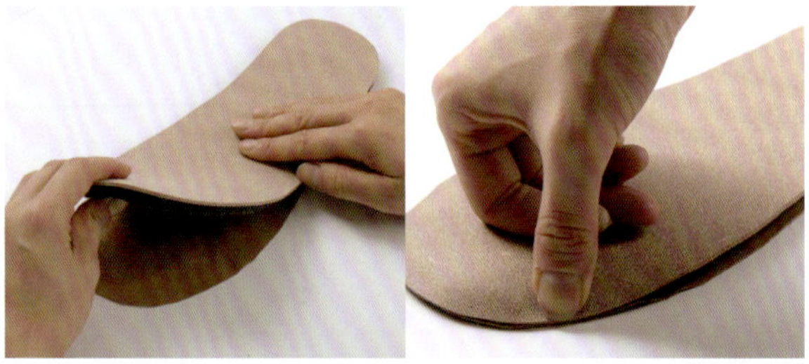

23 さらに中底も全体を貼り合わせますが、中底側を下に敷いて作業し、本底側が盛り上がるように、端を押しつぶしてください

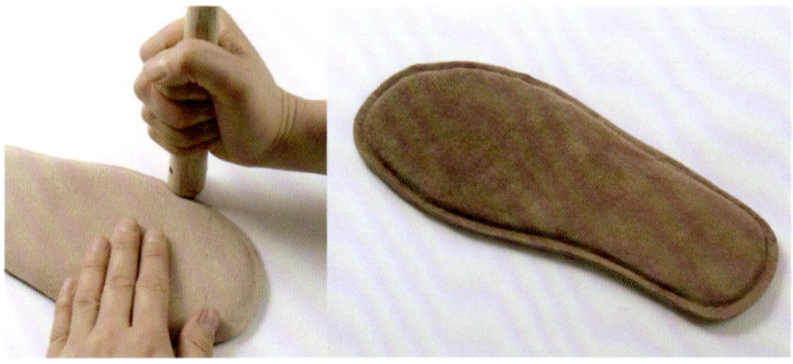

24 さらに隙間をなくすように、木槌の柄でしっかりと圧着させます。中物の形が浮き出たようなソールが完成します

POINT!

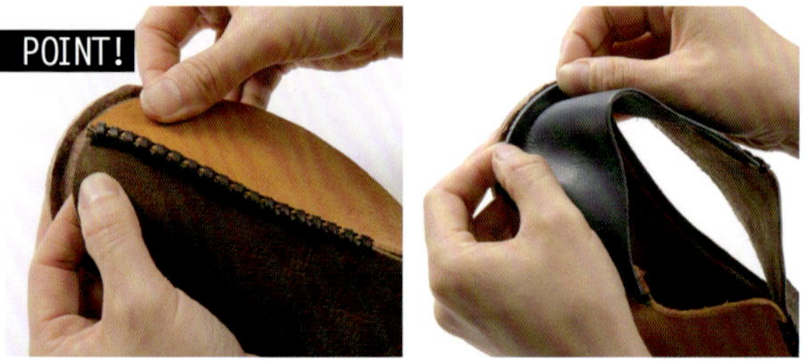

25 ソールとアッパーのかがり代を貼り合わせます。まず、型紙から写しておいた前後の目印を、ぴったりと合わせて貼ってください

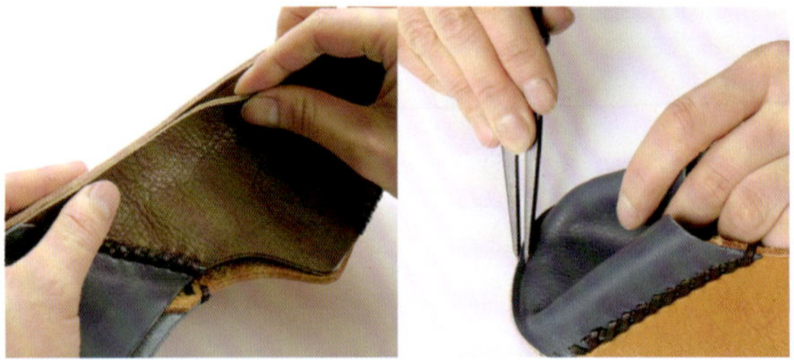

26 その2点を基準に、間を均等に貼り合わせていきます。コバをぴったりと重ね、シワができないように気をつけてください。圧着したら、3mm幅のかがり線を改めて一周引いておきます

27 アッパーをかがったときに空けておいたかがり穴を、ソールまで貫通させておきます（レースを傷つけないよう注意）

その3点の穴を基準にして、周囲に等間隔でかがり穴を空けます。この穴空けは、垂直な穴になりにくいので、よく注意して作業しましょう

28

POINT!

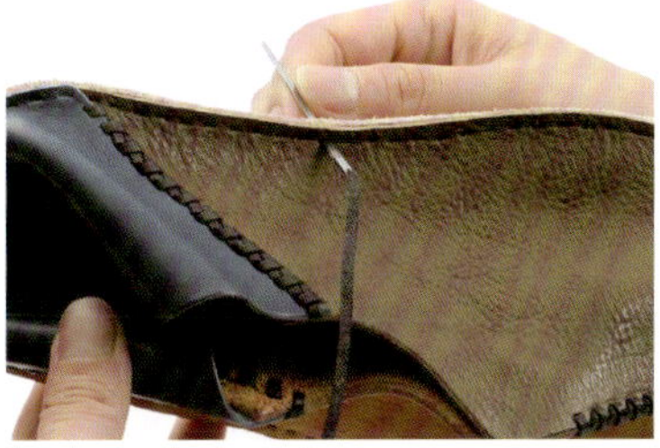

始点と終点の繋ぎ目がなるべく目立たないよう、内側の中央辺りからかがり始めると良いでしょう

29

▶ダブルステッチ

始点と終点を繋げる、ループタイプのダブルステッチで周囲を一周かがります（方法は154ページ参照）

30

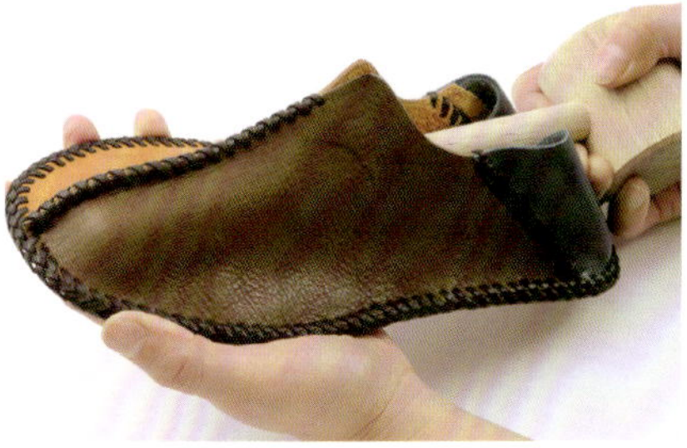

最後に、木槌の柄を使い、中から革をしごいて立体的なフォルムに整えたら完成です

31

完成！

最後の型出しで、できるだけ靴らしい形に近づけることが重要です。作品の見栄えが大きく変化します

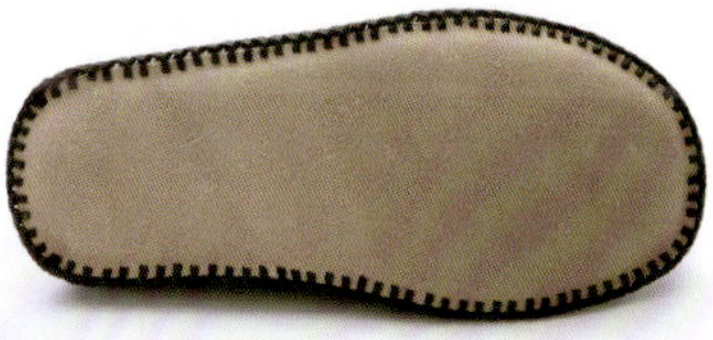

ミシンで作る
内縫いハーフウォレット

内縫いで、二つ折りの財布を作ります。本体の中にスポンジを入れ、プクプクとした可愛らしいデザインに仕上げました。コンパクトな割に収納ポケットが多く、フラップで留めるスタイルなので、カバンに入れて使いたい女性にお薦めの、実用的なアイテムです。

［製作のポイント］
手縫いでも製作可能ですが、縫い目が目立たないミシンに適したデザインです。プクプクとした質感を出すために、ふんわりした、しなやかな革を選びましょう。ミシンを掛ける前に接着部をハンマーでよく叩いて圧着すると、針通りも良くなり、縫い目が締まって美しい仕上がりになります。

製作者　星めぐみ

▶型紙は巻末折り込み（表面）

用意する道具

ゴムのり
サイビノールや接着力の強い樹脂系接着剤を使うと、ミシン針の貫通を阻害して縫い目が不安定になります。ゴムのりなど、接着力が弱い仮止め用接着剤を用意しましょう

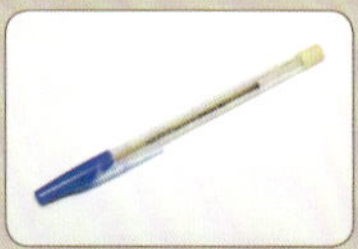

銀ペン
型紙の印を描き写す際、柔らかい革では丸ギリの跡が見えづらくなる場合があるので、ギン面に線を描ける銀ペンを使います。ただし、完成後に見えてしまう場所には使えません

金槌
縫い目を割ったり、革に折り目を付けるための道具で、木槌よりもしっかりと叩くことができます。一般流通している、クラフト用のハンマーが使いやすく、便利です

使用した革

○色牛クロームフリー
○コットンバーバリー（裏地材）
○のり付スポンジ 3mm厚（スポンジ）

※この他に、「ミシン」に使う道具も用意します。

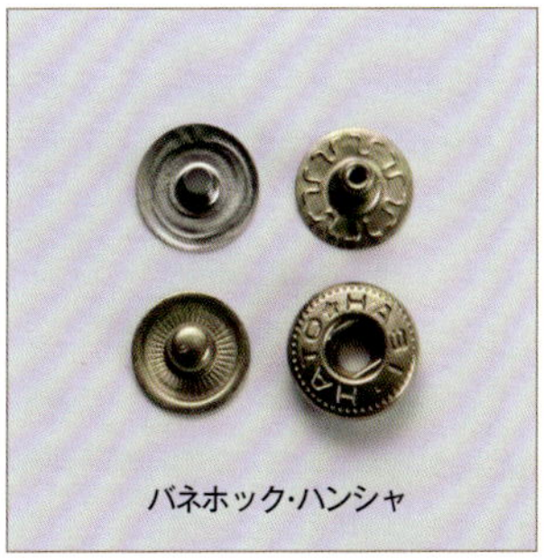

パーツを切り出し、各印を銀ペンで描き写します。フラップ用のスポンジは3mm厚を2枚使い、重ねて6mm厚にします。ファスナーはコインポケット用に7.5cm、札入れ用に20cmのものを用意してください。バネホックのサイズは中、アタマの代わりにハンシャ中を使います。革の厚さを見て、適宜バネホックに挟むゲタを用意しましょう(30号ハトメ抜きで作った円形の革を使う)

01

02 本体(内)の切り目は、中央の直線を繋げた後、35号のハトメ抜きで左右の穴を空け、その内側を別たちで斜めに切って作ります

POINT!

その周りのファスナー縫い線は、完成後に隠れないので銀ペンではなく丸ギリなどでけがいて描き写します

▶ カードポケットを作る

上下のカードポケットは、補強のために上辺を予め縫っておきます。返し縫いはしなくても構いません

03

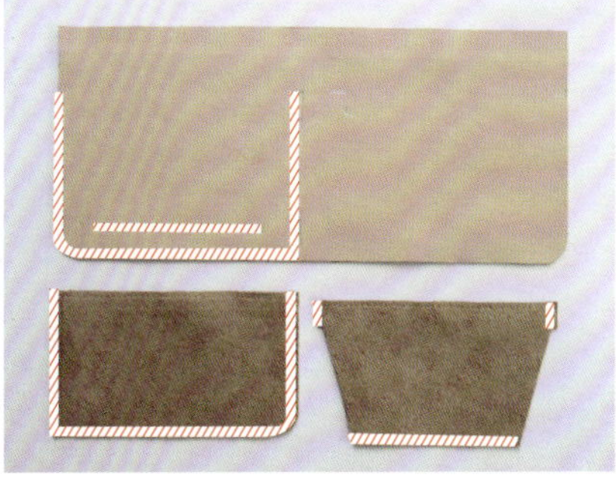

写真の斜線が引いてある範囲が、ポケットの縫い代です(型紙の印を基準にしてください)。ゴムのりを塗っておきます

04

まずは、ポケット上を取付位置の印に合わせて貼り付け、底の部分だけを縫います。貼り付ける際、銀ペンの跡を上手く隠してください

05

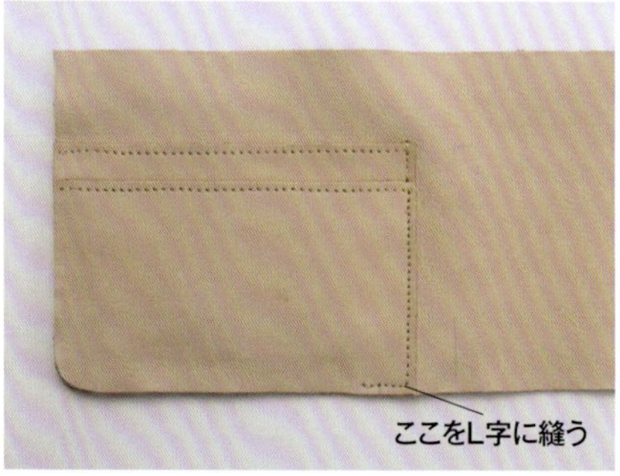

ポケット下を取付位置に従って貼り付け、内側の一辺を上から下に向けて縫います。さらに、下角で折れて下辺も1cmほど縫っておきます

06

▶ 小銭入れを作る

07 コインポケットの折り目は、予めトコ面側からヘラでなぞって筋を付けておき、じゃばらに折った後は金槌で叩いてクセを付けます

表側の折り目は、外側からキワを縫って開かないようにしておきます。これでマチが完成しました

08

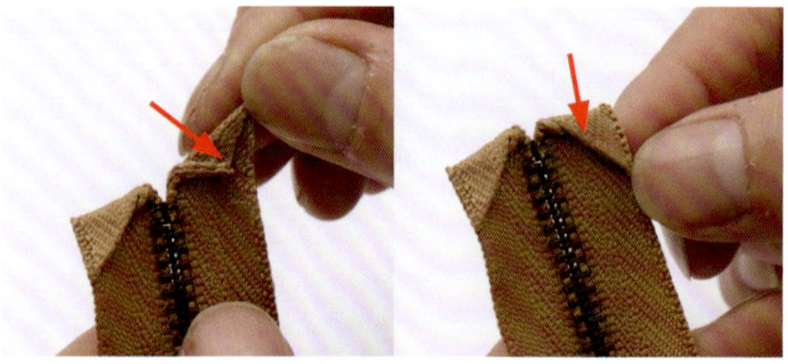

09 ファスナーリボンの端の余分は、写真のように2段階で折り返し、金具のキワまでの長さに揃えておきます

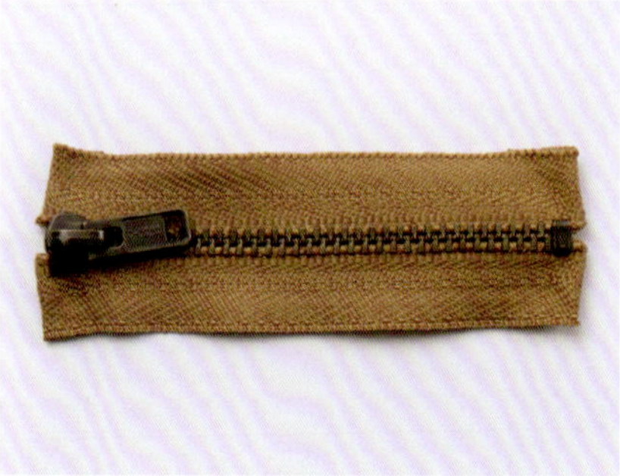

端を処理した後のファスナーを表から見ると、このようになります。長さが7.5cmになっていればOKです

10

11 コインポケットの上辺とファスナーのリボンにゴムのりを塗り、金具にかからない位置でまっすぐ貼り合わせ、縫い付けます。型紙のファスナー取り付け位置を基準にしてください

ファスナーとコインポケットを組み合わせました。右手で引く場合は、閉じたときにスライダーが左側にくる向きで取り付けましょう

12

13 ポケット台にファスナーのもう一方を貼り付け、縫います。型紙の取り付け位置は目安なので、コインポケットとポケット台のコバがぴったりと重なる位置を確かめながら貼り付けてください

ファスナーを縫い終わった時点で、このような状態になっています

14

15 コインポケット接着位置に従って両サイドと下辺にゴムのりを塗り、貼り付けて袋状にします。マチの内側にも塗っておきます

16 カードポケットのときと同様に、内側の辺を上から下に縫い、下辺も1cmほど縫っておきます。マチを畳んだ状態で縫いましょう

▶ポケット台を仕上げる

17 ポケット台の折り位置（1.5cm幅、型紙に記載）を基準に、のり代となる範囲（3cm幅）を記し、ゴムのりを塗って折り返します

折り返した折り目のキワを縫います

18

以上で、カードポケットとコインポケットが完成しました。縫い目はハンマーでよく叩き、整えておきましょう

19

▶本体（内）にファスナーを付ける

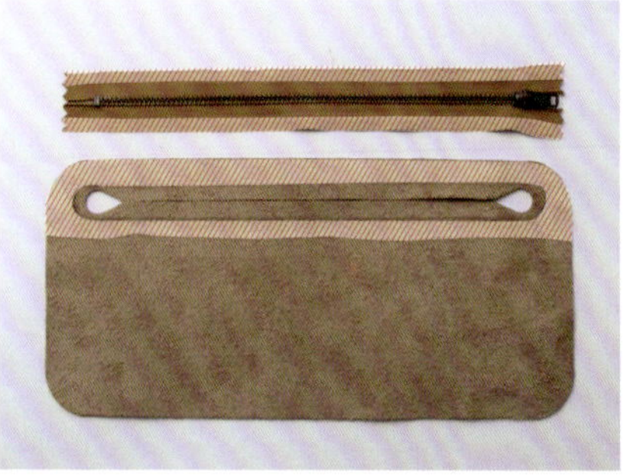

本体（内）にファスナーを貼りつけます。縫い線よりも内側には塗らないように気をつけ、斜線部の範囲にゴムのりを塗ります

20

21 ファスナーと切り目の中心を合わせ、貼り合わせます。ファスナーリボンが本体よりもはみ出たら、カットしておきます

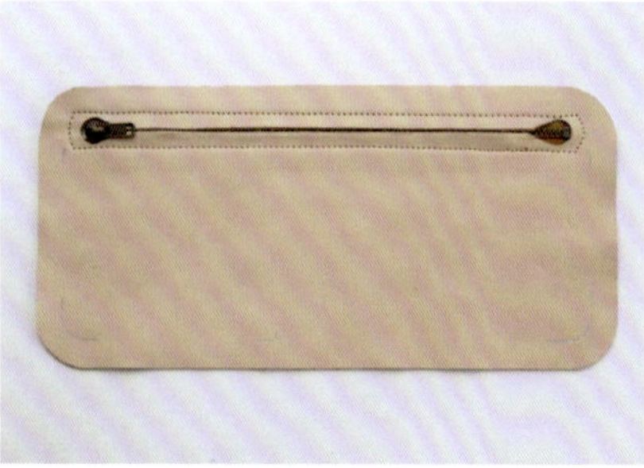

表側から、縫い線に従ってファスナーを縫います。スライダーがミシンの邪魔になる場合は、横にずらしながらスペースを作ってください

22

POINT!

切り目両脇の穴の部分は、革の切り口と縫い線が近いので、縫い線から針が落ちないように気をつけてください

23

▶ポケット台を組み合わせ、本体（内）を仕上げる

24 型紙に記されているポケット台の接着位置に従い、ポケット台を袋状に貼り付け（本体側の中央を折り曲げないと貼れない設計になっています）、サイドから下辺をL字型に縫います（左右ともに）

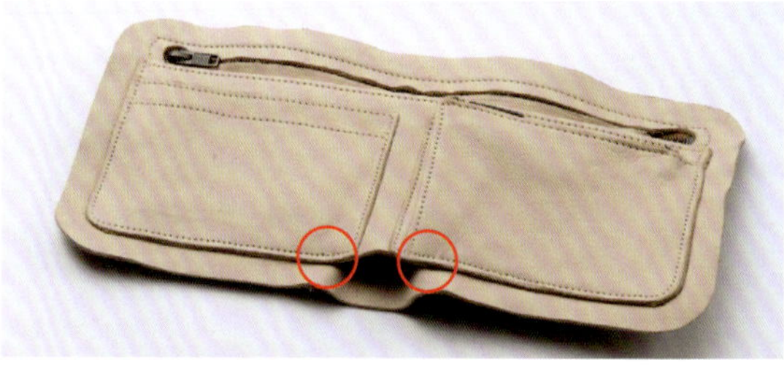

25 下辺の中央は縫い目が繋がらないことに気をつけてください（左右別々に縫う）。また、丸で囲った部分が、06、16の工程で縫った縫い目と、2針ほど重なります

▶フラップを作る

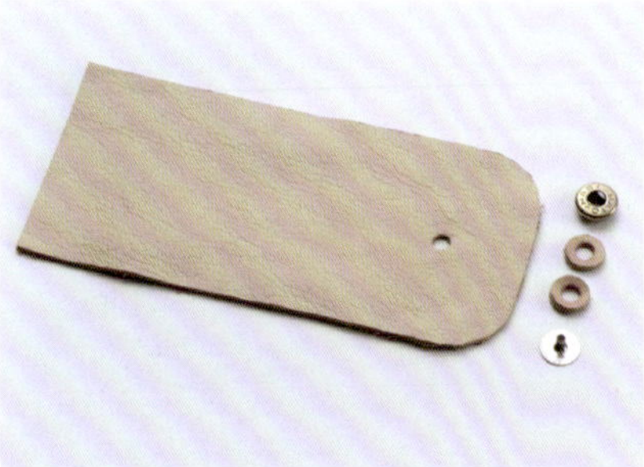

15号のハトメ抜きを使い、フラップ（内）に記された穴の位置に、バネとハンシャを取り付けるための穴を空けます。ゲタは2枚ほど用意します

26

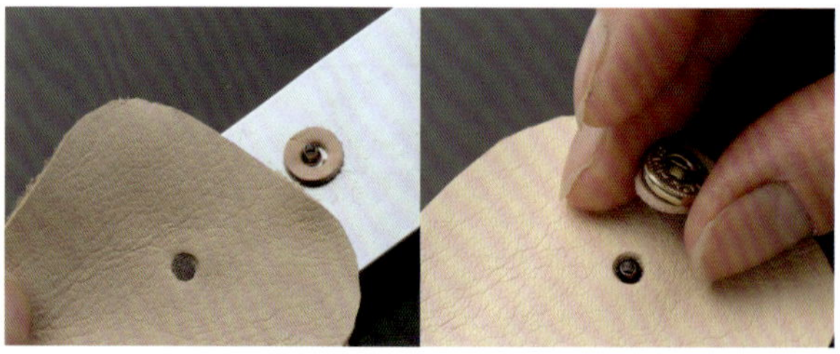

27 ハンシャの上にゲタを1枚置き、ギン面を上にしたフラップ（内）を被せたら、その上からもう1枚のゲタとバネを置き、ホック打で取り付けます。ゲタは潰れないよう、固めの革を使いましょう

完成後に表に凹凸が出ないよう、ハンシャ側（裏側）にはゴムのりで丸い革を貼っておきます（ゴムのりは金具部分にだけ塗ります）

28

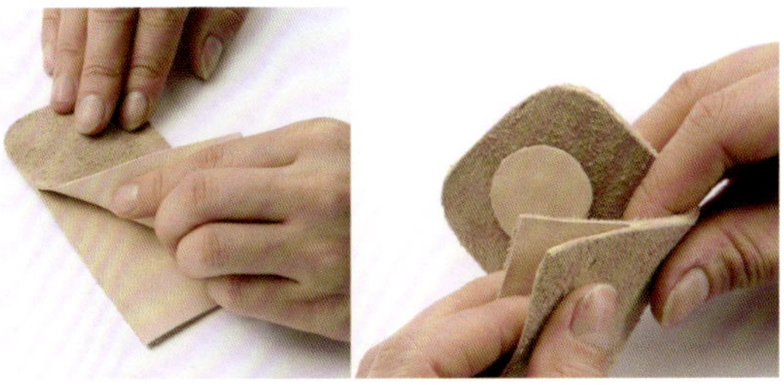

29 内外のフラップの端に幅3mm程度でゴムのりを塗り、袋状に貼り合わせます。内側にカーブを付けながら貼ると良いでしょう

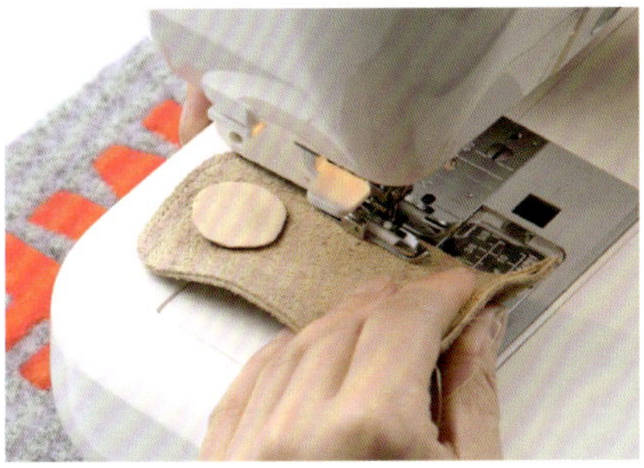

貼り合わせた3方向を、ミシンで縫い合わせます。根元側は縫わず、袋状にしておきましょう

30

ひっくり返しやすくするため、縫い目のすぐ内側のキワを内側に向けて折り曲げ、ハンマーで叩いてクセを付けておきます

31

32 外側に2枚のスポンジを貼ったら、袋状になったフラップをひっくり返します。ヘラなどを上手く利用してください

ひっくり返ってギン面が表側に出たら、端をハンマーで叩いてしっかりとクセをつけます

33

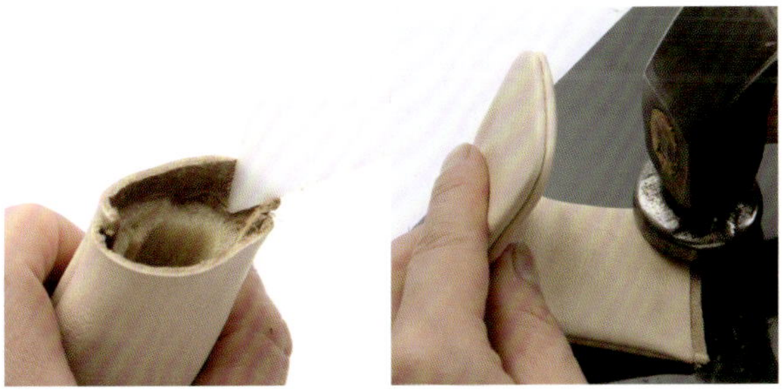

34 先ほど縫い合わせなかった根元の一辺も、内側にゴムのりを塗って貼り合わせて、圧着します。これで袋が閉じました

フラップの完成です。根元の段差が少なくなるよう、内外のパーツの長さをわざと変えてあります。短い方がフラップ内側です

35

▶本体（外）を仕上げる

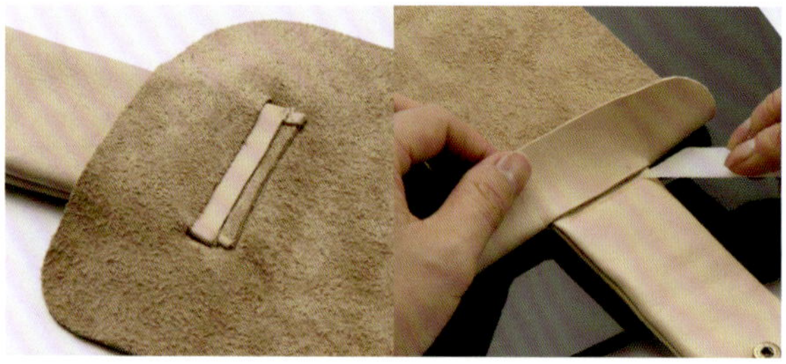

36 向きを確認しながら、フラップを本体（外）の切り目に差し込み、型紙に記された縫い代を接着します。先に表側を接着し、その後で裏側を接着すると作業がしやすいはずです（写真右）

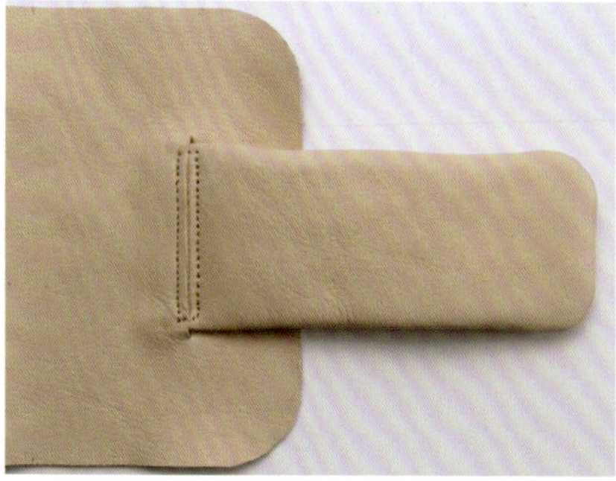

切り目を中心にして長方形に縫い、フラップを固定します。縫い目周辺の段差を潰して均すように、ハンマーでよく叩いておきましょう

37

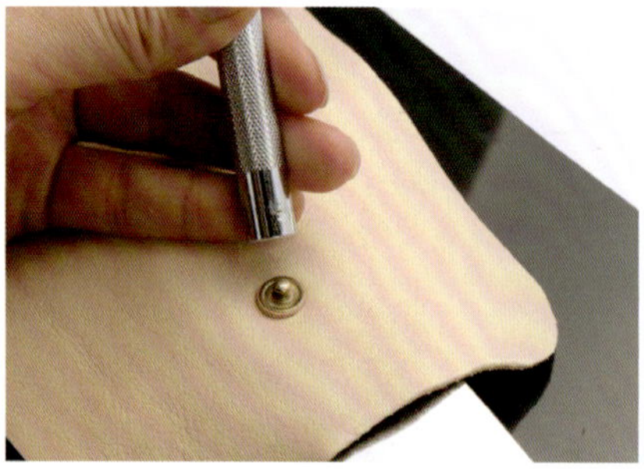

本体（外）に記された穴位置に8号ハトメ抜きで穴を空け、ゲンコとホソを取り付けます。適宜ゲタを挟んでください

38

続いて、裏側のちょうど中央に、スポンジ（本体）を貼ります。スポンジの方が、本体よりもひと周り小さくなっています

39

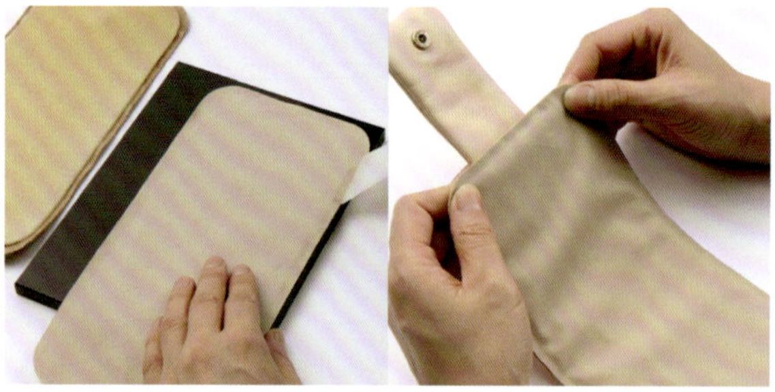

40 スポンジよりも外側の範囲と、それと対応する裏地の範囲にゴムのりを塗り、貼り合わせます。スポンジ部分は貼りません

41 革と裏地の間にスポンジが挟み込まれた、本体（外）パーツが完成しました。これを本体（内）と組み合わせます

▶全体を組み合わせる

内外の本体の周囲にゴムのりを塗り、表を内側にして貼り合わせます。フラップを挟まないよう、中に入れ込んで下さい

42

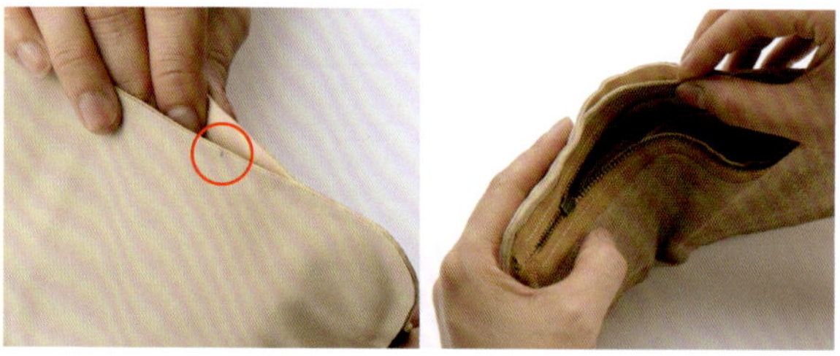

43 このとき、本体（内）の方が短いため、普通に貼ったらずれてしまいます。型紙に記された「合印」を基点に、それよりも外側を先に貼り合わせ、中央は折り曲げながら貼ってください

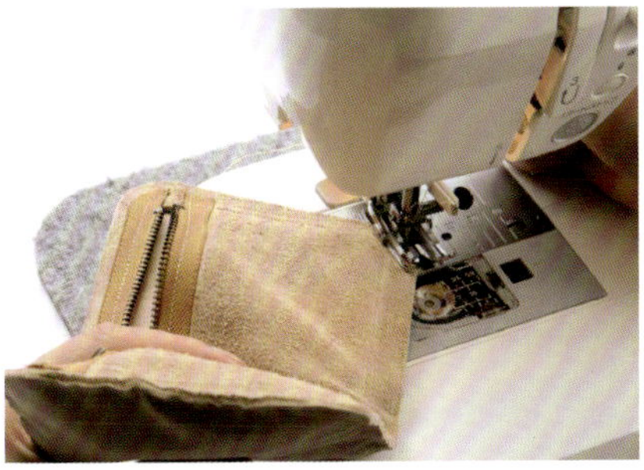

隙間なく貼り合わせたら、周囲を一周縫い合わせます。縫い始めは、目立たない下の角辺りが良いでしょう

44

POINT!

これで本体が袋状になりました。この後ひっくり返すので、ファスナーは必ず開けた状態にしておきましょう

45 31の工程と同様に、縫い目のすぐ内側を折り曲げてハンマーでクセを付けたら、ファスナーの口から全体をひっくり返します

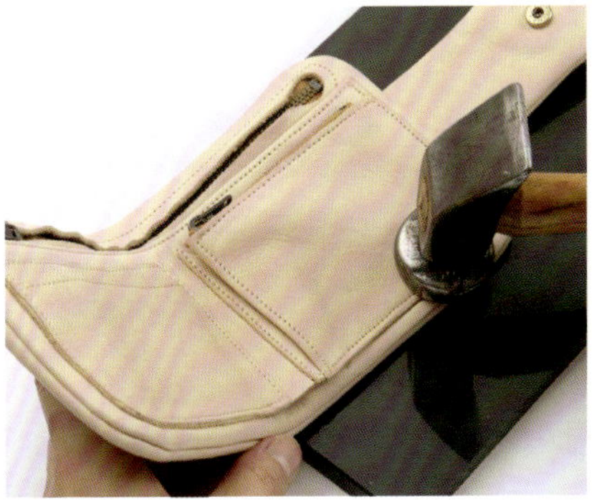

しっかりと縫い目のキワまで返したら、ハンマーで叩いて折り目を馴染ませておきます

46

プクプクとしたハーフウォレットの完成です。曲げながら貼る作業を丁寧に行なわないと、完成時に大きなシワが寄ってしまうので、気をつけてください

完成！

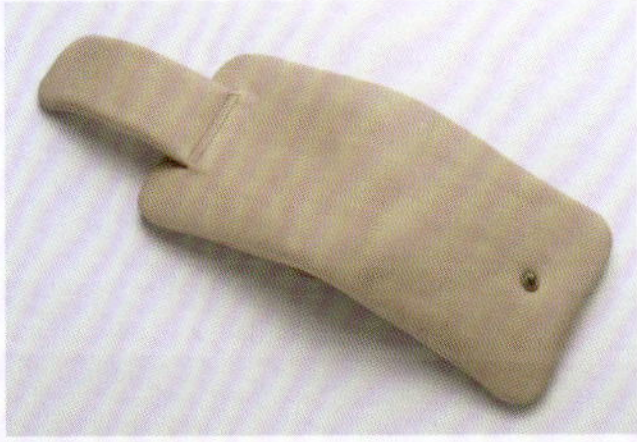

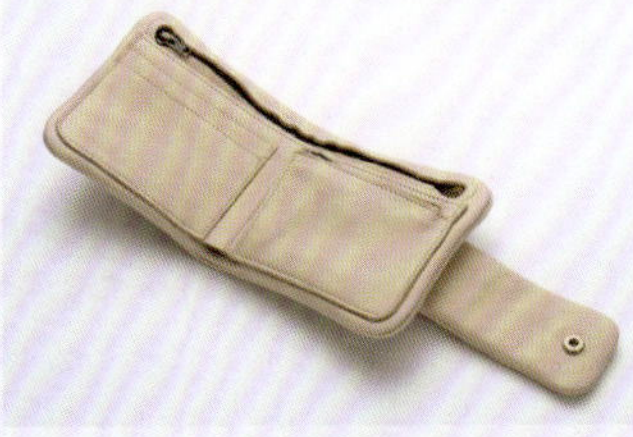

材料から道具、ノウハウまで レザークラフトの全てが揃う

JR荻窪駅から徒歩で3分という、好立地にあるクラフト社荻窪店。日本に本格的なレザークラフトを持ち込んだ同社だけあり、まさにレザークラフトに必要なものが何でも揃うと言っても過言ではありません。広い店内には材料となる革や金具、ポピュラーな物から特殊な物まで揃えられた道具類などが所狭しと並べられてます。ショップスタッフの皆さんは親切で、知識も豊富なので、安心して商品選びの相談ができます。

広い店内に、大量の商品が分かりやすく並べられています。探しものが見つからない場合は、親切なショップスタッフが対応してくれます

SHOP DATA

クラフト社　荻窪店

東京都杉並区荻窪5-16-15
Tel.03-3393-2229　Fax.03-3393-2228
営業時間　11:00〜19:00（第2・4土曜日 10:00〜18:00）
定休日　　第1・3・5土曜日/日曜日/祝日
URL　http://www.craftsha.co.jp

1

2

3

4

5

①タンニンなめし、クロムなめしなど様々な種類の切り革が揃えられ、好みの革が選べます ②道具類はオリジナルの物を中心に、海外メーカーのものまで幅広く揃えられています ③クラフト用の革だけでも、これだけの品揃えです。厚みや種類など、必要な物が揃うはずです ④箔押しなど、特殊な革も扱っています ⑤ショップの奥にはさらに多くの革が在庫されています。好みの革が見つからなければ、取り寄せも可能です

プロも目指せるカリキュラム

クラフト社に併設されているのが、レザークラフト教室のクラフト学園です。ベテランの講師陣を揃え、充実したカリキュラムと個人別の指導で、初心者からプロを目指している方まで納得のいく授業が受けられます。また、通信講座や、夏期集中講座なども行なわれているので、都合に合わせて受講できます。

クラフト学園 講座案内

※手作りの革カバン講座以外は、入学金10,500円がかかります。

講座	開講曜日	クラス	期間	時間	受講料 1ヶ月	受講料 3ヶ月	講師
レザークラフト・講師養成講座・手縫い講座・カービング講座	火曜日 第1.2.3.4の内2日（4単位）	基礎科	1年	10：00～16：00	8,300円	23,900円	青木幸夫 小屋敷清一
		高等科	1年		9,300円	26,900円	
		研究科	1年		10,300円	29,900円	
	木曜日 第1.2.3の内2回（4単位）	基礎科	1年		8,300円	23,900円	青木幸夫
		高等科	1年		9,300円	26,900円	
		研究科	1年		10,300円	29,900円	
	金曜日 第2.3.4の内2日（4単位）	基礎科	1年		8,300円	23,900円	豊田蘭子
		高等科	1年		9,300円	26,900円	
		研究科	1年		10,300円	29,900円	彦坂和子
	木曜日（夜間）第1.2.3.4（4単位）	基礎科	1年	18：00～20：30	8,300円	23,900円	小屋敷清一
		高等科	1年		9,300円	26,900円	
		研究科	1年		10,300円	29,900円	
・カービング講座 ・手縫い講座	火曜日（夜間）第2.4（2単位）		1年	18：00～20：30	4,500円	13,000円	小屋敷清一
・手縫い講座	月曜日 第2.4		1年	10：00～16：00	8,300円	23,900円	小林一敬
手作りの革カバン講座	土曜日 第2.4			13：00～16：00	チケット制4回/12,600円		小林一敬

■通信講座　基礎Aコース 受講料、材料費38,000円 期間5ヶ月/基礎Bコース 受講料、材料費48,000円 期間8ヶ月
■通信講座　FOR BIKERS Volume1 受講料、材料費45,000円 期間1年

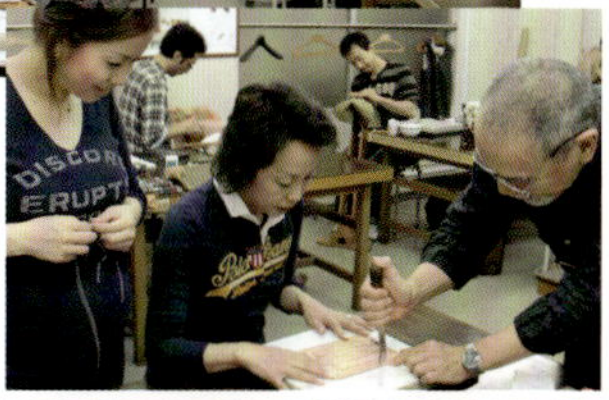

授業は受講生それぞれに合わせた個人別方式なので、自分のペースで技術を学ぶことができます

Message for Leather Crafters

～製作者紹介～

好きなものを作り、引き出しを増やそう。

この本で作っている「バイカーのための名刺入れ」は、バイカーのスタイルに合わせて“ゴツめ”のデザインにしています。ポイントは、ピッチが広いヒシ目打と、それに合わせた太めの糸を使っていることです。そして、何といってもバイカーグッズの定番と言えるサドルレザー。使い込んでアメ色になったレザーアイテムは、男らしさの象徴でもあるのではないでしょうか。基本的な手縫いのテクニックで作れる設計ということで、装飾はシンプルにしてあります。好みの金具やコンチョ、装飾技法を駆使して、オリジナリティを出してください。バーニングの技法で、イニシャルを描くのが、手軽でお勧めですね。アメカジやバイカーファッションは、'90年代から根強い人気を誇るジャンルなので、本当のバイカーだけではなく、色々な人に使ってほしいです。

トートバッグは、漉きなどの難しいテクニックが要らないように、あまり厚みが出ない構造にしてあります。ポケットや裏地を付けるテクニックを覚えれば、さらに製作の幅は広がるはずです。

レザークラフトを始めた初心者の方々には、型にとらわれず、好きなものを好きなように作りながら、作れるアイテムや使えるテクニックの引き出しを増やしていってほしいですね。

小林 一敬氏

男のアクセサリーを愛し、ワイルドな作品を作り出しながら、繊細なテクニックまで自由自在に使いこなすベテラン。この本でも、手縫いやミシンを使った、幅広いアイテムを担当してくれました

“意外と好き”を見つけてほしい。

女性向けのアイテムでは、柔らかい革が多く使われますが、サドルレザーなどの固い革とは性質も扱い方も全く変わるので、まずは素材に慣れてから製作を始めると、上手くいくのではないでしょうか。

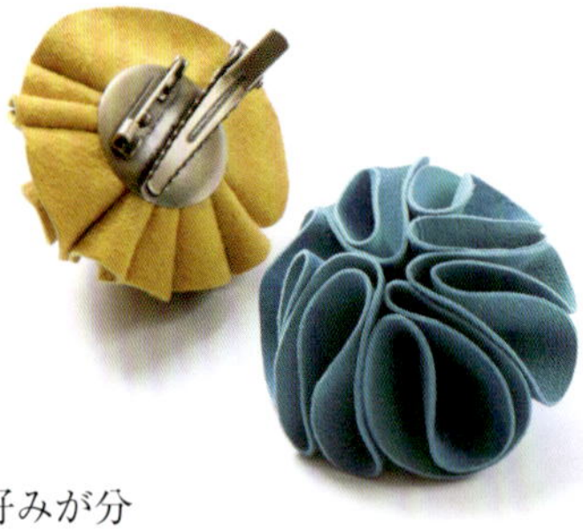

構造や仕立て方も、男女の好みが分かれるところです。この本で作っている「ハーフウォレット」も、女性の好みに合わせてフラップを付けました。フラップが好まれるのは、カバンの中に入れて使う女性が多いからでしょうか。また、手作り感が目立つ手縫いを好む方と、製品ぽい綺麗な印象を持ったミシン仕立てを好む方に分かれますが、女性は後者が多いようです。いずれにせよ、手製の醍醐味は材料も製法も全て自分で選べる点にあるので、好きな素材を見つけたら、作るプロセスと共に存分に楽しんで作ってほしいです。

“色使い”のアドバイスをひとつ。革とミシン糸の色は好みで選べば良いのですが、同色を選んだ場合、迷ったら糸を一段明るい色にすると合いやすいでしょう。ベージュの糸は、どんな革にも合うのでお勧めです。レザークラフトを続けるにあたり、自分に合わないと思うアイテムも時には出てくるかもしれませんが、積極的に作ってみてほしいです。自分でも知らなかった、意外と好きなデザインやテクニックを発見できるかもしれません。

星 めぐみさん

巧みなミシンの技と、女性の好みを捉えるセンスで、可愛らしい作品を生み出します。この本では、女性向け小物やウォレット、靴職人の経験を活かした本格的なバブーシュを作ってくれました

装飾技法

染色やカービングといった装飾技法を取り入れることで、レザークラフトで作れるアイテムの幅を広げていくことができます。ここではその装飾技法の中で、代表的なものをいくつか紹介していきます。オリジナルの装飾を施すことで、自分で作ったアイテムに対して、より一層愛着を持つことができるはずです。

染色
Dyeing

革用のクラフト染料を使った「染色」の技法です。刷毛と染料さえあれば簡単に行なえるので、ぜひ気軽にチャレンジしてみてください。ナチュラルの革も、染めることで様々な色の染め革として使うことができます。ここでは、1色による重ね染めの方法を紹介します。簡単な図柄であれば失敗も少なく、初心者の方でもオリジナルアレンジの技法として、充分に使えるはずです。右の「パスケース（p.90）」に施した染色を、お手本にしてください。

用意する道具

○クラフト染料　○水刷毛
○のびどめシート

新聞紙の上に敷いたナチュラル色の革に、スポンジなどを使って軽く水を吸わせます。革に跡が付く程度です

01

02 任意の形に切った「のびどめシート」をマスキングとして貼り付けたら（端は飛び出させる）、しっかり押さえて隙間をなくします

03 貼り終わったら、改めて水を含ませておきます。また、一層目に塗る、水でおよそ5倍に希釈したクラフト染料を用意しておきます

04 ムラができないよう、途中で止めずに素早く端から端へ塗ります。同じ方向で何度も塗らず、縦横と何度か方向を変えましょう

05 のびどめシートの上に載った余分な染料を拭き取ったら、新聞紙を新しいものに変え、完全に自然乾燥させます。ドライヤーを使うと、のびどめシートの「のり」が密着し、剥がれにくくなります

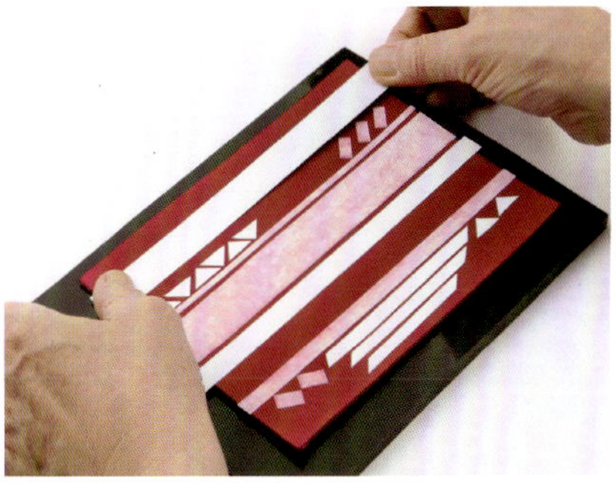

水が乾いたら、二層目のマスキングを貼ります

06

先ほど使った染料に、適量の同色の染料を加え、濃くしておきます

07

04の工程と同じ要領で、二層目を塗ります。その後の乾かし方も、先ほどと同様です

08

トコ面も露出するパーツに使う場合は、ギン面の後でトコ面も塗ります

09

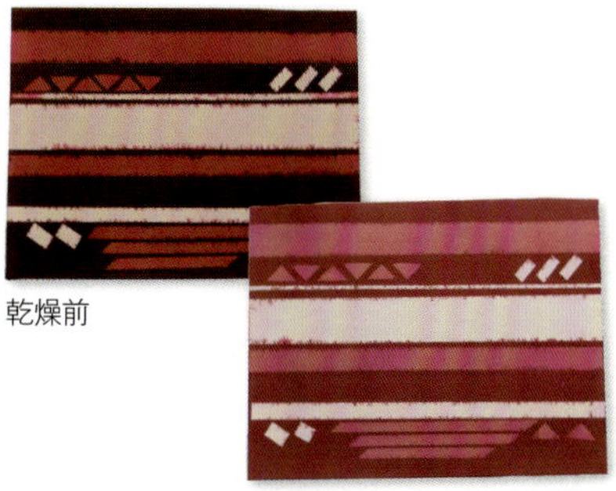

乾燥前

乾燥後

乾燥で色が少し薄くなります。色落ちが不安ならば、レザーコートを塗って仕上げれば安心です。また、乾燥時に縮むことがあるので、染色後に切り出してください

10

▶ 革レースの染色

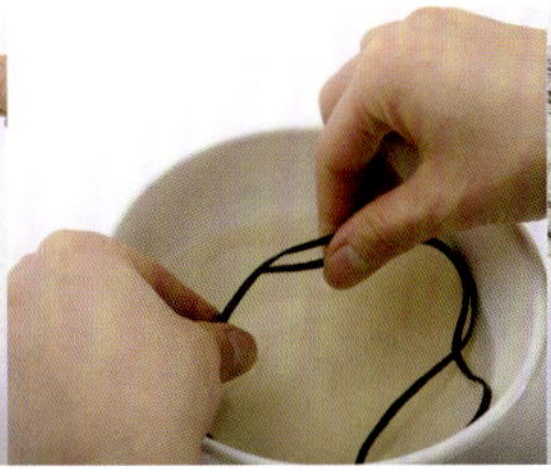

革レースの染色も簡単です。適量のクラフト染料を小皿に出し、レース全体をゆっくりとくぐらせます。その後、軽く水で洗って余分な染料を落としたら、新聞紙の上で乾燥させるだけです。クラフト染料は、革レース以上にカラーバリエーションが豊富なので、この方法を使えばより多くの色を楽しむことができます

レザーバーニング

Leather Burning

レザーバーニングという難しそうな名前が付いていますが、先端が熱を持つ「電気ペン」で絵を描くだけなので自由度が高く、誰にでも気軽に挑戦することができます。タトゥーのデザインなどを元に好みの図案を描けば、手軽にオリジナルデザインを作り出すことができます。線の描き方、陰影の付け方に少しコツがあるので、覚えておくと良いでしょう。手本として、「名刺入れ（p.76）」にレザークラフトをモチーフにしたデザイン画を描きました。

製作者　本山知輝　　※図案は巻末折り込み（裏面）に掲載してあります。

用意する道具

○マイペン アルファ（電気ペン）
○鉄 筆　○トレスフィルム

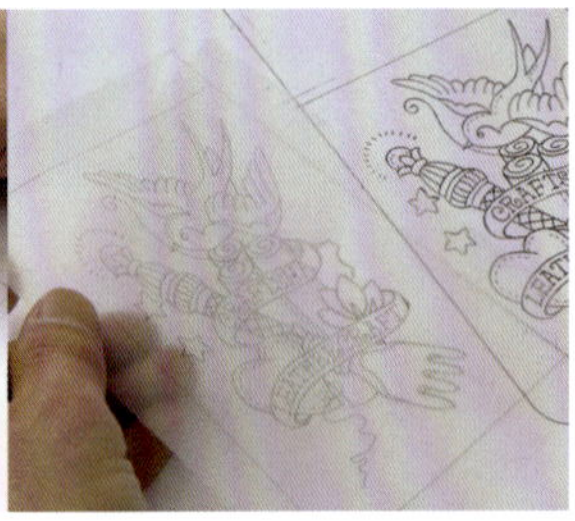

01 装飾したいパーツのサイズに合わせて図案を描いたら、トレスフィルムを被せ、シャープペンシルで描き写します。陰を付ける部分は、点線で目印を描いておきます

実際に使う革に図案を写す前に、スポンジなどを使って表面に軽く水を含ませ、柔らかくしておきます

02

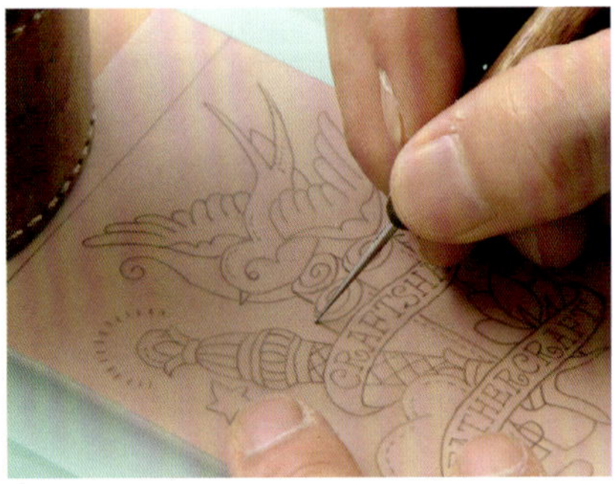

位置を確かめながらトレスフィルムを被せたら、ずれないようにペーパーウェイトなどで押さえ、鉄筆で線をなぞります。軽い力でなぞりましょう

03

POINT!

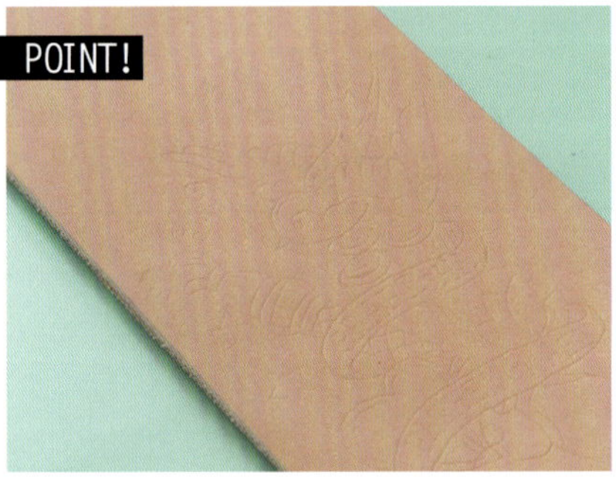

目を凝らすと、うっすらと線が見える程度で結構です。凹みすぎると、後ほど上手く線が描けません。また、陰の部分も点線で軽くマーキングしておきましょう

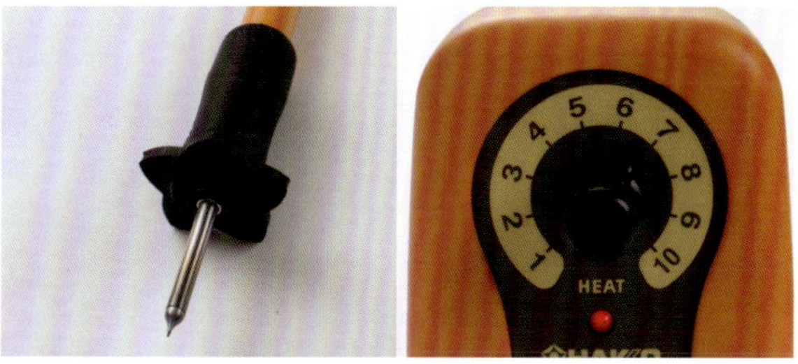

04 今回は繊細な絵を描くので、最も細いペン先（0.5B）を使います。温度は目盛りの6～7を目安に、様子を見ながら調節してください

一部を先に仕上げるのではなく、全体を段階的に進めます。まずは、線の部分を全て描きましょう

05

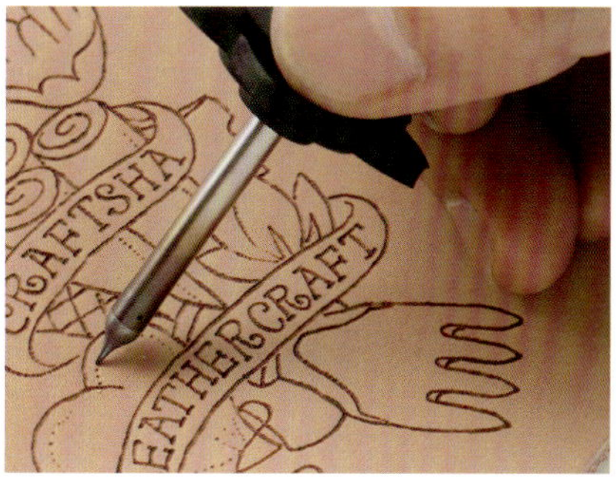

陰になるエリアの端を、小さい点でまばらに描いておきます。長く押し付けると点が大きくなってしまうので、軽く一定のタッチで描きましょう

06

ペン先をトントンと当てて、小さな点で少しずつ陰の範囲を描いていきます。修正できないので、全体のバランスを見ながら少しずつ進めます

07

陰の範囲が一通り描けたら、徐々に描き重ねて濃くしていきます。最も濃い部分は、少し長めにペン先を押し付けます

08

POINT!

ペン先に黒いススが付着することがあるので、帆布などの熱に強い布で拭き取りながら作業を行なうと良いでしょう

完成までの大まかな工程です。端から仕上げていくのではなく、「線→陰の範囲→陰の濃淡」と段階を踏んで仕上げに少しずつ近づけていきます。バーニングの技法は、失敗のリスクが高いので、不要な革で練習をしておくことをお勧めします

アップリケ/ステッチ パンチング

Appliqué / Stitch / Punching

簡単な図形の組み合わせで可愛らしい模様が造り出せるアップリケ、ミシンのステッチによる装飾、そしてシェイプパンチを使うパンチングの装飾技法を紹介します。全て手軽に使える技法なので、初心者の方にもお勧めです。「内縫いハーフウォレット(p.118)」を可愛くアレンジしたので、参考にしてみてください。

製作者　星めぐみ

用意する道具

○ミシン　○トレスフィルム
○シェイプパンチ

▶ステッチ

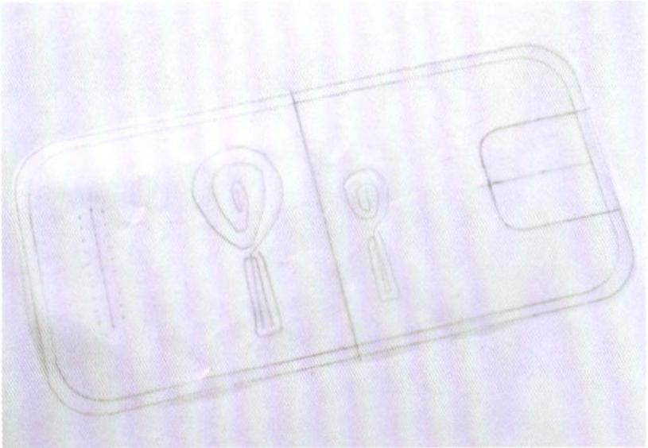

トレスフィルムを、装飾を施したいパーツの型紙どおりに切り出し、目印となる簡単な図形を描きます。ここでは木をモチーフにデザインしました

01

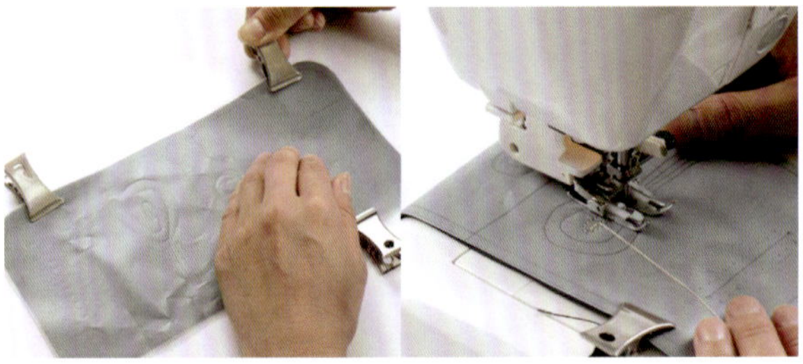

02 実際の革パーツに、クリップなどを使ってトレスフィルムを軽く固定したら、線の上をフィルムごと好みの色の糸で縫います

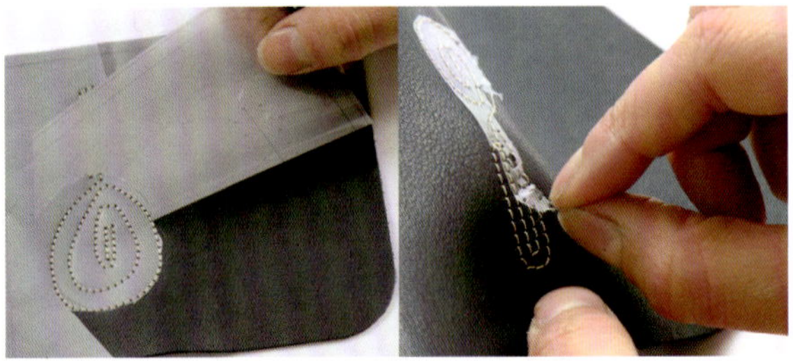

03 線の上を一通り縫い終わったら、トレスフィルムを丁寧に剥がしていきます。強く引くと糸が緩むので気をつけましょう

POINT!

異なる色の糸を組み合わせ、カラフルに仕上げても良いでしょう。ここでは、計3色の糸で縫いました

04

▶ アップリケ

ここでは羊のアップリケを作ります。羊の体は丸い革、頭は楕円形の左右に耳の膨らみを付けた形を切り出して用意します

05

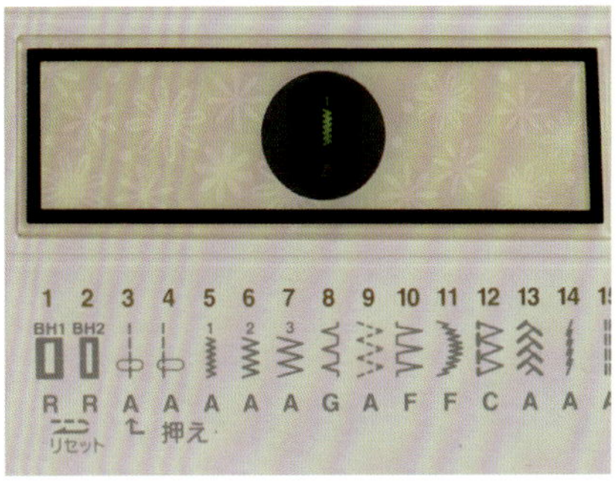

ミシンの縫い目を、ジグザグ縫いに設定します。縫い目の幅は、アップリケの大きさで適宜調整してください

06

07 体に頭をジグザグ縫いで取り付けます。小さなパーツは滑りにくいので、下に紙を敷いて縫い、紙は縫い終わった後に破ります

次に、アップリケ全体を革に縫いつけます。接着する必要はありませんが、位置決めのために軽く仮留めしても良いでしょう

08

▶ パンチング

09 パンチングは、シェイプパンチで穴を空けるだけです。シェイプパンチは、☆(星)、♡(ハート)、◇(ダイア)などの種類があります

裏に当て革を貼り付けて処理しますが、穴に対応する部分には接着剤を塗らないように気をつけましょう

10

厚みがなくなるよう、よく叩いて圧着しておきます

11

図柄や配置を自由に組み合わせ、オリジナルの柄を作り出しましょう

完成!

カービング

Carving

レザークラフトの装飾技法の中で、頂点にあると言っても過言ではないテクニックがカービングです。カービングは「彫刻」という意味で、その名の通り専用の刻印を使って革の表面に図案を刻みます。ただし、カービングは一朝一夕でできるものではなく、上手くできるようになるまでにはかなりの練習が必要です。この記事を読んで興味が湧いた方は、ぜひ弊社発行の「男の革小物 レザーカービング編」(¥3,000+税)を読んで、挑戦してみてくだ

製作者　小屋敷 清一

▶図案は巻末に掲載してあります

p.104から紹介した、ミドルウォレットの表側にカービングを施した物です。装飾が入ったことで、印象が全く異なって見えてきます。装飾技法を上手く活かして、作品の幅を広げましょう

用意する道具

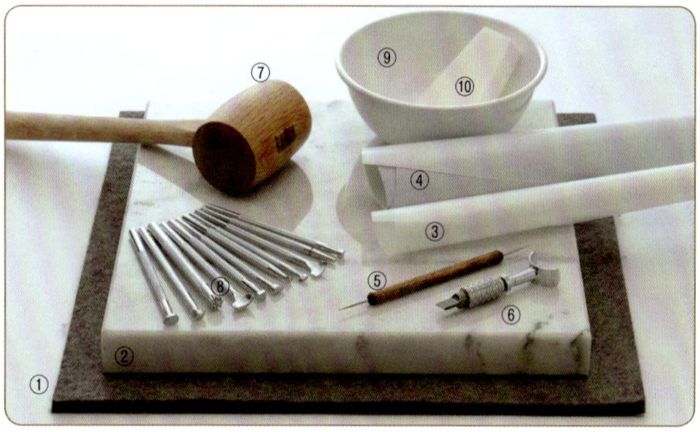

①フェルト　②大理石　③トレスフィルム　④のびどめシート　⑤鉄筆　⑥スーベルカッター　⑦木槌　⑧刻印　⑨ボウル　⑩スポンジ　これに加えて水とシャープペンシルを使います。刻印は必要なものが図案によって異なるので、ケースバイケースで揃えましょう

カービングの仕上げに使う液剤。左からレザーコート、アンティックダイ、クラフト染料です

使用する革は、水をたっぷり含ませてから、トコ面にのびどめシートを貼っておきます

カービングの基本工程

ダイジェストではありますが、基本的なカービングの工程を、順を追って解説していきます。刻印の打ち方などにコツが必要な場合もあるので、練習が必要です。

▶図案のトレース

01 トレスフィルムに図案を写します。ここでの写し忘れにも注意します

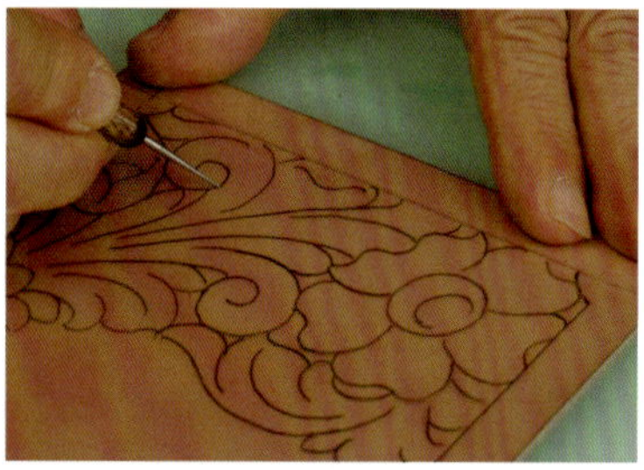

02 トレスフィルムを革のギン面に載せ、縁の線から図案を鉄筆でなぞります

03 図案が写せたら、写し忘れがないか図案と照らしあわせて確認します

▶図案のカット

01 まず最初に周りの線（ボーダーライン）をカットします

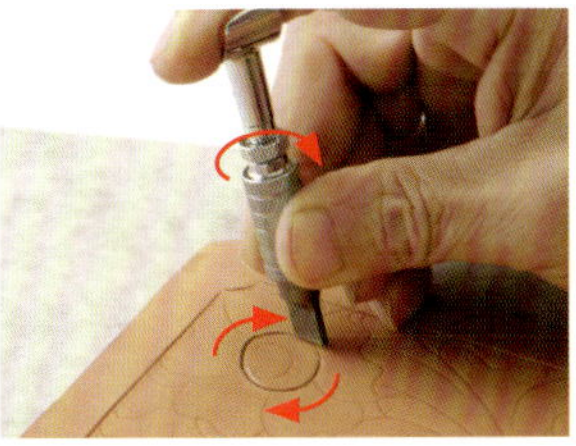

02 円はカッターのボディを回し、半分ずつカットします

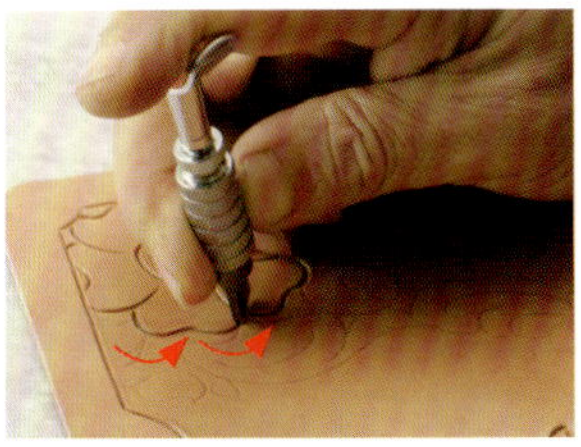

03 花びらには刃を反転させる、スカラップを使います

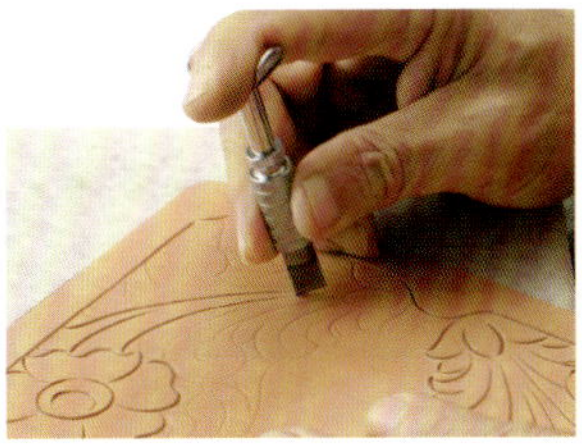

04 茎はだんだん力を抜く、フェザーアウトを使います

▶ベベラ

ベベラは、カットしたラインに合わせて打っていく刻印です。一打ごとに刻印の跡が残らないように、滑らすように打っていくのがポイントです。ベベラを打つことで、図案の輪郭部分に影が付いたようになり、葉や花びらの重なり具合が出てきます

▶カモフラージュ

カモフラージュは、茎の丸みなどを立体的に見せる刻印です。打つ角度に注意しましょう

▶シェーダー

シェーダーは花びらや葉に打って、影を表現する刻印です。シェーダーを打つことで付けられた陰影で、立体感が出ます

▶ベンナー

ベンナーは花びらや葉の葉脈のような、細かいテクスチャーを付ける刻印です。葉脈は片側がカモフラージュ、もう片側がベンナーで表現されるのが定番手法です

▶シーダー

シーダーは、花芯やスクロールの中央に打つ刻印です。花芯は重ならないように、詰めて打つようにします

▶ミュールフット

ミュールフットは茎の部分のテクスチャーに使われる刻印です。角度を変えて打つことで、立体感を強調しています

▶バックグラウンド

バックグラウンドは、図案の背景部分を潰す刻印です。バックグラウンドを打つことで、図案が浮き上がってきます

▶マッティング

マッティングは、図案外の部分に使用することの多い刻印です。このように、左右の図案の間などに打ちます

▶ フィニッシュカット

フィニッシュカットはスーベルカッターで入れる飾り切りのことで、入れる入れ無いも含めて製作者の個性が出る部分でもあります。入れすぎるとくどくなってしまいますが、適度に入れると図案がぐっと引き締まって見えます

▶ バックグラウンドの染色

バックグラウンドで潰した部分を、染料で染めます。これでより一層図案が浮き上がって見えるようになります。

▶ レザーコートとアンティックダイ

01 レザーコートをしっかり塗ります。これはアンティックダイが入り過ぎないようにするために塗る、コート剤です

02 アンティックダイを、歯ブラシで摺り込みます

03 乾いたウエスで拭き、レザーコートを塗ります

刻印を打った部分にアンティックダイが残り、すべての図案が引き立って見えるようになります。最後のレザーコートはアンティックダイを定着させるために塗られるものなのなので、塗らないと落ちてしまいます

Message for Leather Crafters

〜製作者紹介〜

肩の力を抜いて楽しんでほしい。

"レザークラフト"には、たくさんの魅力がありますが、第一は、革という素材を使って、どんなものでも作り出せることですね。特に、自分だけの普段使える実用性を持ったものが作れることは、大きな魅力です。革は丈夫で長く愛用でき、また使い込んでこそ味が深まる、数少ない素材ではないでしょうか。

好みの形を作り出す、造形の楽しみも魅力ですね。思い通りの形になってくれる"革"をいじることに対しては、純粋な喜びを感じられるはずです。つまり、レザークラフトでは"作る楽しみ"と"使う楽しみ"の、ふたつの楽しみを味わうことができるのです。

醍醐味は、作品の要素一つひとつを選んで、理想の雰囲気を作り出すことです。糸の色を変えるだけでも、作品の雰囲気を作り分けることができます。手縫いの場合は、繊細さと大胆さのバランスを、ピッチや糸の太さで調整すると良いのではないでしょうか。使う革の質感も、そのまま完成品に影響します。材料を選ぶときも、製作中も、完成のイメージを詳しく思い浮かべながら、理想の雰囲気に近づく選択ができるようになってください。

この本でアイテムをデザイン・製作した私達も、その過程を楽しむことができました。読者の方に私達の感じた楽しさが伝わり、肩の力を抜いてレザークラフトを楽しんで頂ければ嬉しいです。

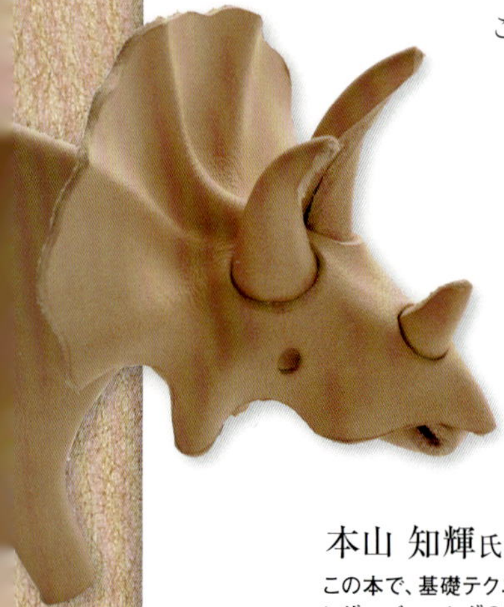

本山 知輝氏

この本で、基礎テクニックから、レザーバーニングの図案デザイン、恐竜の立体造形と、マルチなテクニックを見せてくれた本山氏は、レザークラフトのコツや、たくさんの魅力を教えてくれました

目標を明確にし、気長に練習を。

レザークラフト上達のコツは、焦らないこと。とにかく時間をかけることです。すぐに上手くなることは、絶対にありませんから。初めは納得のいかない作品ができても、「こんなもんだ」「そのうちできるようになる」と、気長に続けることですね。自分は器用だと思っている人も、謙虚な考え方でコツコツやりましょう。

時間と同じように、費用もあまり惜しまないほうが良いでしょう。もちろん、予算の都合もあるでしょうが、道具が足りないと不自由な思いをし、ストレスが溜まります。そうすると、結果として思い通りの作品が作れず、上達は遅くなってしまうのです。レザークラフトを続けていく気があるのであれば、投資は積極的に行なったほうが、色々なテクニックを身につけることができます。

上達に近道はないので、まずは何でも好き嫌いせずにやってみることが大切ではないでしょうか。いきなり欲しいものを作るよりも、それに必要なテクニックを、より簡単な作品で練習していけば、結果として素敵なものに仕上がるし、自分らしさも出るはずです。そのためには、作りたい作品と、それに必要なテクニックを、漠然とではなく、具体的に思い浮かべることです。レザークラフトを教える側としても、作りたい目標が明確な方には、適確なアドバイスができるものです。

小屋敷 清一氏

繊細かつダイナミックなカービングの技を披露してくれた小屋敷先生は、クラフト学園で長年講師を務める、ベテランの作家さん。インタビューで語ってくれた上達のコツにも、重みがあります

基本技法

レザークラフトの基本技法を、分かりやすくまとめています。スムーズにアイテム製作を始めるために、ここで紹介する技法をまず最初にマスターしておきましょう。基本技法をしっかり習得しておけば、複雑なアイテム製作も怖くはありません。初めてレザークラフトを経験する方は、しっかり読んでおきましょう。

手縫いの基本
Hand-sewing

手縫いはレザークラフトの中でも重要な工程です。ここでは、ごく基本的な手縫いの工程を紹介していきます。この基本を理解していれば、本書内のアイテムは縫うことができますし、ミシンを使用しているアイテムも、手縫いで対応できます。使う糸の色や種類、ヒシ目打のピッチ（刃と刃の間隔）を変えることで、仕上がりのテイストは変わってくるので、色々な組み合わせを試してみて自分の好みを見つけると良いでしょう。

けがき

最初に、革に型紙を写します。タンニンなめしの革の場合は、丸ギリを使って型紙の縁をなぞり、ギン面に線を引きます。これを「けがき」と呼びます。

用意する道具

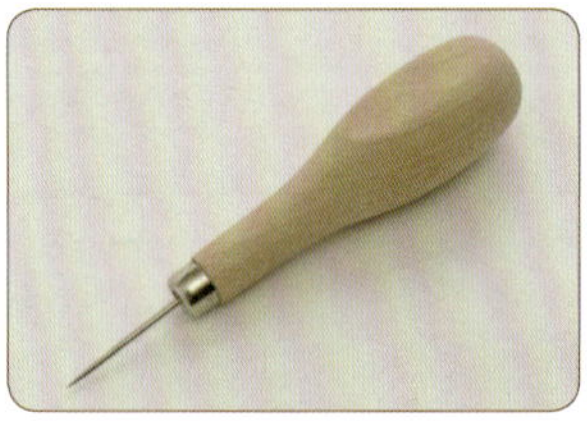

丸ギリ
革の表面に型を写すために使用します。クロムなめしの革は柔らかく、線や印が付きにくいので銀ペンを使うこともあります

01 型紙はチケン紙などの厚紙に貼るか、写すかして切り出して使います。型が間違っているときちんと作ることができないので、正確に写します

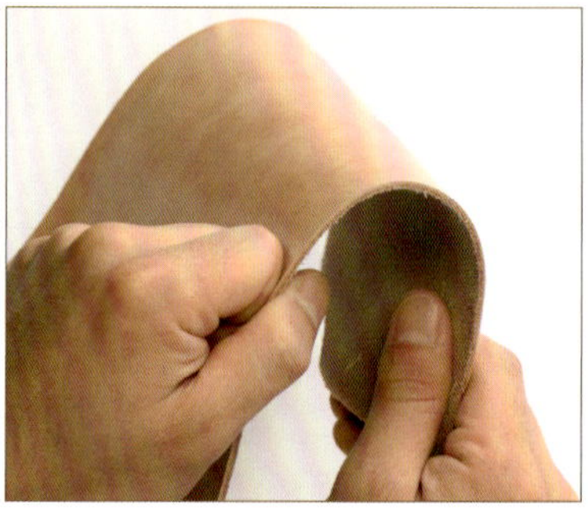

02 革の伸び方向を確認し、かぶせなど曲げる部品は取り方に気をつけます

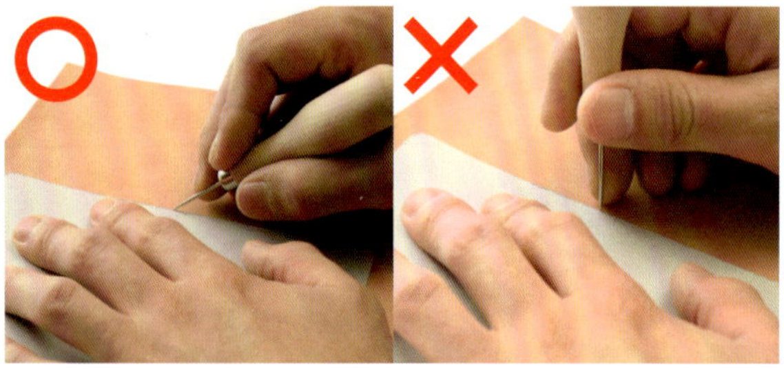

03 丸ギリで型紙をなぞり、革のギン面に型を写します。丸ギリを立てすぎると、引っかかってうまくけがけないので注意しましょう

少し白くなって見える線が、型紙を丸ギリでけがいた線です

04

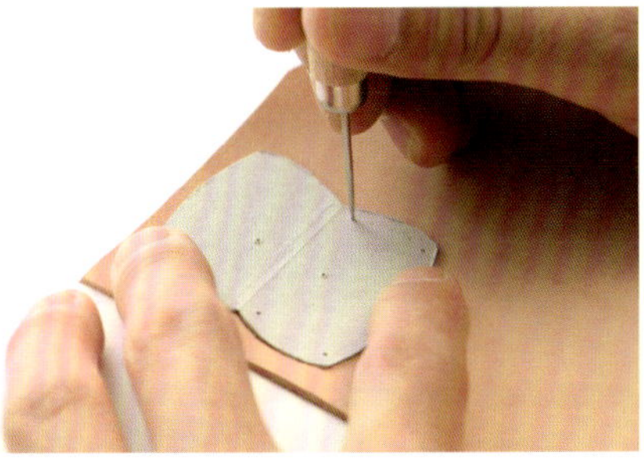

手縫いの基点や穴の位置は、このように丸ギリで突いて点印を付けます

05

アウトラインと基点と、穴あけの位置がけがけました

06

裁　断

裁断に使う道具はカッターや革包丁など、好みの物を使用して構いませんが、本書では、キットに含まれている別たちを基本的に使用します。

用意する道具

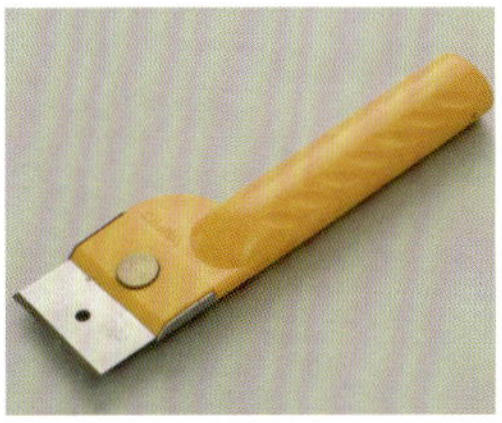

別たち

裁断に使用する刃物です

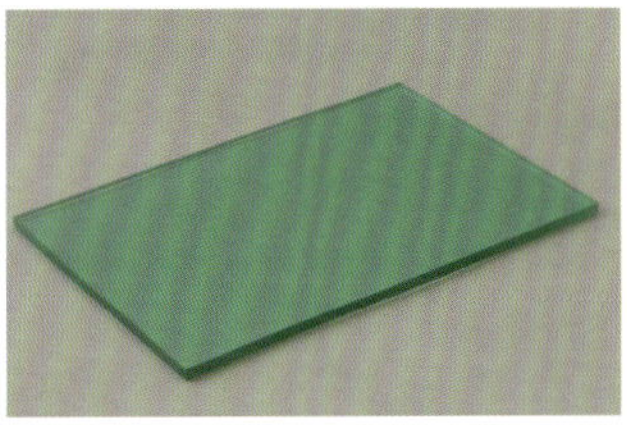

ビニール板

革の下に敷いて使います。これが無いと、スムーズに刃が進みません

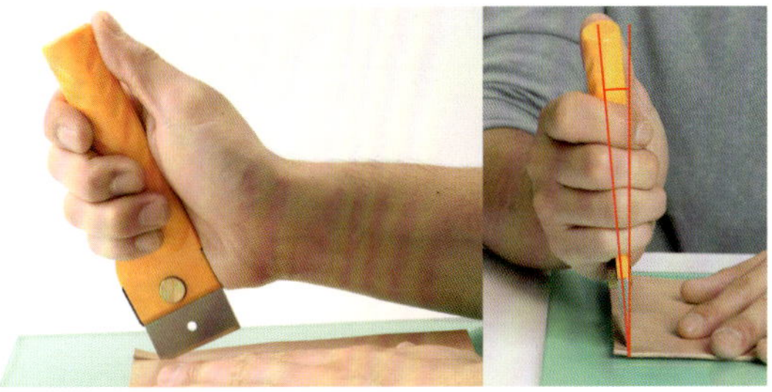

01 別たちの正しい持ち方です。片刃のため刃、が切り口に対してまっすぐになるように、本体は少し外側に倒した状態に構えます

まっすぐに切る時は、刃をなるべく広く使うとずれにくくなります

02

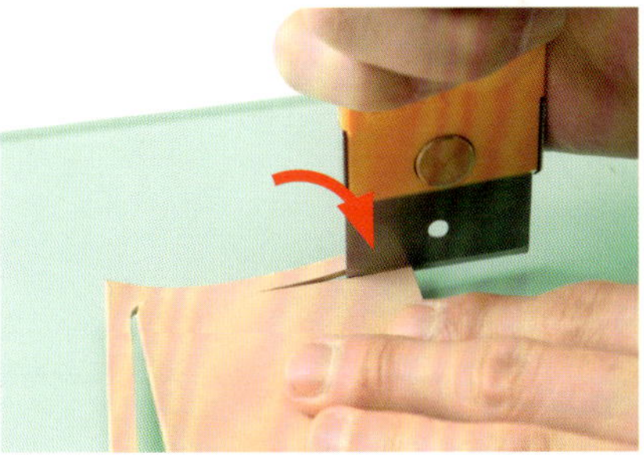

切り終わりの部分は、刃を手前に倒すようにして押切します

03

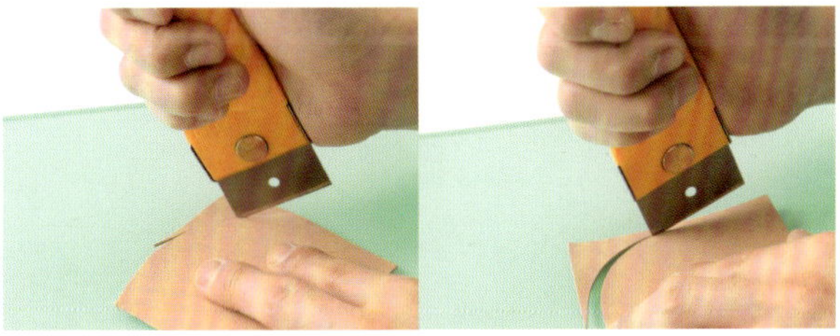

04 カーブや円を切る時は、刃を立ててなるべく角を使って切ります。また、別たちではなく、革の方を回すようにすると上手く切れます

切り出されたパーツです。型紙と合わせてみて、ずれや間違いが無いことを確認します

05

トコ処理

タンニンなめし革の場合、裏貼りなどをせずにそのまま使用するトコ面は、トコ処理剤で磨いておく必要があります。

用意する道具

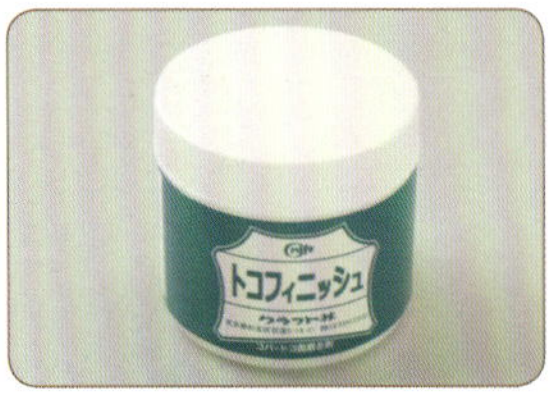

トコフィニッシュ
トコ面やコバを磨くために使う、トコ処理剤です

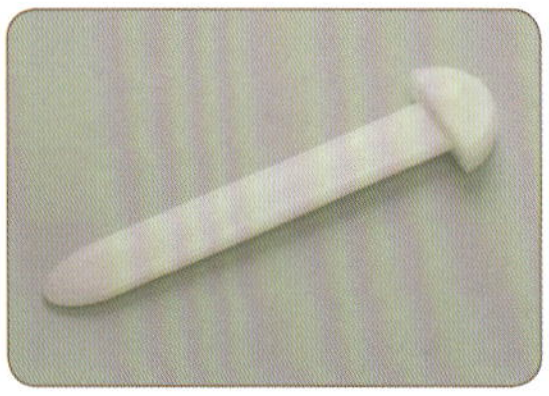

ヘラ付ヘリみがき
トコやコバの磨きに使う、汎用性が高い磨き道具です

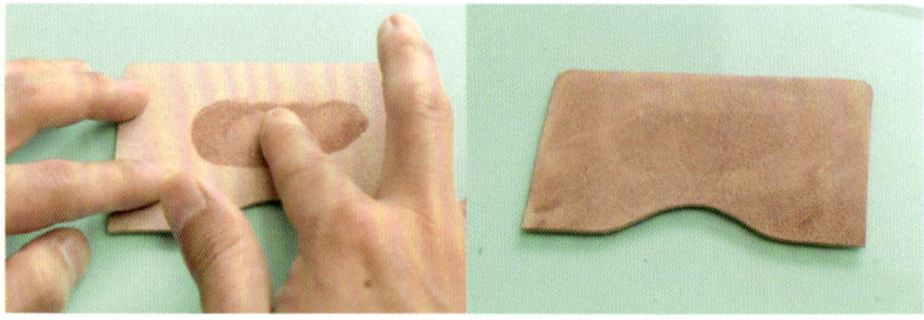

01 トコフィニッシュを少量指に取り、トコ面に塗り広げます。ギン面に付着するとシミになるので注意しましょう

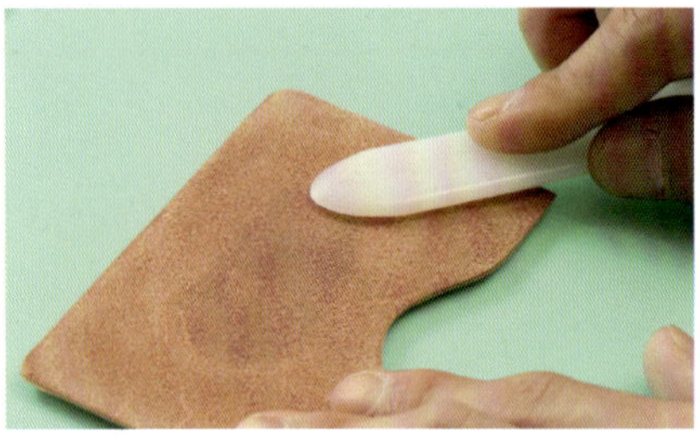

02 乾く前にヘラ付ヘリみがきで擦り、艶が出るまでしっかり磨きます

POINT!

広いトコ面を磨く場合は、ガラス板（注:レザークラフト用として販売されている物）があると便利です

コバ処理

タンニンなめし革の場合、切り口であるコバは、磨いて仕上げられます。縫う前に仕上げておかなければならないコバと、縫ってから仕上げるコバを把握して作業をしましょう。薄い革は、サンドスティックだけで軽く面取りします。

用意する道具

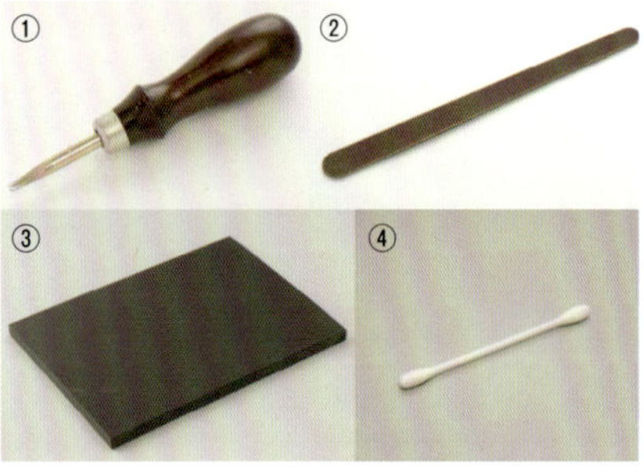

①**へりおとし** 切り口のヘリを落とす刃物です ②**サンドスティック** 両面がヤスリになってます ③**ゴム板** 台として使います ④**綿棒** トコ処理剤を塗る際に使います

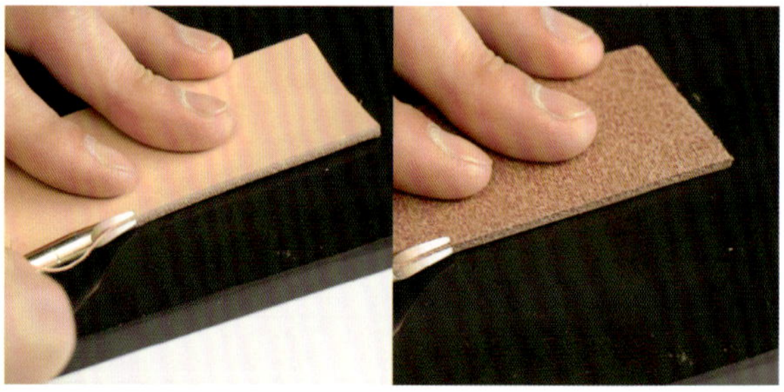

01 ギン面、トコ面のヘリを、へりおとしで落とします。刃幅はNo.1が0.8mm、No.2が1.0mmです。革の厚みで使い分けます

02 サンドスティックでへりおとし跡を均して、コバの形を丸く整えます

03 綿棒を使って、コバにトコフィニッシュを塗ります。ギン面にはみ出さないように注意しましょう

04 ヘラ付ヘリみがきを使った、基本的なコバの磨き方です。まずトコ面側から斜めに当てて擦って、次にギン面側から斜めに磨きます

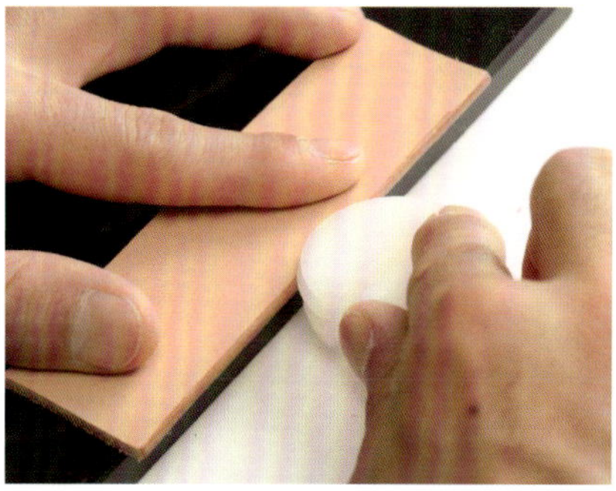

最後に溝を使って、コバ方向（横）から磨きます。厚い革の場合はヘラを使いましょう

05

POINT!

06 帆布は使い方に少しコツがいりますが、きれいにコバを仕上げられます。ゴム板の上で押さえ、力を入れて磨きます

POINT!

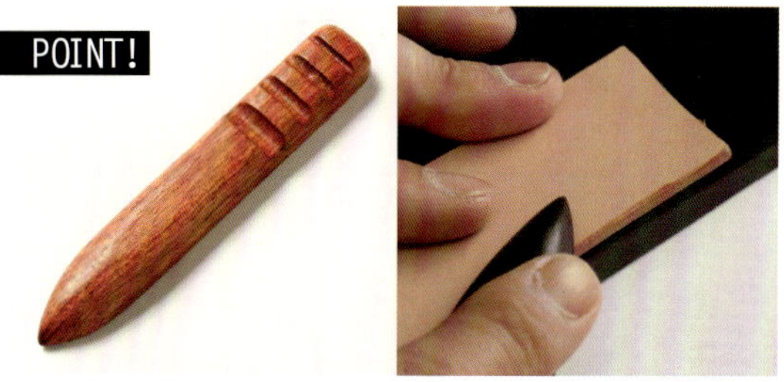

07 ウッドスリッカーは、木製の磨き道具です。力が入れやすく、先端や溝を使って様々な磨き方ができます

仕上げられた状態のコバです。このように毛羽立ちが無くなり、ツヤが出るまで磨きます

08

アイテムを仕立てる際には、パーツを検討し、先に磨いておくべきコバがどこかを考えます

09

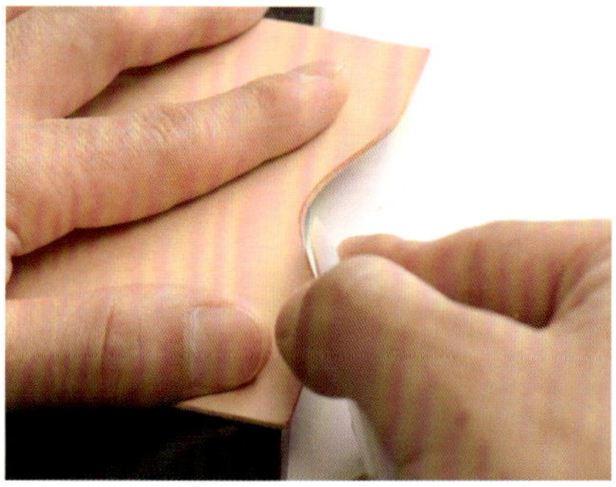

このカードーケースの場合、カードの入れ口の部分を先に仕上げます

10

カードの入れ口を先に磨く理由は、このように、組み立ててしまうと後から磨きにくくなるためです

11

貼り合わせ

パーツの貼り合わせは、接着剤を使います。サイビノールは乾く前なら貼った後で微調整ができますが、ゴム系のボンドは貼り直せないので慎重に貼りましょう。接着剤はできるだけ薄く塗布するように心がけてください。

用意する道具

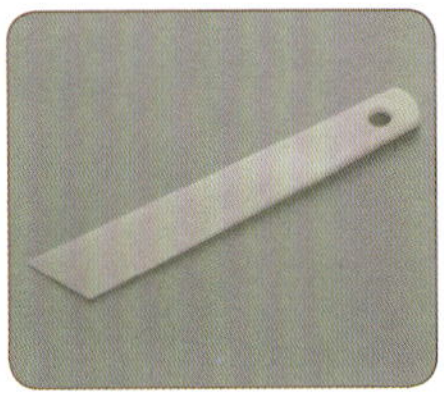

ジラコヘラ
ボンドはこのヘラを使って塗ります。大きなサイズもあるので、使い分けましょう

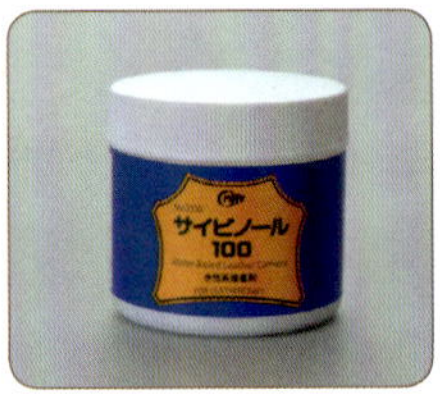

サイビノール
本書で基本としているボンド。両面に塗り、乾く前に貼り合わせます

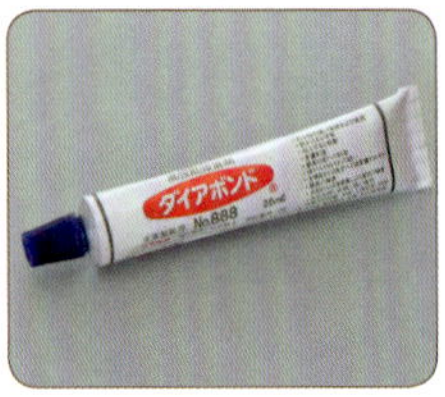

ダイアボンド
合成ゴム系ボンド。両面に塗り、べとつかない程度まで乾かして貼り合わせ、圧着します

ゴムのり
仮留めや裏貼り用の弱めの天然ゴム系ボンド。両面に塗って乾燥させ、圧着します

スリーダイン
仮留めや裏貼り用の強めの天然ゴム系ボンド。両面に塗って乾燥させ、圧着します

パーツを合わせて、貼り合わせる場所に丸ギリで軽く印を付けます

01

01で付けた印を基準に、縫い代になる部分の3mm幅をサンドスティックで荒らします

02

縁の色が白くなっている部分が縫い代です。トコ処理をしたままの状態では、接着剤が剥がれやすくなります

03

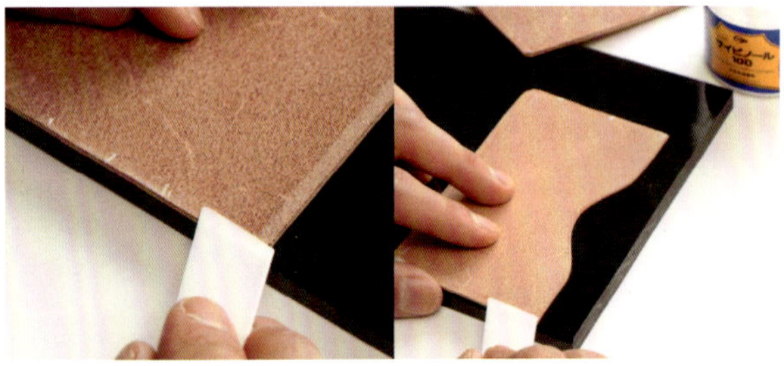

04 縫い代部分の両側に、3mm幅で接着剤を塗ります。サイビノールは乾くと付かないので、手早くジラコヘラで塗り広げます

端を合わせて、パーツを貼り合わせます

05

きちんと貼り合わされたことを確認したら、ヘラ付ヘリみがきで圧着します

06

POINT!

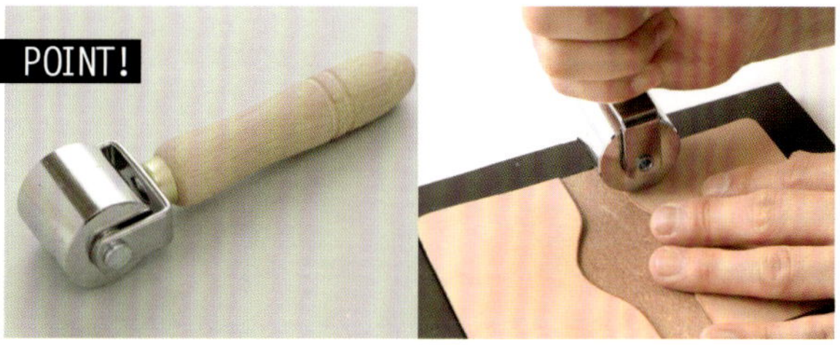

ローラーを使うことで、よりしっかり圧着できます。金属製なので、使う際に革の表面を傷付けないように注意しましょう

ギン面の上に貼り合わせることになる場合は、ギン面もサンドステイックで荒らします

07

縫い代にサイビノールを塗り、パーツを貼り合わせます。ギン面を荒らさずに貼ると、剥がれやすくなります

08

サイビノールが乾いたら、サンドスティックで貼り合わせたコバの段差を平らに整えます

09

POINT!

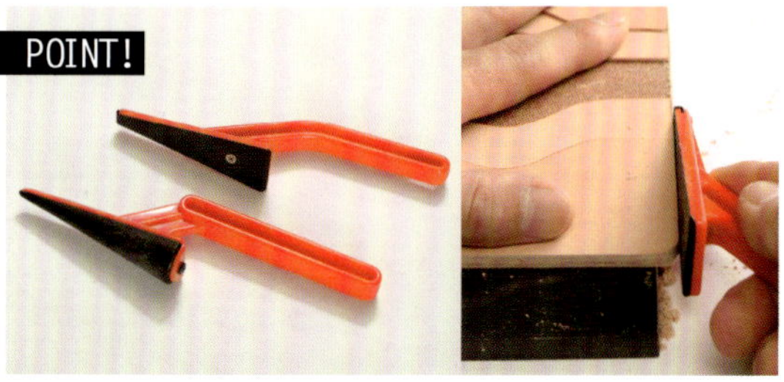

ハンドルの付いたNTドレッサーは、より効率良くコバを整えることができます

POINT!

大きな修正が必要な場合や、何枚も革を重ねた厚みのあるコバは、豆カンナを使って削って整えます

接着剤の選び方

セットに付属しているサイビノールは汎用性が高く強力で、ほとんどのアイテムに使用できます。ただし、硬化後に張りが出る特性を持っているので、柔らかく仕上げたいアイテムの裏貼りには、ゴム系ボンドを使います。また、金具などの異素材を接着するためには、接着力の強いダイアボンドが必要になります。また、ミシン仕立ての場合は針の通りが良くなるように、接着力の弱いゴムのりやスリーダインを使う必要があります。

周囲の形を整えたら、貼り合わせが終了です

10

縫い穴を空ける

手縫いの場合、ヒシ目打を使って先に縫い穴を空けます。
ヒシ目打のピッチ（刃と刃の間の距離）を変えることで、縫い目の印象も変わります。

▶ 縫い線を引く

用意する道具

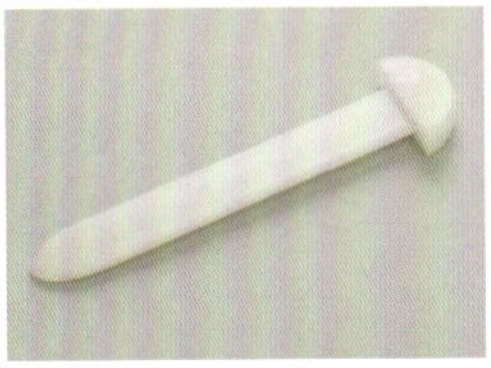

ヘラ付へりみがき
先端の溝を使って縫い線を引くことができます

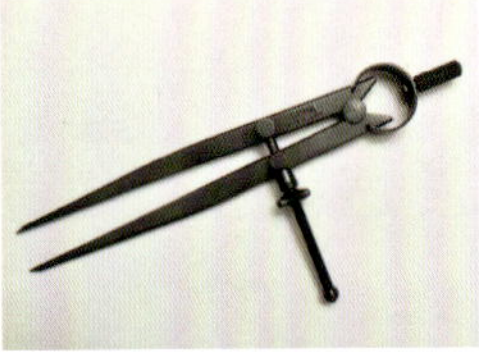

ディバイダー
必須ではありませんが、あればより正確な縫い線が引けます

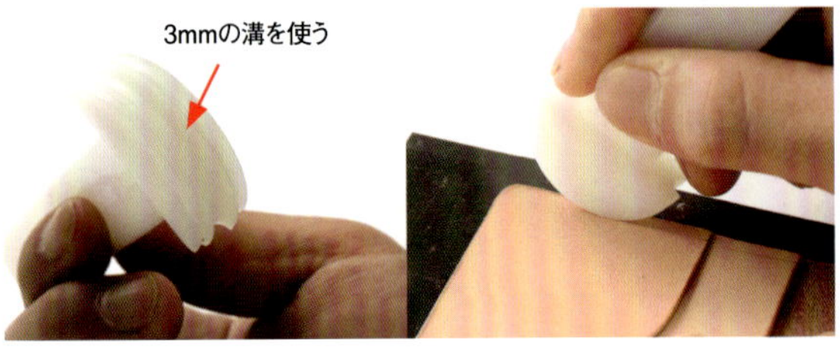

01 ヘラ付へりみがきの溝を使って、3mm幅の縫い線を引きます。1.5mm厚以下の革には、表裏ともヘラ付へりみがきで引きます

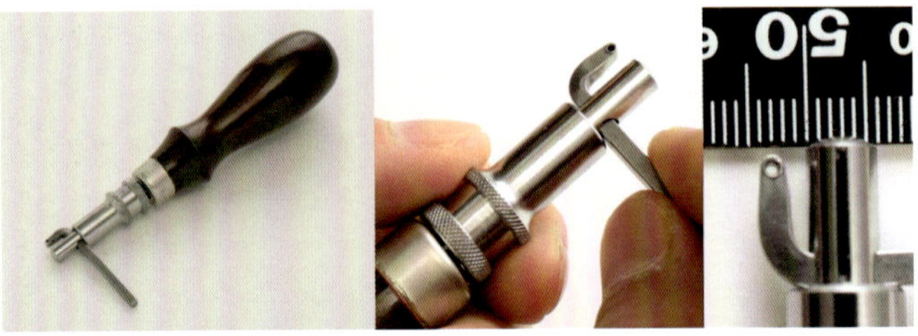

02 1.6mm以上の厚みの革には、ステッチンググルーバーを使って縫い線を彫っていきます。ステッチンググルーバーは、真ん中の写真のようにネジを緩めて、定規に当てながら幅をセットしたら、ネジを締めて固定します

03 ステッチンググルーバーの角度を固定し、溝を彫ります（角度で溝の深さが変わるため、角度を一定にすると均等に彫れます）

▶ 縫い穴を空ける

用意する道具

①**ヒシ目打**　菱形の縫い穴を空ける道具です　②**丸ギリ**　基点の穴を空けます　③**ゴム板**　ヒシ目打を打つ際の台にします
④**フェルト**　ゴム板の下に敷きます　⑤**木槌**　ヒシ目打を叩いて、穴を空けます

01 「手縫いの始点・終点」と「角」と「段差のキワ」は基点として丸ギリで縫い穴を空けると、穴が目立たずきれいに仕上がります

02 ヒシ目打は革に対して垂直に当て、真上から木槌で叩いて打ち込みます。目打の刃が斜めに入ると、糸目がきれいに出せません

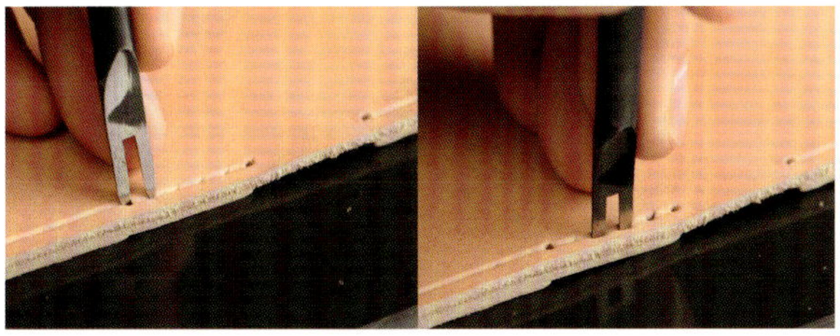

03 基点と基点の間が短い箇所は、縫い穴の間隔が大きく違わないように、あたりを付けて間隔を均等に調整して縫い穴を空けます

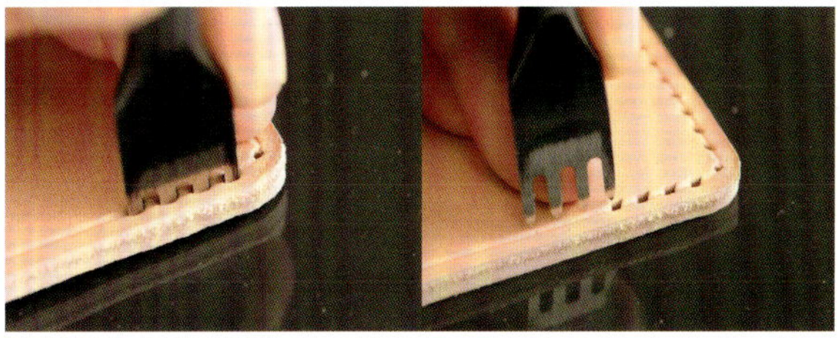

04 基点の穴と穴の間に、ヒシ目打で穴を空けていきます。直線は4本ヒシ目打で、前の穴に刃を1本重ねて等間隔に打ち進めます

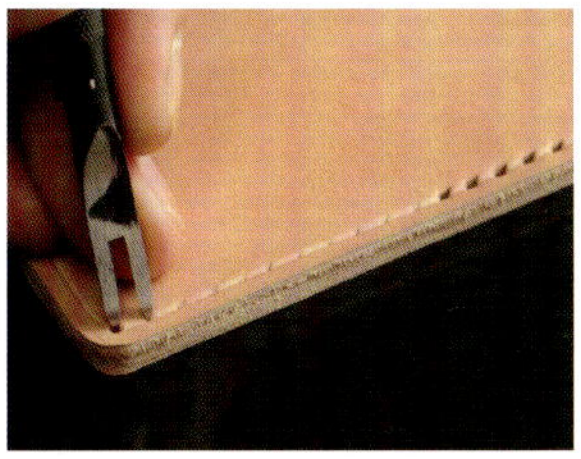

05 次の基点まで残り10目程になったら一端止めて、軽く押してあたりを付け間隔を調整してつじつまを合わせます

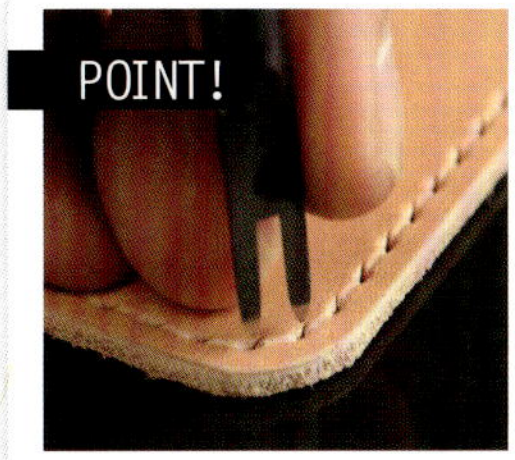

曲線は小回りのきく、1本·2本ヒシ目打を使って縫い穴を空けます

必要な縫い穴が空けられた状態です。穴がきちんと貫通していることを確認します

06

縫い合わせ

縫い穴に糸を通して、縫い合わせます。ここでは麻糸をロウ引きして使いますが、あらかじめロウ引きされたナイロン系の糸なども好みに合わせて選べます。

用意する道具

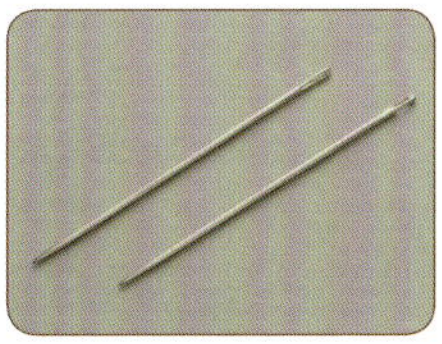

手縫針
長さや太さが何種類かありますが、セットには「丸·細」が入っています

糸
セットにはエスコード中が入っています。ロウ引きして使う、麻糸です

ワックス
麻糸に塗って使うロウです。糸を丈夫にし、また緩みにくくする効果があります

01 縫う革の厚さによって変わりますが、糸は縫う距離の4～5倍程必要になります

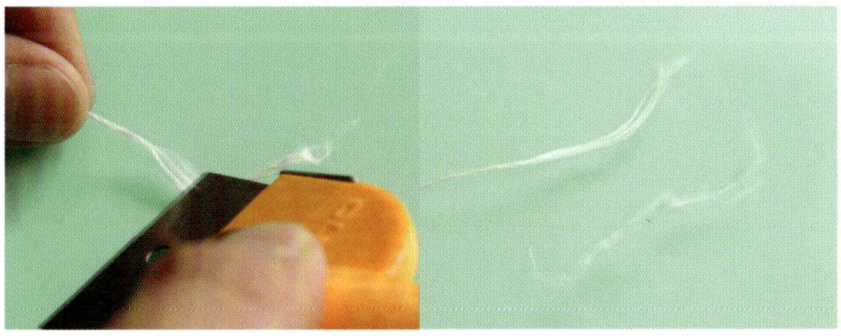

02 糸の先端を別たちで漉きます。漉くことでロウを塗った時に先端が細くまとまり、針穴に通しやすく、また縫いやすくなります

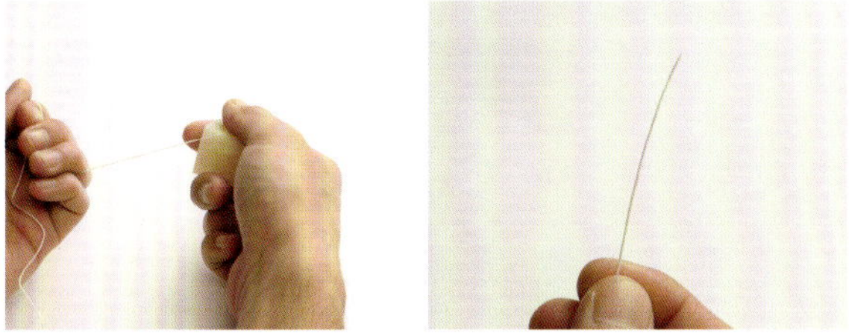

03 糸をロウの上で押さえて引き、右写真のように立つ程度までロウをすり込みます。この作業を「ロウ引き」と呼びます。

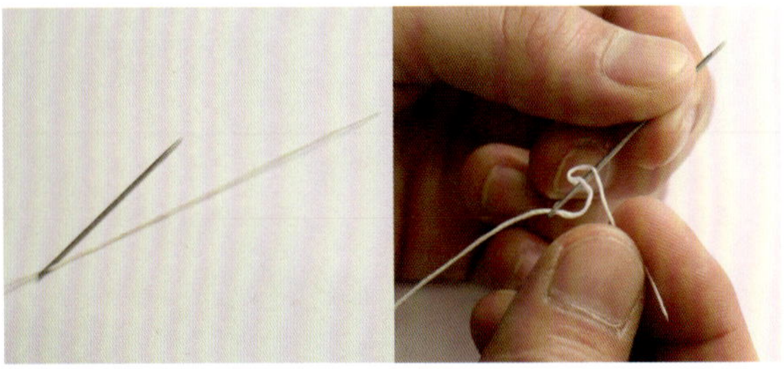

04 ロウ引きした糸を針穴に通します。針穴に通した糸を、右側の写真のように針先端で2回刺します

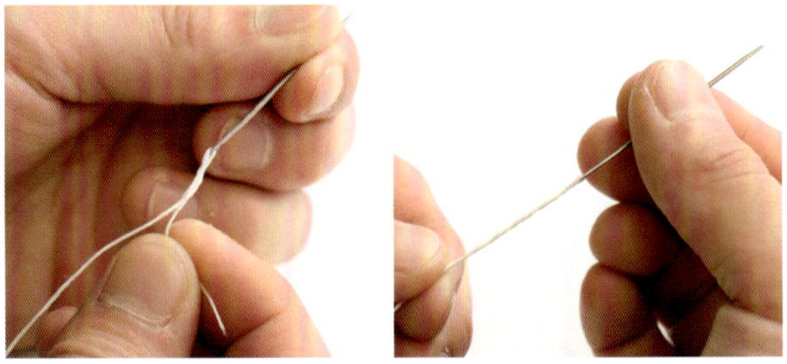

05 針で刺した糸を、針の後端（針穴の方）に寄せて、糸の先を引っ張って寄せた糸をすぼませると固定できます

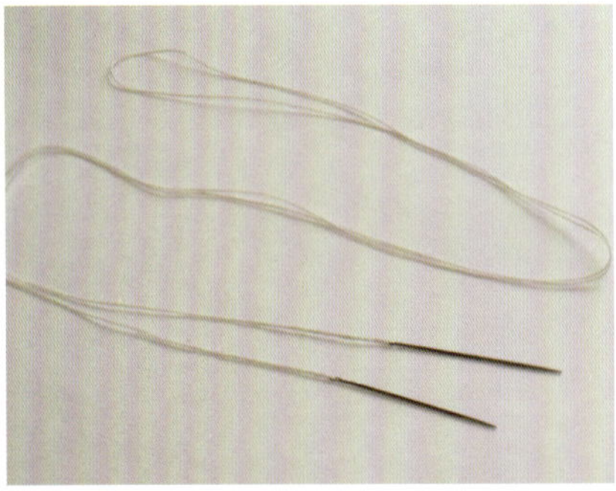

針は糸の両端に、このように取り付けます

06

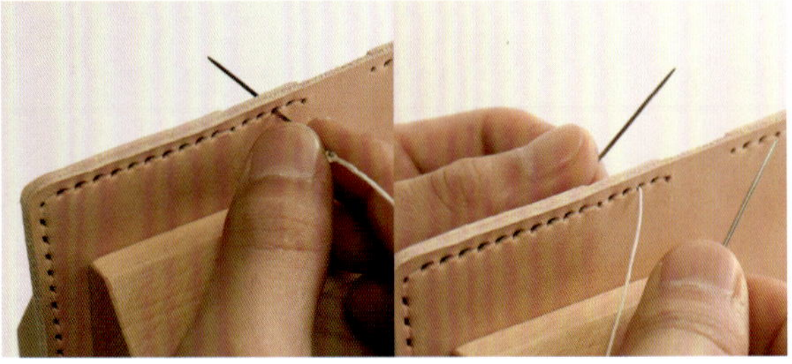

07 基本はふた目縫い返してから縫い始めるので、縫い始めの穴からふた目先の縫い穴に糸を通し、左右に同じ長さを出します

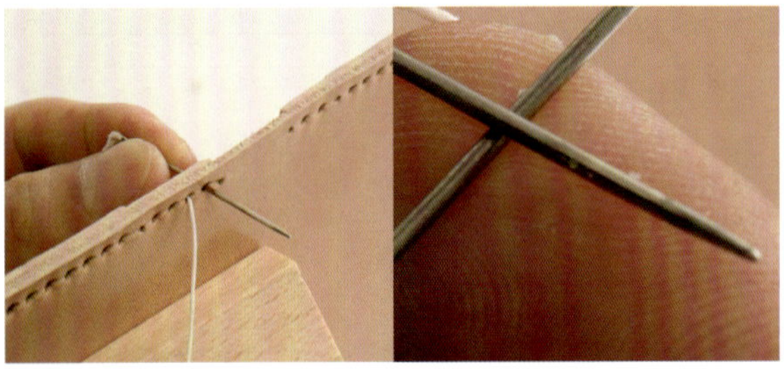

08 縫う対象は左が裏になるようにセットして、裏側から針を通します。まずは縫い始めの方向に縫い返していきます

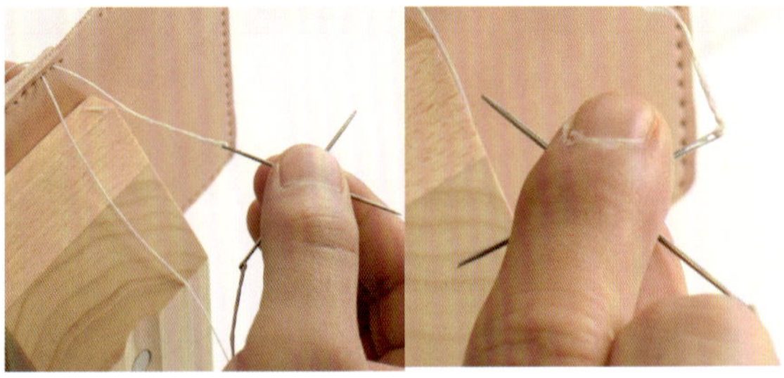

09 左の針の下に右の針を重ねて引き抜きます。そのまま右手を返して、右の針を穴に向けます

10 右側の針を、左側の糸が出てきた縫い穴に通します。そのまま糸を引っ張って、引き締めます

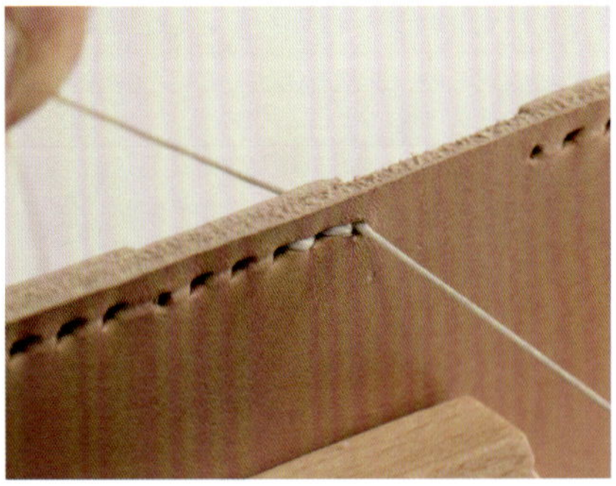

縫い始めの穴まで、縫い返します。糸の引き締め具合は、革の厚みや硬さによって変える必要があります。均等な力で、革がつらない程度に引き締めます

11

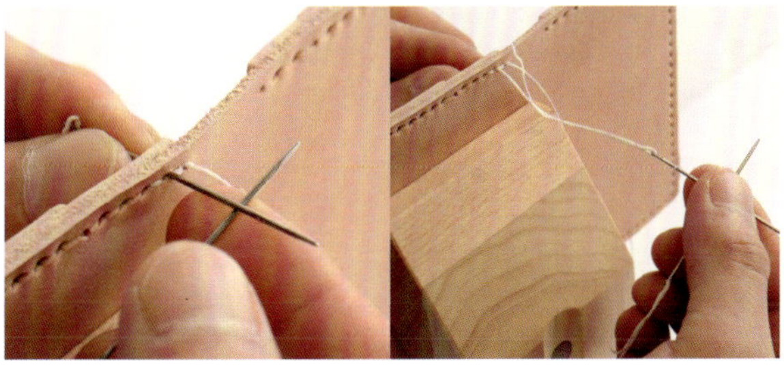

12 縫い進める方向(手前)に縫っていきます。基本は08と同様に、裏側(向かって左)から針を通し、右の針を下に重ねて引き抜きます

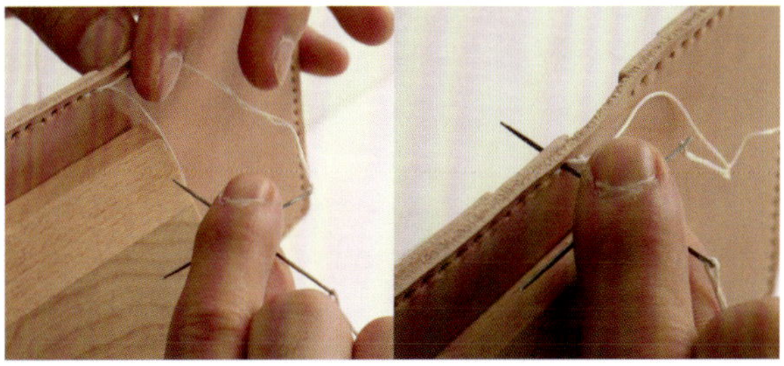

13 重ねた針を返して、右側から同じ穴に右の針を通します。糸を刺してしまうとほつれるので、糸と縫い穴の隙間に針を入れます

14 ふた目縫い返した部分は、このように糸が二重になります。12〜13を繰り返して、手前に縫い進めていきます

縫い終わりの穴まで抜い進めたら、再びふた目縫い返します

15

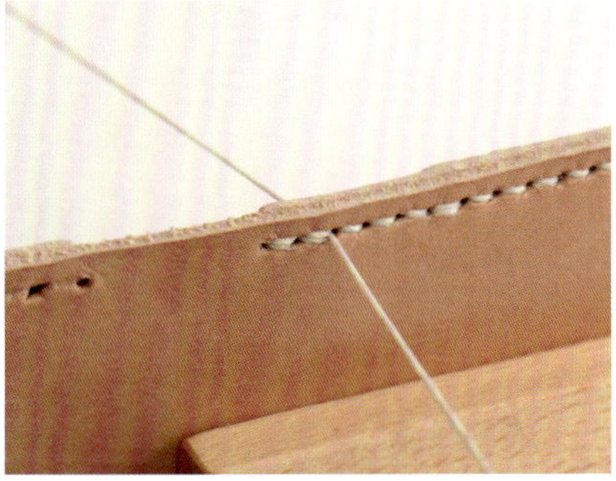

縫い終わりの穴から、ふた目縫い返した所です。両側に糸を出した状態で終わります

16

両側に出ている糸を、なるべく根元のギリギリの所でカットします

17

糸はこのような状態で始末します

18

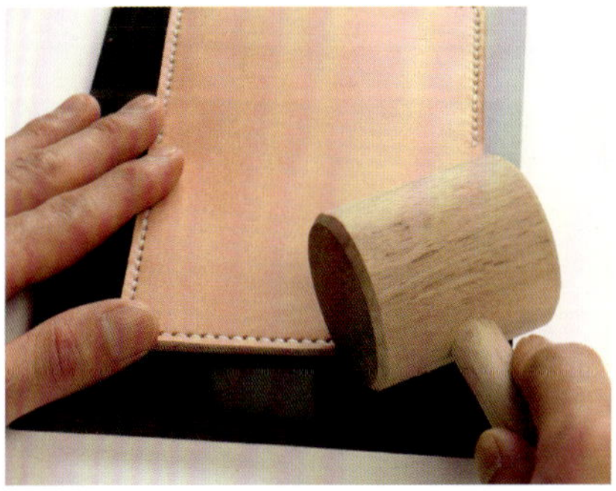

木槌の腹で縫い目を軽く叩いて、糸目を潰して落ち着かせます

19

シニュー糸に代表される、化学繊維の糸もよく使われます。化学繊維の糸はロウ引きされた状態で販売されている物が多く、その場合はロウ引きは必要ありません。シニュー糸は何本かに裂いて使うことができるので、必要な太さに裂いて使用します。ナイロン系の糸の始末は、ふた目縫い返して裏側に糸を出し、2mm程残してカットして、ライターで炙って焼留めをします

仕上げのコバ処理

最後に縫い合わせた部分のコバを整え、磨いて仕上げます。仕上げ方は、へりおとし、サンドスティックでの成形、トコフィニッシュでの磨きの順番です。

01 へりおとしを使って、縫い合わせたコバのヘリを落とします

02 裏側のヘリも落とします。段差になっている部分は、段ごとに落とします

03 サンドスティックで、縫い合わせたコバの凹凸を整え、平坦に均します

ヘリを落としたコバを、サンドスティックで丸く仕上げていきます

04

コバにトコフィニッシュを塗ります。ギン面に付くとシミになるので、両側がギン面になっている部分は特に気をつけましょう

05

POINT!

コバを染料で染める場合は、トコフィニッシュを塗る前に染めておきます。綿棒などを使い、ムラにならないように、丁寧に染めましょう

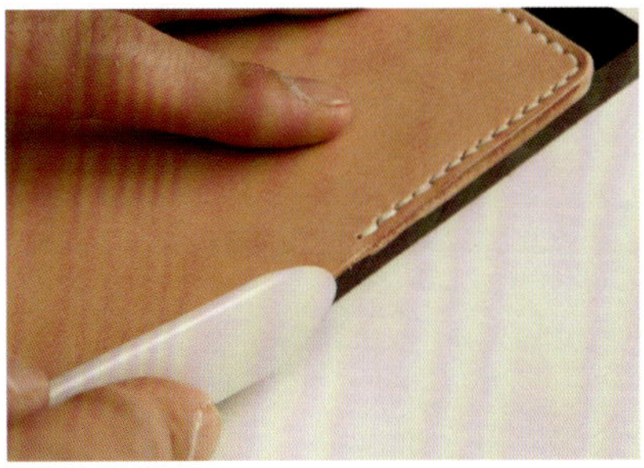

トコフィニッシュを塗ったコバを磨きます。裏、表、コバ側の順で磨きましょう

06

コバを磨いた状態です。生成の革のコバを染める場合は、革の色よりも濃い目の色で染めると引き締まります

完成！

かがり

Lacing

装飾としても利用できる「かがり」の技法は、手縫いの技法と併せて身に付けておきたい、レザークラフトの定番テクニックです。縁をレースでかがることで立体的になり、手縫い仕立てとは驚くほど雰囲気を異にした作品に仕上がります。ここでは、基本的な作業と、ベーシックな「巻きかがり」、やや複雑な「ダブルステッチ」を紹介します。縫い始めと縫い終わりが分かれている場合と、繋がる場合で手順がやや変わるので、その点に注意してください。

用意する道具

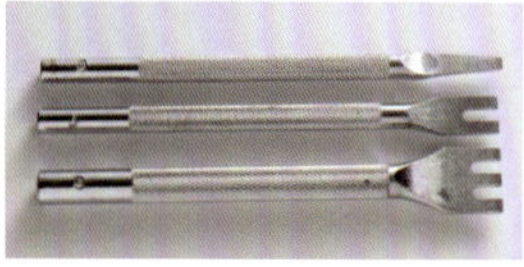

目打

レースを通すための平穴を空ける道具。使うレースとサイズを合わせます

レース

幅2mmか3mmの牛レースを使います。レース針と目打は、使うレースと同じ幅のものを選びます

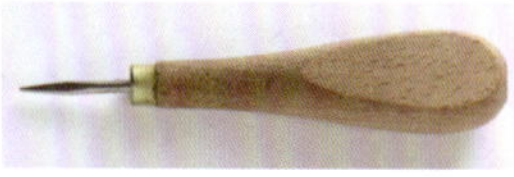

レースギリ

穴を広げたり、レースを押し込んだり、様々な作業に使用します

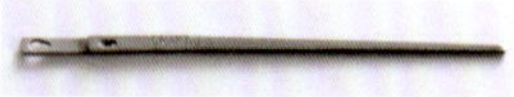

レース針

レースを取り付けて使う、かがり専用の針です。レースと幅を合わせます

木槌

穴を空けたり、ステッチを整えたりと多用します

基本の動作

レースにレース針を取り付ける方法は独特なので、必ず覚えておきましょう。また、長い範囲をかがっていると、レースの長さが足りなくなることがあるので、レース同士の継ぎ方も必須の項目です。基本の動作として、身に付けておくことをお薦めします。

▶レース針の取り付け方

01 取り付けるレースの先端を1.5cmほどの幅で斜めに漉き、両角を切り落としてとがった形にします

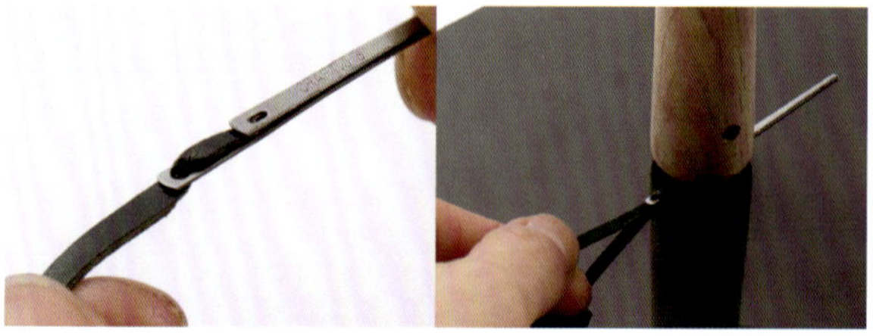

02 レース針に付いている穴に裏側からレースを通し、先端をスリットに挟みます。スリットの内側に付けられた突起をレースに噛ませるよう、木槌の柄などを利用して軽く叩き、しっかり固定します

▶レースを継ぐ

01 かがり途中にレースが足りなくなったら、使っていたレースの先端はギン面から、継ぎ足すレースの先端はトコ面から、1cmほどの幅で斜めに漉きます

02 両切り口に接着剤を塗り、切り口が見えないようにぴったりと貼り合わせます。最後にしっかりと圧着しておきましょう

穴空け

かがり用の平穴は、専用の目打を使用して空けます。線を引き、目打を木槌で叩いて穴を空けるという手順は手縫いの場合と同じなので、そちらに慣れている方にとっては、それほど難しい作業ではないでしょう。

▶基点の穴を空ける

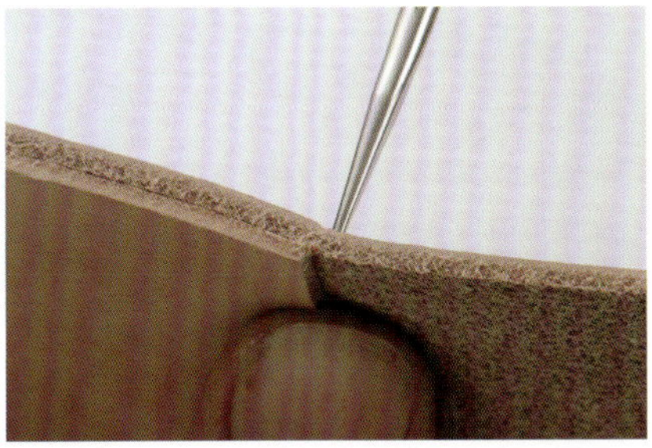

段差がある場合は、段差のキワに基点となる穴を空けます。裏側の段差の位置を見ながら、表側にレースギリで印を付けます

01

02 印の位置に1本目打で穴を空けます。裏側の革の縁を切らないよう気をつけましょう。不要な革を敷くと作業がしやすくなります

03 続いて、コーナーにも基点となる穴を空けます。2本目打をコーナーに沿わせて間隔を取り、1本目打で穴を空けます

段差とコーナーの部分に、基点となる穴を空けました。この穴の間に、均等な間隔で平穴を空けていきます

04

▶均等に穴を空ける

直線部分は、3本目打を使って穴を空けていきます

01

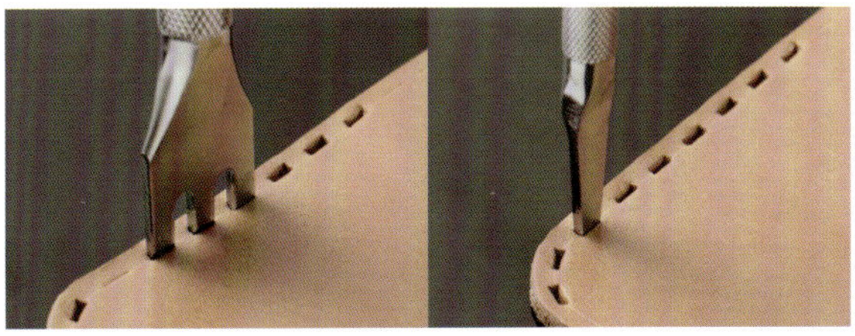

02 基点が近づいてきたら間隔が詰まるので、適宜1本目打や2本目打を使い、等間隔に穴を空けます

POINT!

03 基点間の距離によっては、左写真のように穴位置が重なってしまうことがあるので、数個前の穴から1本目打でつじつまを合わせます

所々、穴の位置を調節しながら、ほぼ等間隔で穴を空けました。隣り合う穴が近すぎると、間が千切れてしまうので注意しましょう

04

巻きかがり

レースをコバに巻きつけるようにしてかがる技法です。かがりの中では最もシンプルで簡単な方法ですが、始点と終点を綺麗に処理する作業に、ややコツを要します。「ループ」にする方法と、始点・終点が独立した方法を紹介します。レースは、かがる距離の3倍を用意します。

▶ループ（始点と終点が同じ穴）

かがる前に、コバを仕上げておきます。かがった後からは磨けません

01

POINT!

なるべく繋ぎ目が目立たない箇所から始めます。始点とする穴の部分に、レースギリで隙間を空けましょう

02

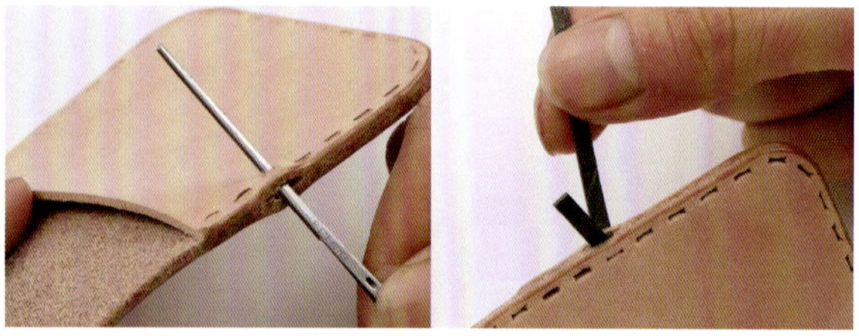

03 貼り合わせた革の間から始点の穴に針を通し、1cmほど残した状態になるまでレースを引きます

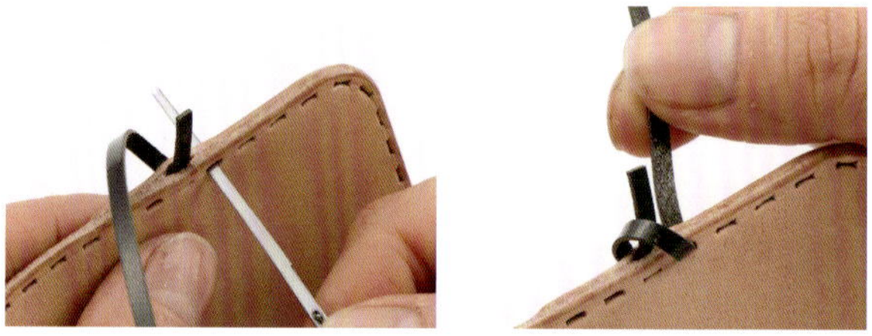

04 コバをまたぎ、隣の穴に針を通します。その後、レースを最後まで引きますが、レースの後端を巻き込んでおきましょう

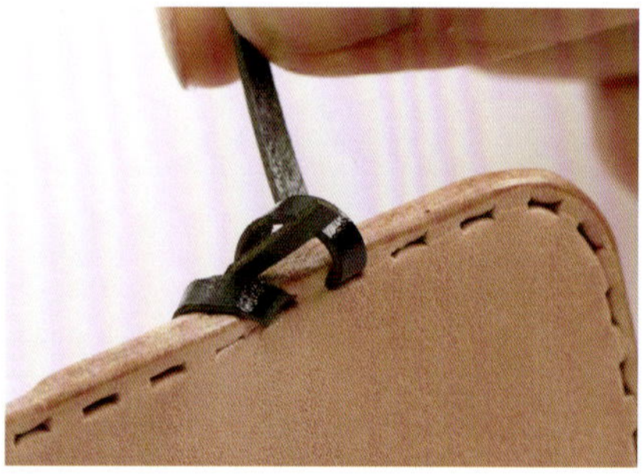

次の穴からは、同様の手順でレースを巻きつけていきます。一周して戻ってきたら、終点の穴よりひとつ手前で止めます

05

POINT!

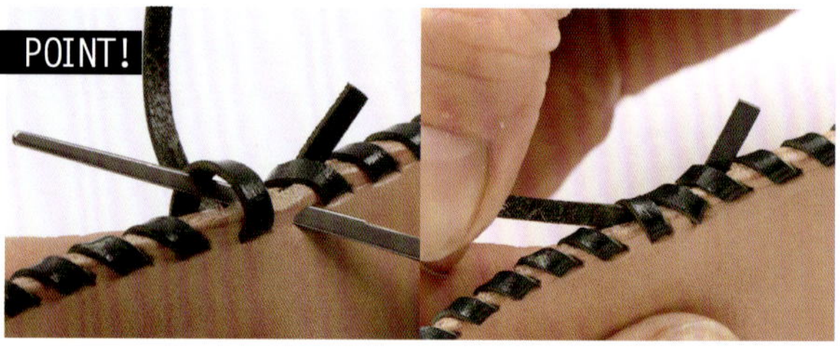

06 終点の穴（始点の穴の逆サイド）では、針を革の隙間から出し、ひとつ手前の輪に通します。そのまま引き締めれば、繋がります

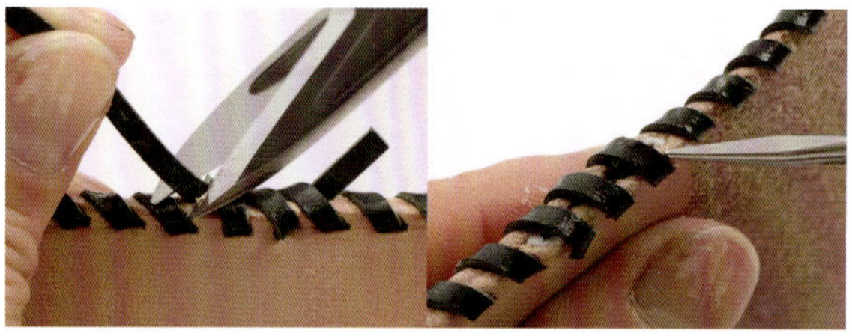

07 両側に飛び出たレースをなるべく根元でカットしたら、接着剤を塗ってレースギリで革の隙間に押し込んで隠します

08 最後に、木槌でステッチを叩いて整えたら完成です

▶始点（独立した場合）

01
始点となる端の穴の部分に、レースギリで隙間を空けます

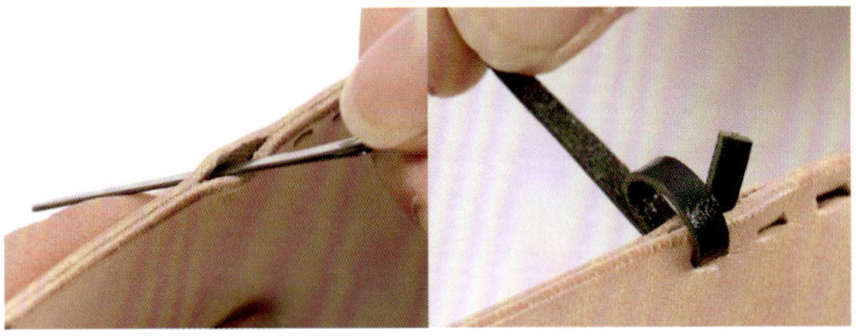

02
その隙間から針を入れ、進行方向の左側の穴に針を通します。レースの後端を巻き込み、コバをまたいで同じ穴に通します

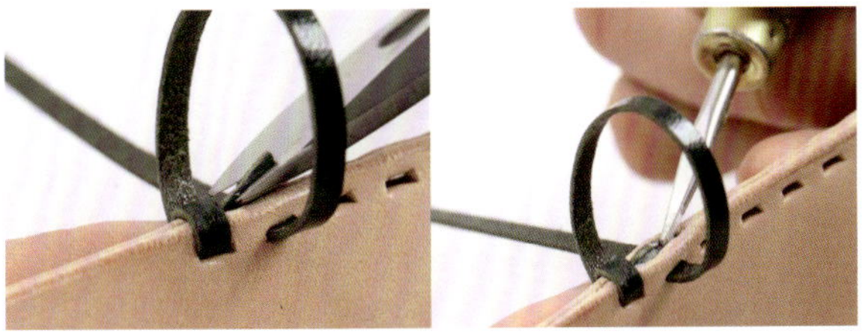

03
隣の穴に針を通したら、レースを引き締める前にレースの後端の出っ張りをカットし、接着剤を塗って隙間に押し込みます

04
押し込んだ部分が目立たないように整えたら、隣の穴にレースを巻きつけていきます

▶終点（独立した場合）

01
終点の穴に針を通す前に一度止まり、その部分の革の隙間をレースギリで開いておきます

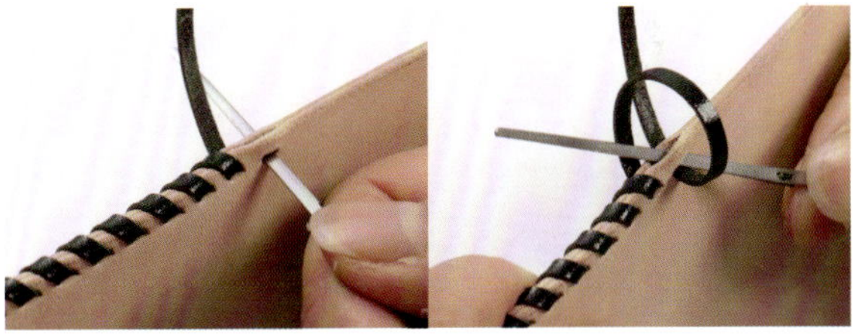

02
一度目は終点の穴を反対側まで貫きます。続いて、コバをまたいで同じ穴に針を入れ、今度は革の隙間から針を出します

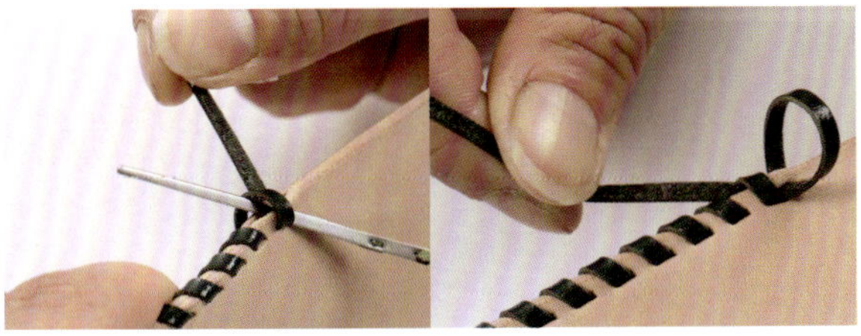

03
針を通した状態でレースを引き締めたら、針を抜いて最後まで引きます。抵抗が強ければ、レースギリで穴を少し広げましょう

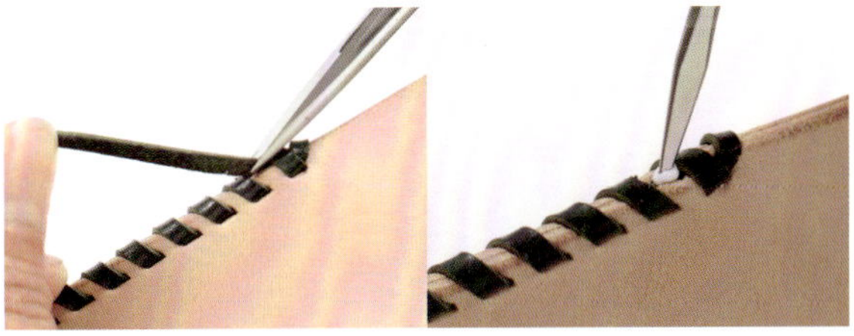

04
なるべく根元でレースをカットしたら、飛び出した部分に接着剤を塗って革の隙間に押し込んで仕上げます

ダブルステッチ

やや複雑な手順になりますが、基本を覚えれば同じ作業の繰り返しです。また、巻きかがりよりも存在感が格段に増します。ポイントは、均等な力加減で進めること。整然としたステッチが仕上がりの美しさを際立たせます。レースは、かがる距離の7倍の長さを用意してください。

▶ループ

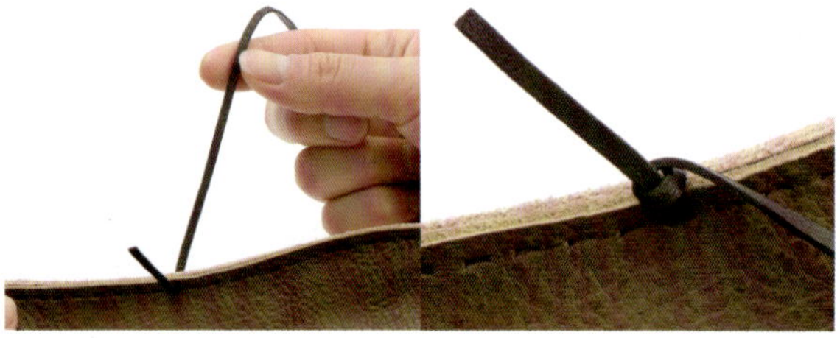

01 繋ぎ目が目立たない箇所を始点とし、右側から針を通します。コバをまたぐ際に、レース後端にレースを巻きつけてください

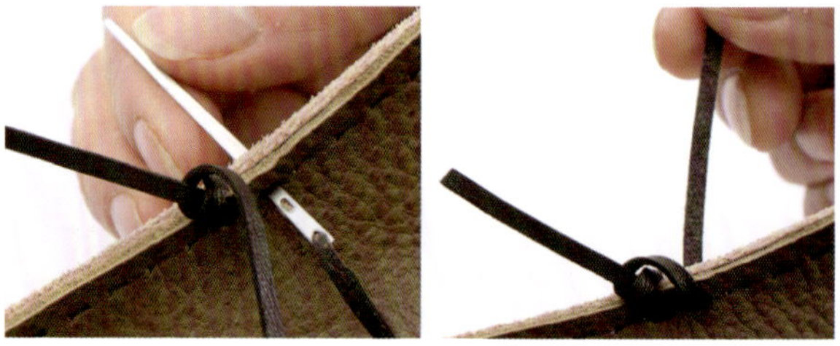

02 再び右側から、隣の穴に針を通してレースを引き締めます

03 コバをまたいだら、01の工程で作ったクロス部分の下に針を通し、レースを引き締めます。適度な力加減で引き、コバのちょうど中央にクロスが位置するように調整してください

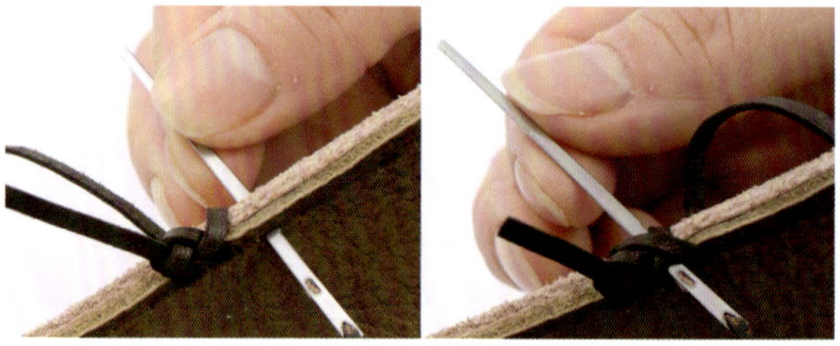

04 隣の穴に針を通したら、その後は同じ手順の繰り返しです。引く力加減を一定にし、レースのギン面を常に表にしてください

05 ひと穴を残すところで一度止まり、01のレースの後端をレースの輪から引き抜きます。さらに、革の隙間から引き抜きます

06 レースの後端は短くカットし、革の隙間に押し込んで接着しておきます。その後、05でできた輪に、輪の下から針を通します

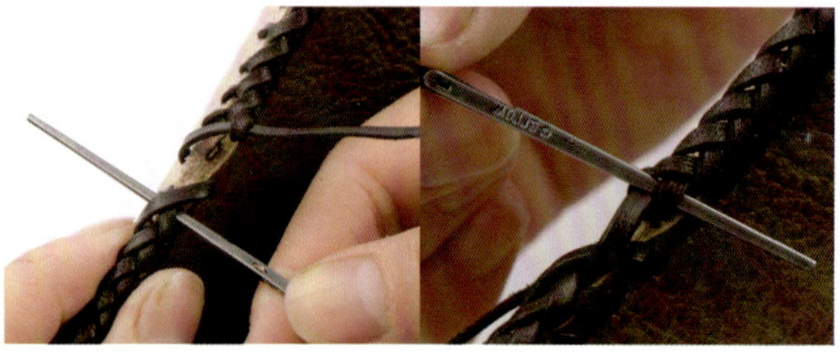

07 ひとつ手前のクロス部分の下に、右側から針を通します。続いて、05でできた輪に、輪の上から（06とは反対向き）針を通します

08 始点の穴に右側から針を通し、革の隙間に出したら、レースを引き締めます。レースを根元でカットして押し込んだら終了です

▶ 始点（独立した場合）

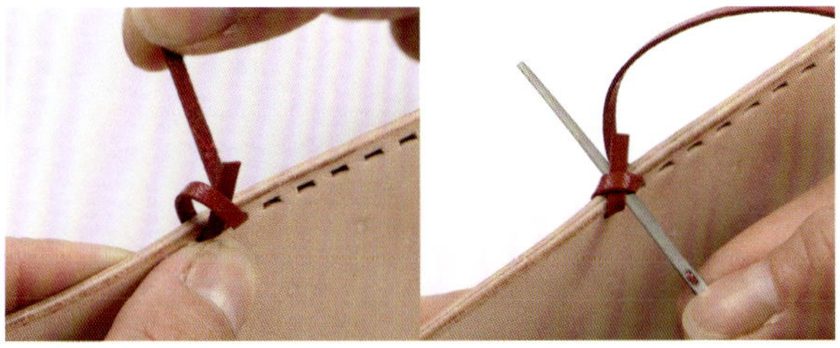

01 始点となる穴に右側から針を通したら、レースの後端を巻き込んで引き締めます。続いて、クロス部分に右側から針を通します

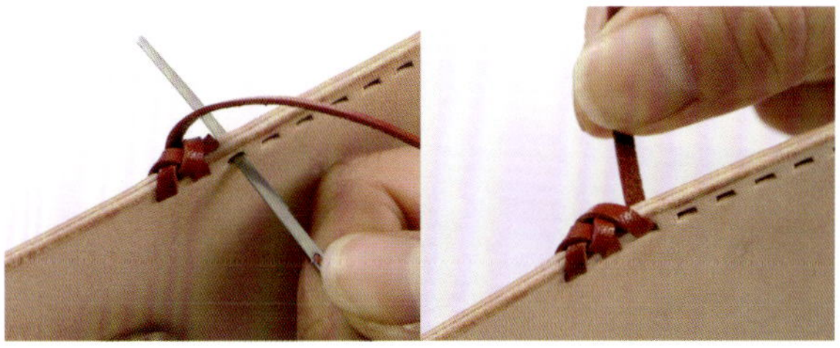

02 コバをまたぎ、隣の穴に右側から針を通します。これを引き締めると再びクロスができるので、後は同様の手順で進めてください

▶ 終点（独立した場合）

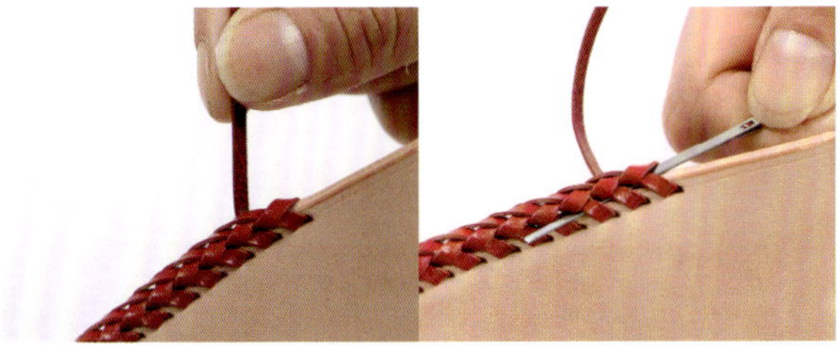

01 終点の穴までかがり、最後のクロスにもレースを通して引き締めたら、ステッチを3つほど貫くようにコバに沿って針を通します

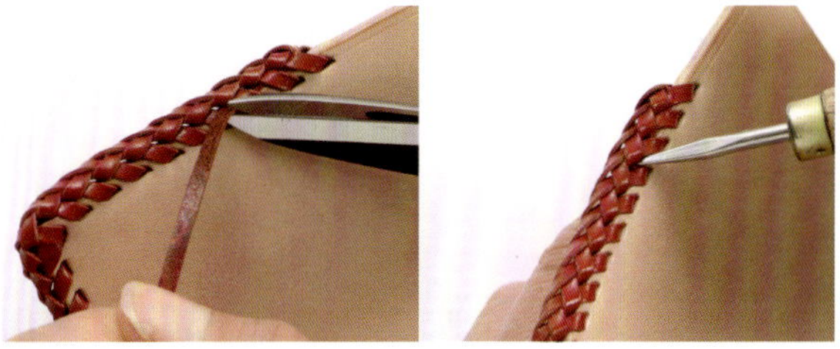

02 そのままレースを引き締め、飛び出したレースはなるべく根元でカットします。端をステッチの中に押し込んだら終了です

▶ 急なカーブの処理

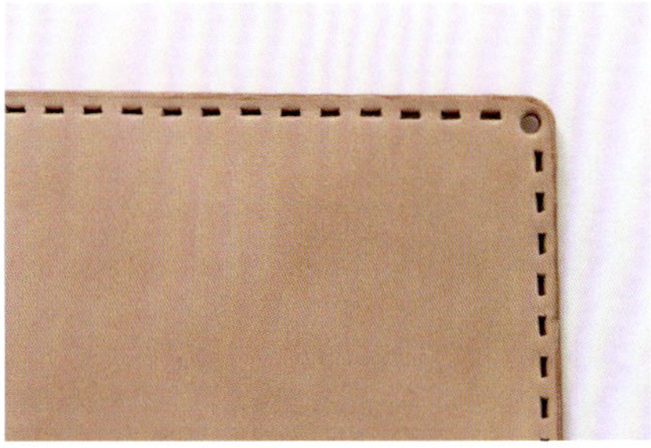

急なカーブをかがる際、ステッチに隙間が空くことがあるので、同じ穴を何度か使用します。そこだけ、7号の丸穴を空けます

01

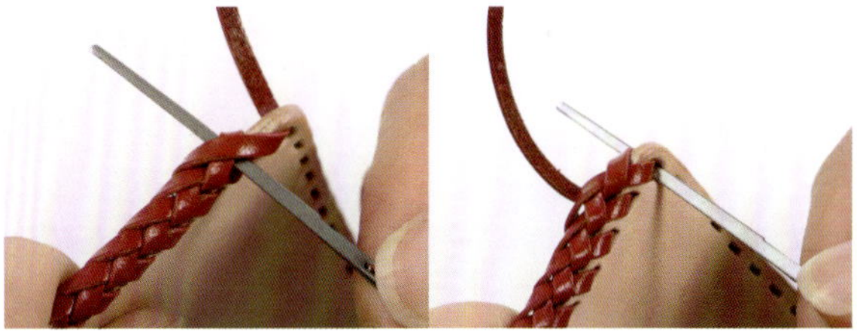

02 一度目は、通常のダブルステッチでかがります（左写真）。ここで、次の穴に移らず、再び同じ穴に針を通します

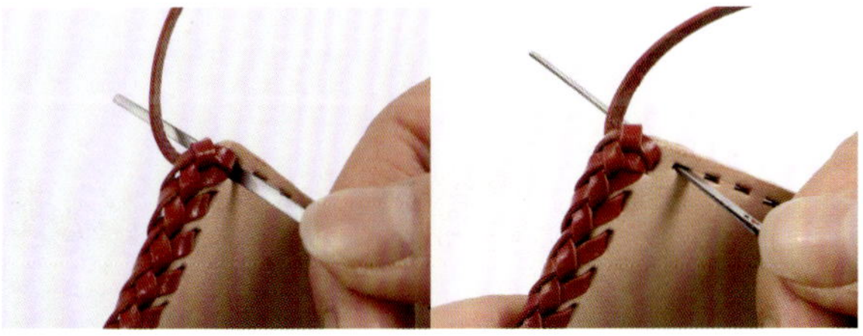

03 さらにもう一度、同じ穴に針を通してかがります。同じ穴で、3つのステッチを作っていることになります。その後は通常の手順です

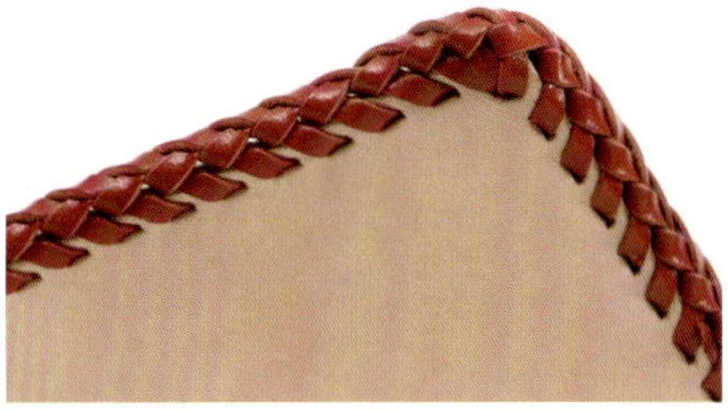

カーブにステッチを3つ作ることで、直線部分と均等な幅に揃いました。カーブの具合によっては、2つか3つで調整します

04

ミシン
Sewing Machine

縫う作業を格段に早く行なうことができるミシンは、アイテム製作のバリエーションを大幅に広げてくれる頼もしいツールです。クロム革を使った内縫い作品も、思いのままに製作できます。ただし、革は布よりも厚く丈夫なので、工業用・職業用のミシン、もしくは比較的パワーの強い家庭用ミシンが必要になります。この本で使っている家庭用ミシン「ホームレザー110」は、4.5mm厚程度までならタンニン革でも縫えるため、趣味の道具としてはお勧めです。

用意する道具

ゴムのり
ミシンの仕立てでは、針の通りを阻害しないよう、接着力の弱い仮止め用のゴムのりを使います

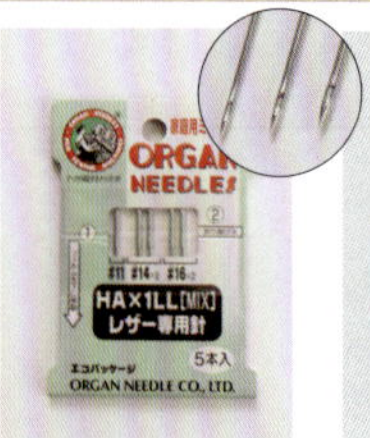

革用ミシン針
革専用のミシン針は、先がヒシ目になっています。作品や使う糸に合わせて、サイズを選びます

ビニモ
ミシンで使用できる、革用糸のスタンダードがビニモです。家庭用ミシンでは、20号か30号を使います

レザークラフトで使うミシンの基本

ミシンの基本的な扱い方は、布を縫う場合と全く同じです。ここでは、革の場合に限って特別に注意が必要な項目だけをピックアップし、紹介します。以下のことを、常に頭に置いておくと良いでしょう。

▶ 縫い目の粗さ

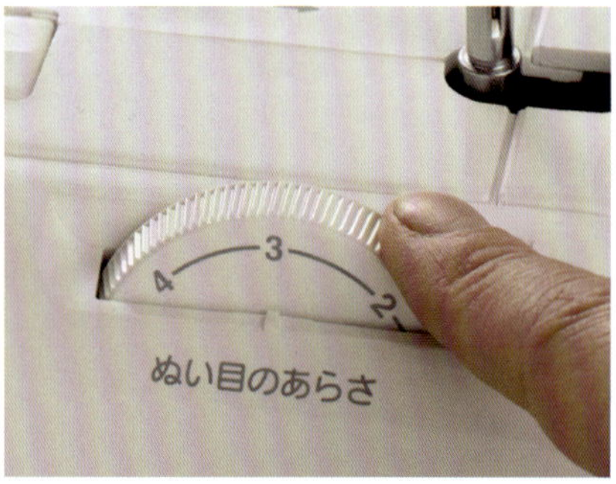

革を縫うときは、縫い目の粗さを2.5～3.5mmの間で調整してください

▶ ステッチパターンを選ぶ

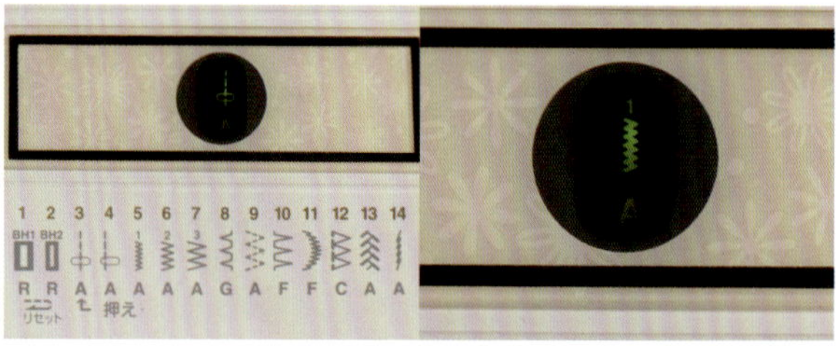

直線縫いの場合は、押えの位置を調整して縫いやすい設定を探しましょう。アップリケの取り付けなどでは、ジグザグ縫いを使います。取り付けるモチーフの大きさで、幅を調整しましょう

▶ 段差は丁寧に縫う

段差を越す際は、上側の革のコバを切らないよう、キワぎりぎりに縫い目の位置を調節してください。また、返し縫いをして糸を三重にします

▶ 縫い目をよく叩く

革には厚みがあるので、縫った直後は糸が少し浮いたような状態になっています。木槌でよく叩き、縫い目を落ち着かせることで綺麗に仕上げることができます

返し縫い

ミシンで革を縫う場合、基本的に縫い始めと縫い終わりに「返し縫い」をします。補強の意味がありますので、アイテム製作の際は、各部で忘れずに返し縫いを行なっておきましょう。

返し縫いは、ハンドルを回して手動で行ないます

01

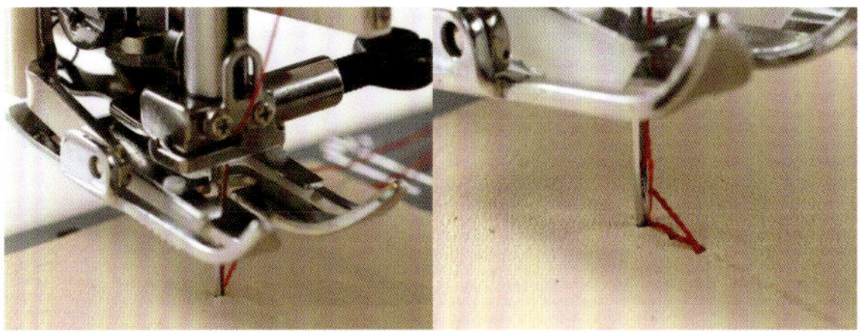

02 やり方は簡単です。始点から2目だけ縫い進んだら、手動でもう一度始点に戻ります。その後は手なりで縫い進めます

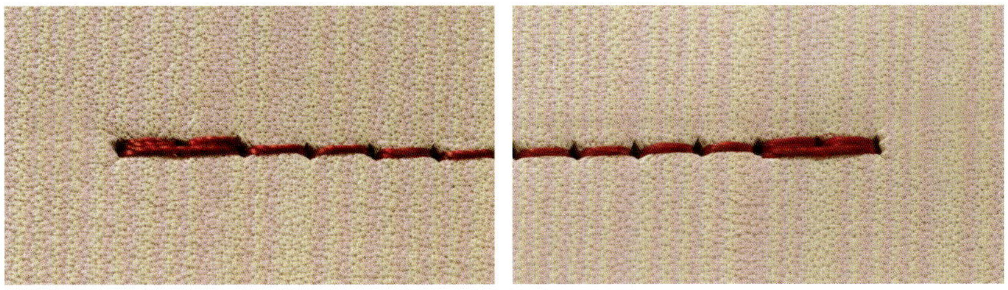

縫い終わりは、それと反対の手順です。糸の端は、下記の糸留め方法で処理しておきます

03

糸留め

ミシンで縫った場合の糸の留め方は、手縫いの場合よりも手軽です。縫ったパーツに裏がある場合と、両側が表になっている場合に分けて、2つの方法を紹介します。

▶ 糸を裏側にまとめて留める

裏側があるパーツは、上糸と下糸の両方を裏側に出してまとめます。丸ギリなどを利用して引き出します

01

02 邪魔にならない適当な長さで糸をカットし、サイビノールでなでつけるように革に留めておけば終了です

▶ ライターであぶって留める

パーツの両面が表の場合は、それぞれの面で糸を留めます。まずは、5mm程度を残してカットします

01

02 ライターをそっと近づけて糸を融かしたら、熱い内にライターの尻で押さえつけて糸を留めます（化繊の場合のみの方法です）

金具の基本

ここでは、レザークラフトに頻繁に使われる基本金具として、ジャンパードット、バネホック、ギボシの取り付け方を紹介します。これらの金具を取りつけるためには、専用の打ち具が必要になる場合があり、その打ち具にサイズがある場合もあります。打ち具のサイズが合っていないだけでも金具を取りつけることができないので、必ず適合したものを使用する必要があります。また、金具の特性をしっかり理解し、自分が作ろうとしているアイテムにどの金具が最適かを判断することも、アイテムのクオリティを高めるためには欠かせません。留める強さや金具の大きさやデザインを検討してから、アイテムの製作に取り掛かるようにしましょう。

金具と道具

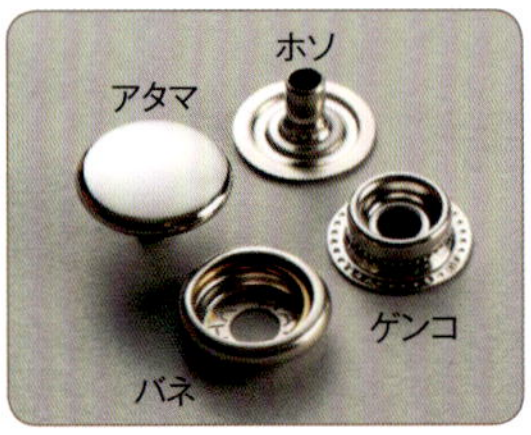

ジャンパードットのサイズには、大と中があります。本体側にはゲンコとホソ、蓋などにはバネとアタマが取り付けられます。留める力が強いため、薄い部分には向いていません

ジャンパードットを留めるために使用する道具は、このジャンパードット打です。大と中のサイズがあるので、使うジャンパードットと合ったものを使用します

ジャンパードットの取り付け

ジャンパードットは留める力が強く、その名の通りジャンパーなどの衣類にも使われる金具です。レザークラフトではウォレットやカバンなどの留め具として使用されています。

▶ ホソとゲンコ

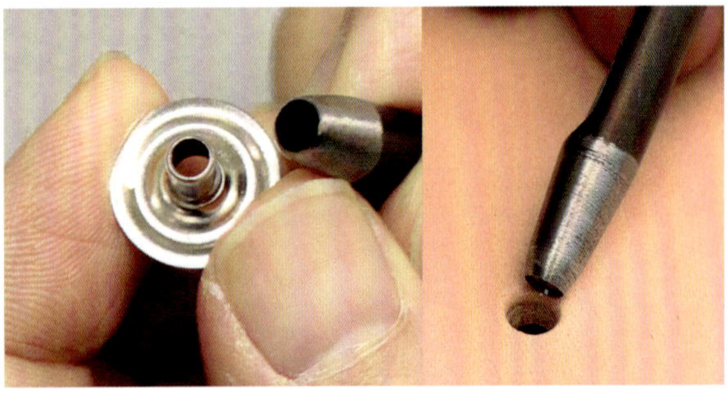

01 ホソの足の太さに合わせてハトメ抜きを選び、取り付け位置に穴を空けます。中は10号、大は12号です（クラフト社製の場合）

02 01で空けた穴に、裏側からホソをセットします

03 ホソをセットしたら、足がギン面から2～3mm出ていることを確認します。その上にゲンコをセットしたら、中に1mm程足が出ます

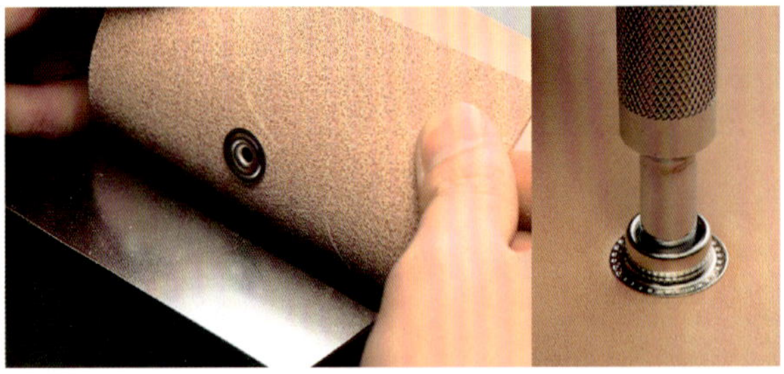

04 オールマイティプレートの平らな面の上に載せ、ジャンパードット打で打ちます

▶ アタマとバネ

ゲンコの中に出ていた足が潰れて広がり、ゲンコが固定されます

05

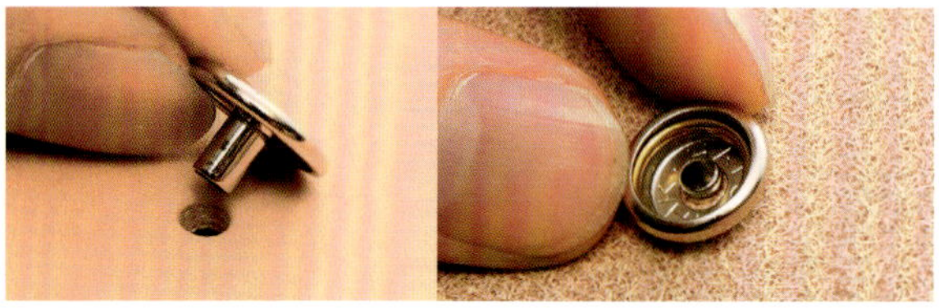

06 アタマの足の太さ（ホソと同サイズ）に合わせて穴を空け、アタマとバネをセットします。1mm程足が出ていることを確認します

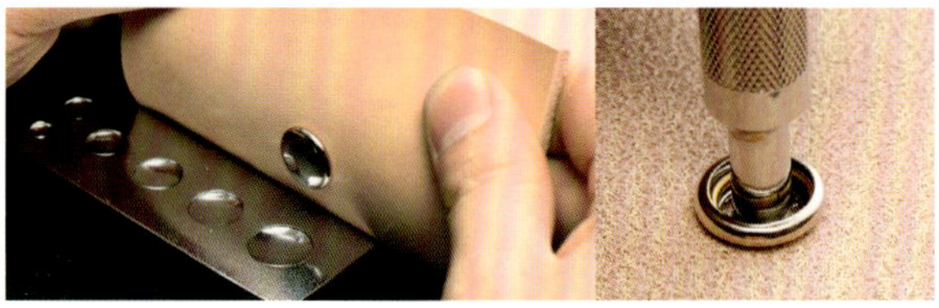

07 アタマの大きさに合ったオールマイティプレートの窪みにアタマをセットして、ジャンバードット打で打って留めます

08 両側の金具が取り付けられたら、開けたり閉じたりしてみて、ガタがないかどうかを確認しておきます

バネホックの取り付け方

レザークラフトに使用する金具の中でも、最も定番と言えるのがバネホックです。開け閉めがしやすく便利ですが、足の長さが限られているため、使える革の厚みは2mm程度までです。

金具と道具

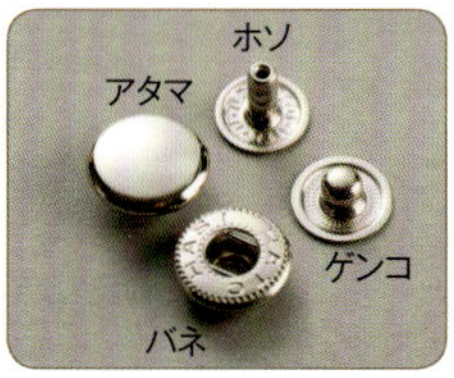

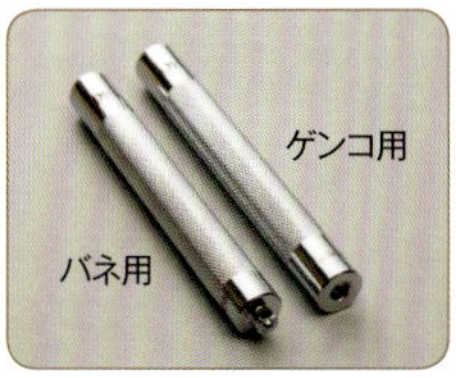

ホックには大、中、小のサイズがあります。専用金具のホック打は、バネ用とゲンコ用で形が異なり、大、中のサイズがあります

01 ゲンコの受けになるホソの足の太さに合わせたハトメ抜きで、ゲンコの取り付け穴を空けます。大は10号、中と小は8号です

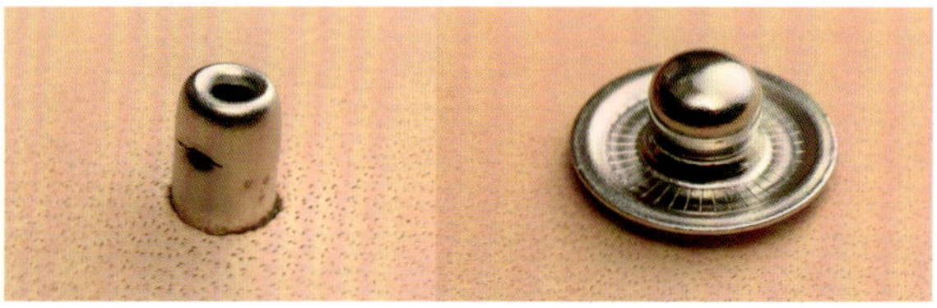

02 裏側からホソをセットして、表側に出た足にゲンコをかぶせます。足は3mm程出ている必要があります

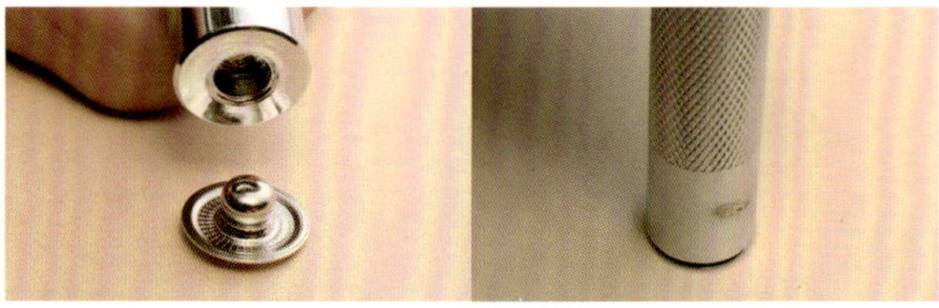

03 ゲンコ用のホック打（先端が窪んでいる方）で、ゲンコを打って留めます。木槌で何回かに分けて打ちます

ゲンコが取り付けられたら回してみて、しっかり固定されていることが確認できれば大丈夫です

04

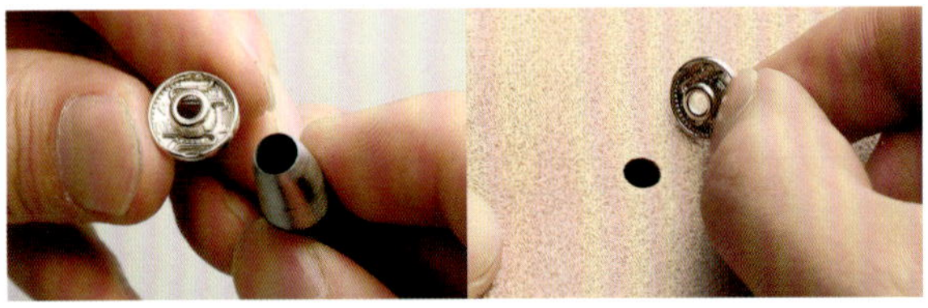

05 バネの取付穴は、バネの突起部分の太さに合わせて空けます。ハトメ抜きのサイズは、大は18号、中と小は15号です

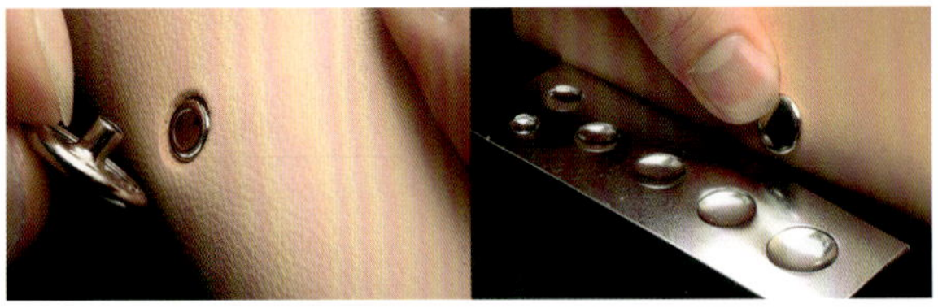

06 バネを裏から穴にセットしてアタマを表側から取り付けたら、アタマとサイズの合うオールマイティプレートの窪みにセットします

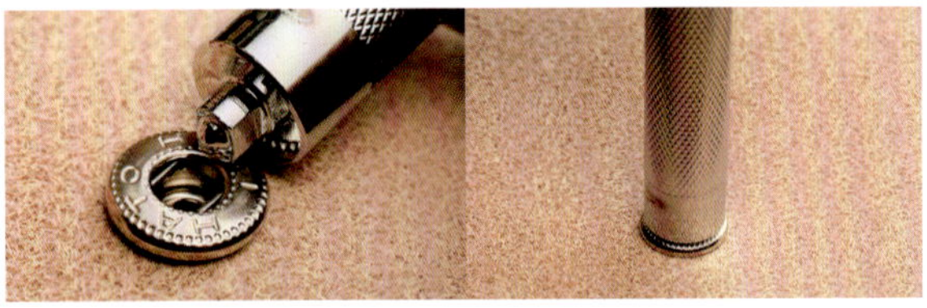

07 バネ用のホック打（先端が飛び出している方）で、打って留めます。バネが浮いていると留まらないので、注意しましょう

08 取り付けたら手で回してみて、簡単に回らなければ取り付け具合に問題はありません

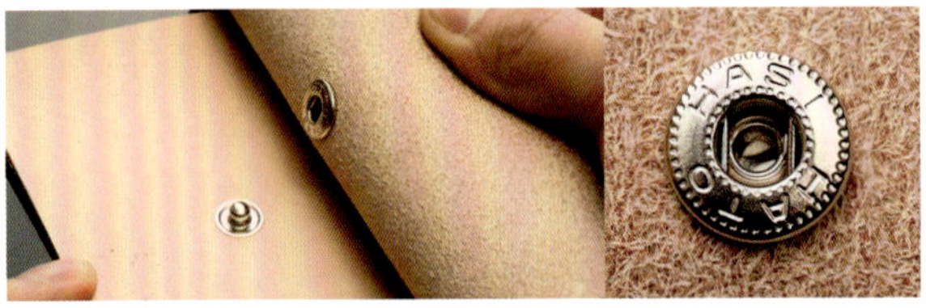

09 開け閉めしてみて、問題がないか確認します。またバネの向きで、留める強さが変わります

バネの裏側を平らに仕上げたい場合には、アタマの変わりにハンシャと呼ばれる別売りの、平らなパーツを使います

10

ギボシの取り付け

革に直接受け穴を作るギボシは、タンニンなめしの革に適した金具です。フラップ部分などに使われることが多くありますが、目立ちにくいため、カービング作品などとの相性も良いと言えます。

金具と道具

取り付けはネジ式、サイズは5mm、6mm、10mmがあります

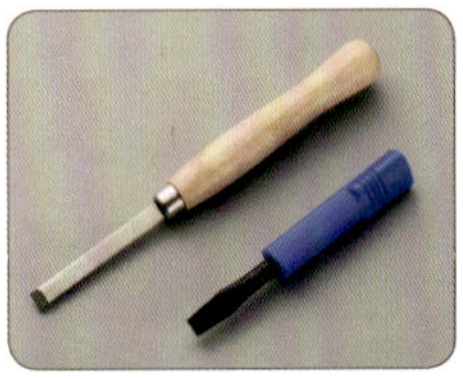

つきのみは受け穴を作るのに、ドライバーはギボシを留めるのに必要です

▶ギボシの取り付け

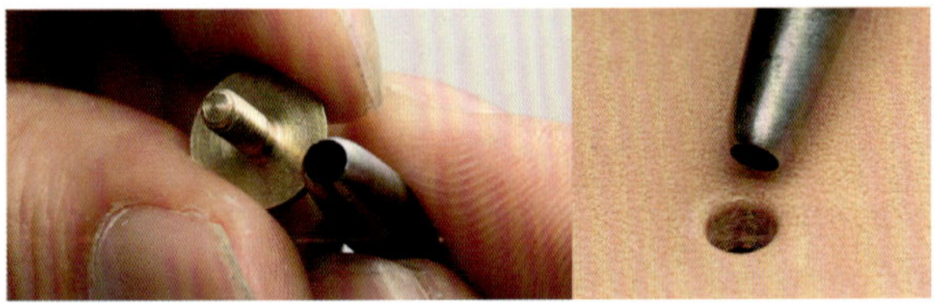

01 取付穴は、ギボシのネジの太さに合わせて空けます。5mm、6mm、10mm共に10号のハトメ抜きを使います

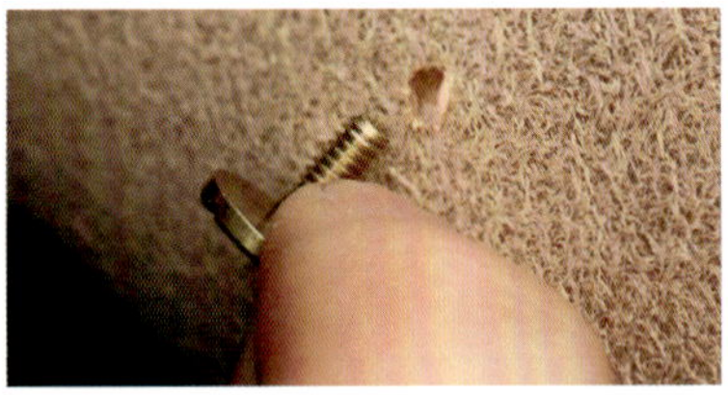

裏側からギボシのネジ部を穴に入れます。入りにくい場合は、少し力を入れてねじ込んでいきましょう

02

表側にネジ部が、4mm程出ていることを確認します。ネジの長さが足りないと、ギボシがしっかり固定できません

03

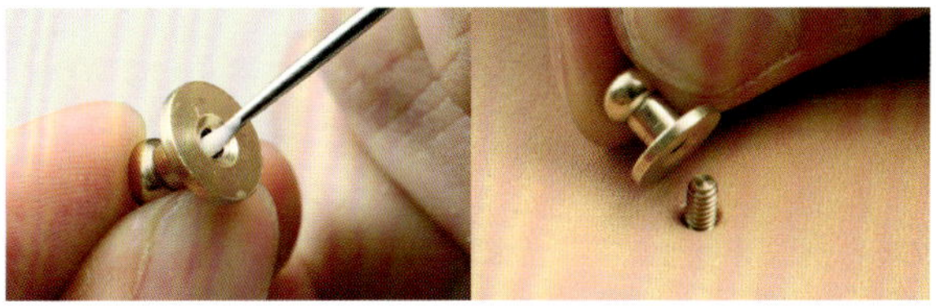

04 ギボシ側のネジ穴に少量のサイビノールを塗り、革の表面に出ているネジにねじ込みます。サイビノールが緩み止めになります

ある程度まで手でねじ込んだら、最後はマイナスドライバーで締め付けます

05

ギボシの台座部分が、革にめり込まない程度まで締めこみます。台座がめり込んでいたら、それは締め過ぎです

06

▶ 受け穴を空ける

※穴と切り込みの寸法は、ギボシと革の厚みによって調整します。ここでは一例として、6mmのギボシを2~3mm厚の革に使用する場合を紹介します。

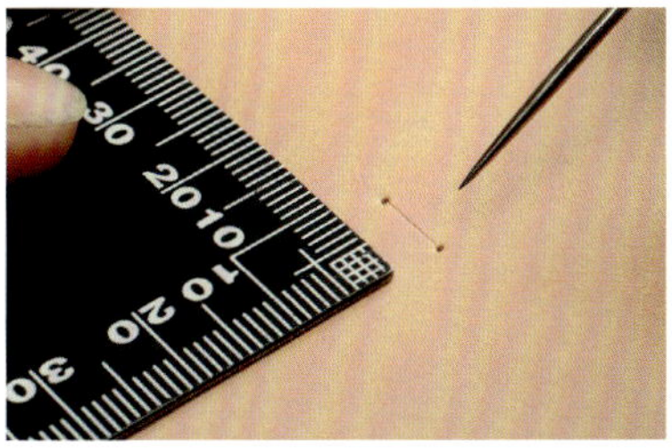

6mmギボシの場合、ギボシの位置から7.5mm上に印を付けて、線でつなぎます

07

6mmギボシの場合は、12号と6号で、穴を空ける位置にアタリを付けて位置を決めます

08

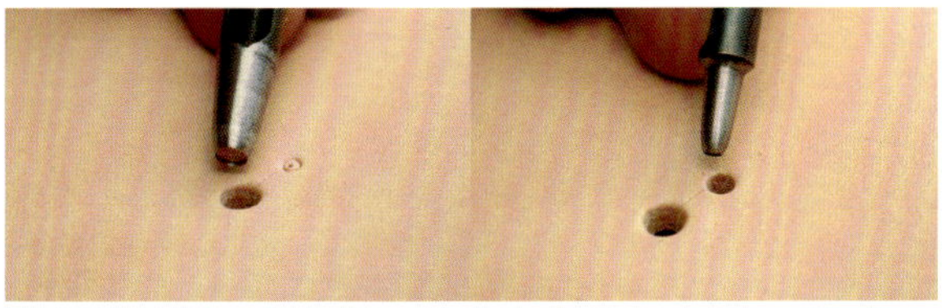

09 アタリを付けた位置に、穴を空けます

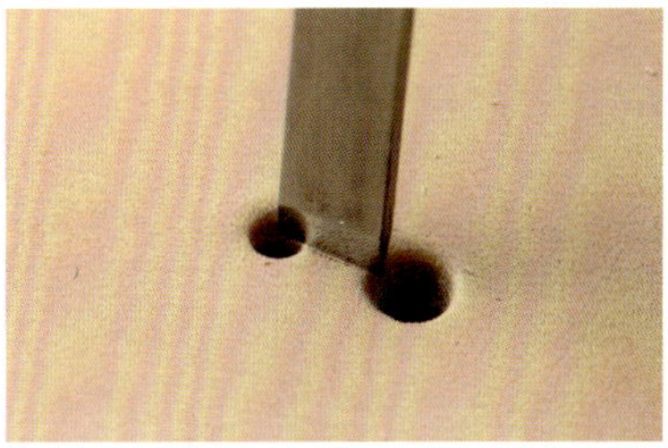

空けた2つの穴の間をつきのみで切って、穴を繋げます

10

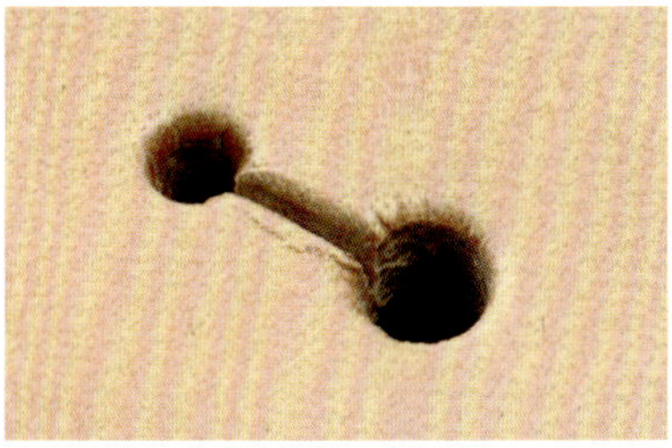

完成した受け穴です。穴がきちんと繋がっているか、確認しておきましょう

11

開け閉めしてみます。最初のうちは革が硬く感じると思いますが、その内馴染んできます

12

原寸大型紙

型紙はチケン紙や工作用紙などの厚紙に書き写すか、コピーしてゴムのり(固形のりも可)で厚紙に貼り付けて使いましょう。型紙を製作しておくことで正確に革に写すことができ、同じ作品を複数製作するときにも役立てることが出来ます。

※～号はハトメ抜きのサイズを表しています。革に中心点を丸ギリで印付け、ハトメ抜きで穴を空けます。
※手縫い基点は点で記してあります。革に点を丸ギリで印付け、手縫い穴空けの際に丸ギリで貫通させ穴を空けます。

p.30 ポンポンチャーム

※型紙は原寸大です。
※大小、好みのサイズをお使いください。
※6枚切り出して下さい。

ひも

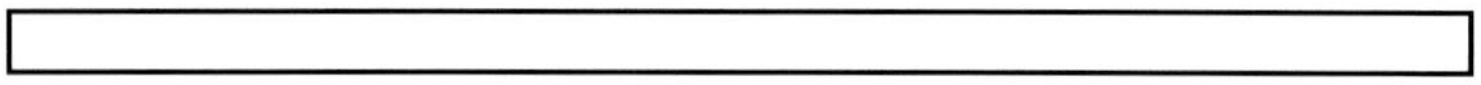

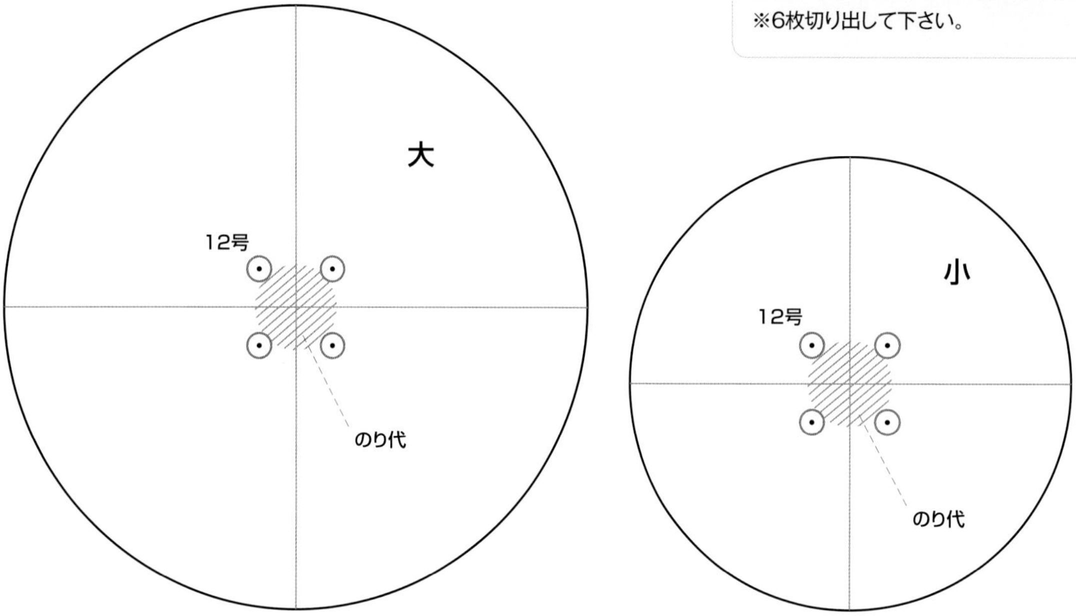

p.68 キーカバー

※型紙は原寸大です。

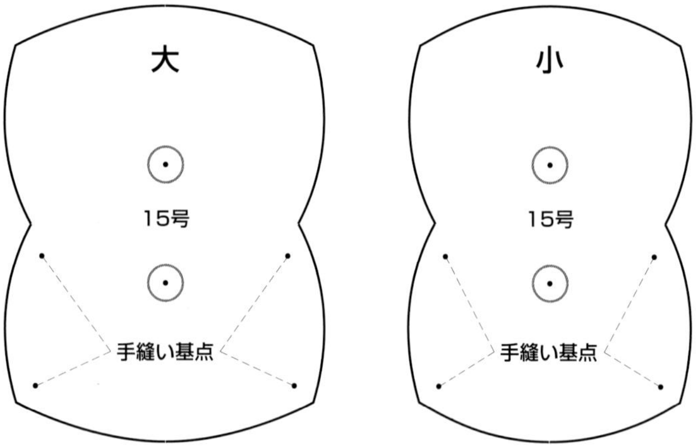

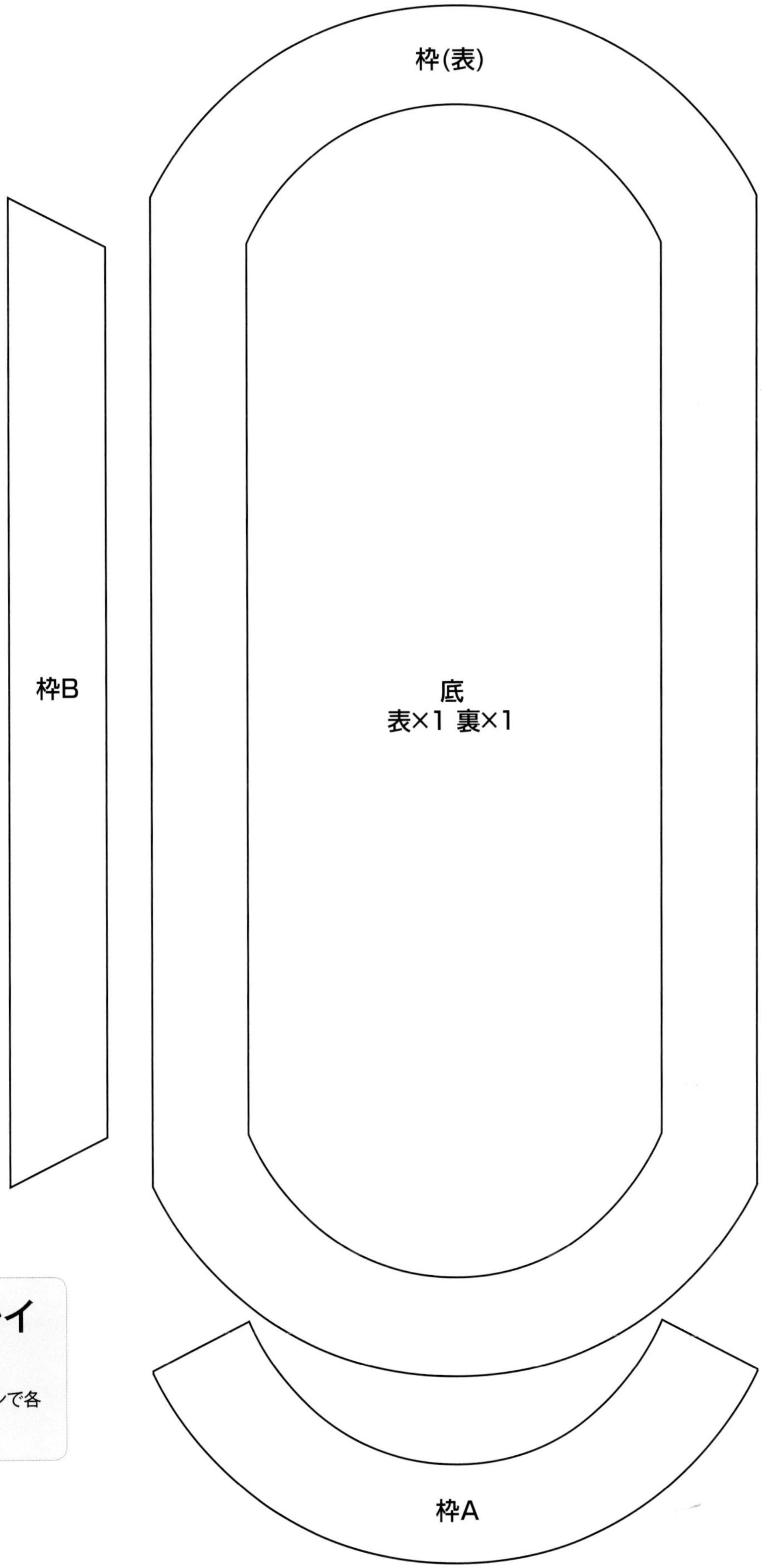

p.42 デスクトレイ

※型紙は原寸大です。
※底(表)と底(裏)は、アウトラインで各1枚とります。

p.104 ミドルウォレット

※型紙は原寸大です。 ※本体にはアウトラインと10号の中心点のみ印を付けます。
※小銭入れとカード入れ(土台)は、表1枚と型紙を裏返して1枚をそれぞれとりましょう。

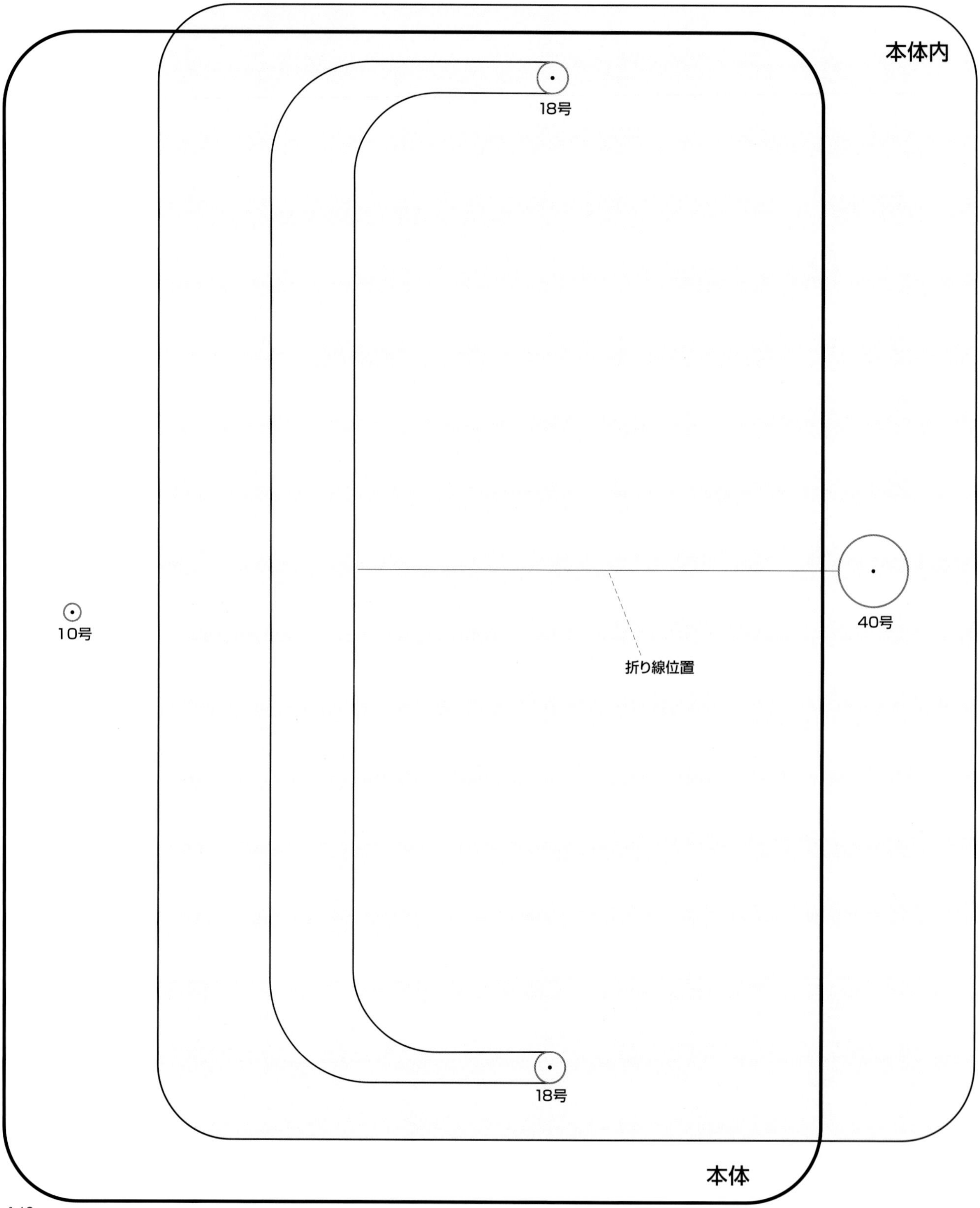

手縫い基点

カード入れ
取り付け基準点

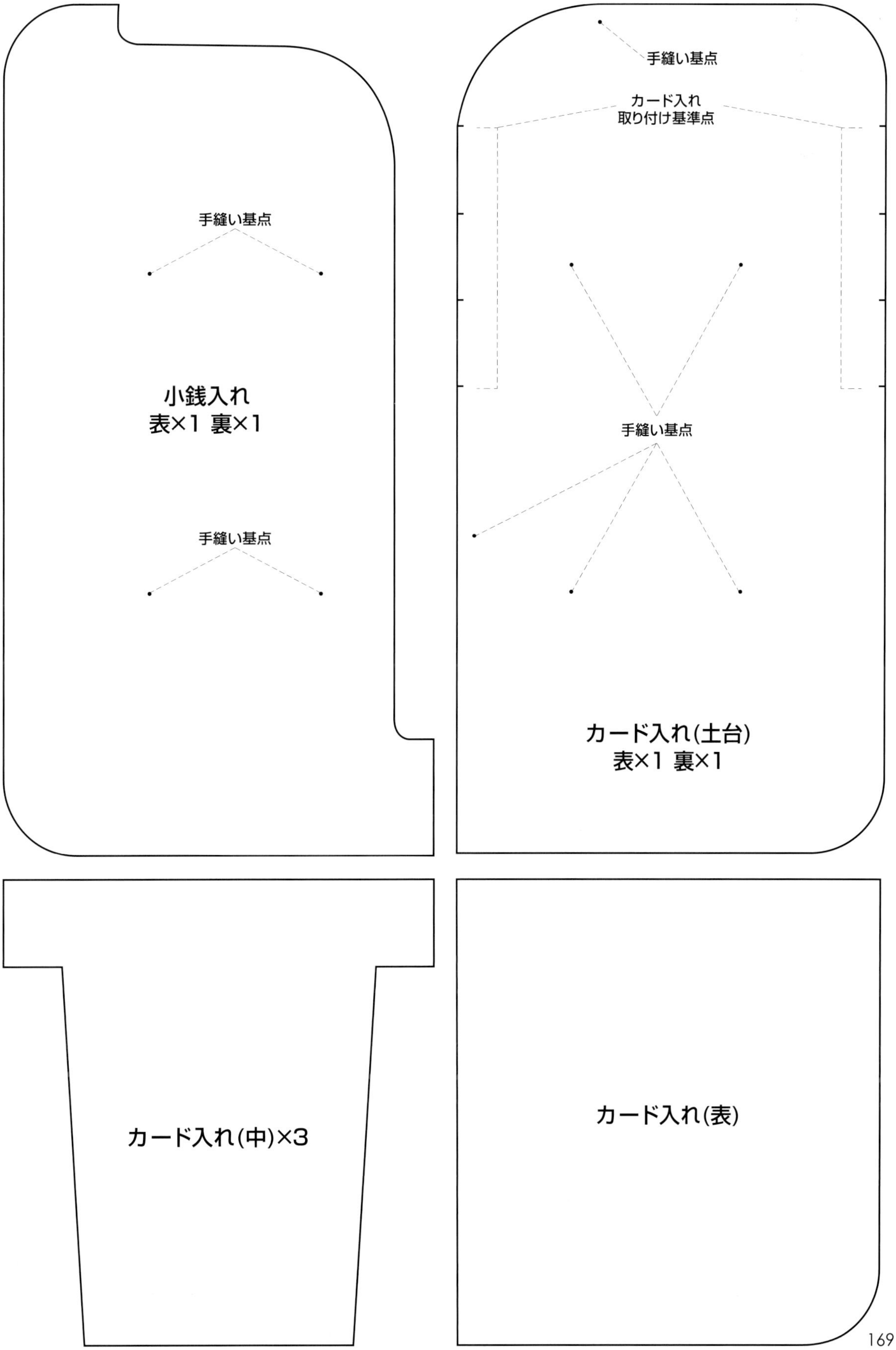

手縫い基点

手縫い基点

小銭入れ
表×1 裏×1

手縫い基点

カード入れ(土台)
表×1 裏×1

カード入れ(中)×3

カード入れ(表)

p.90 パスケース

※型紙は原寸大です。

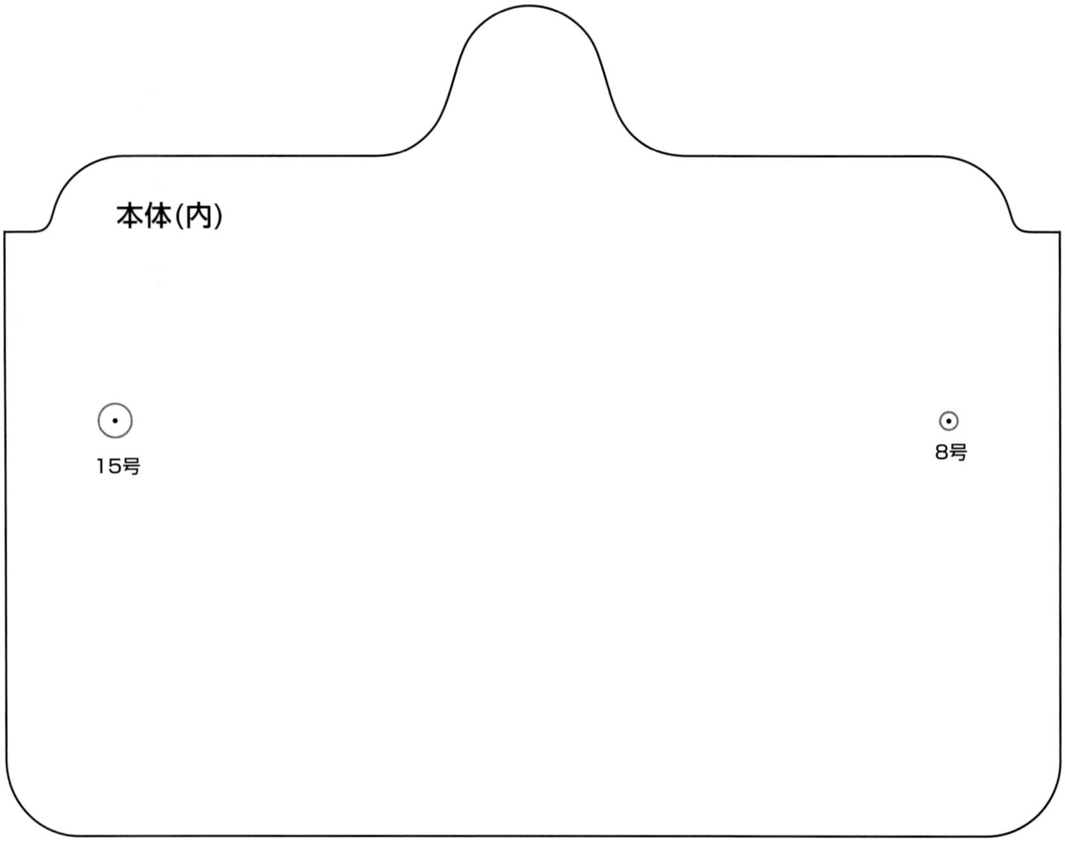

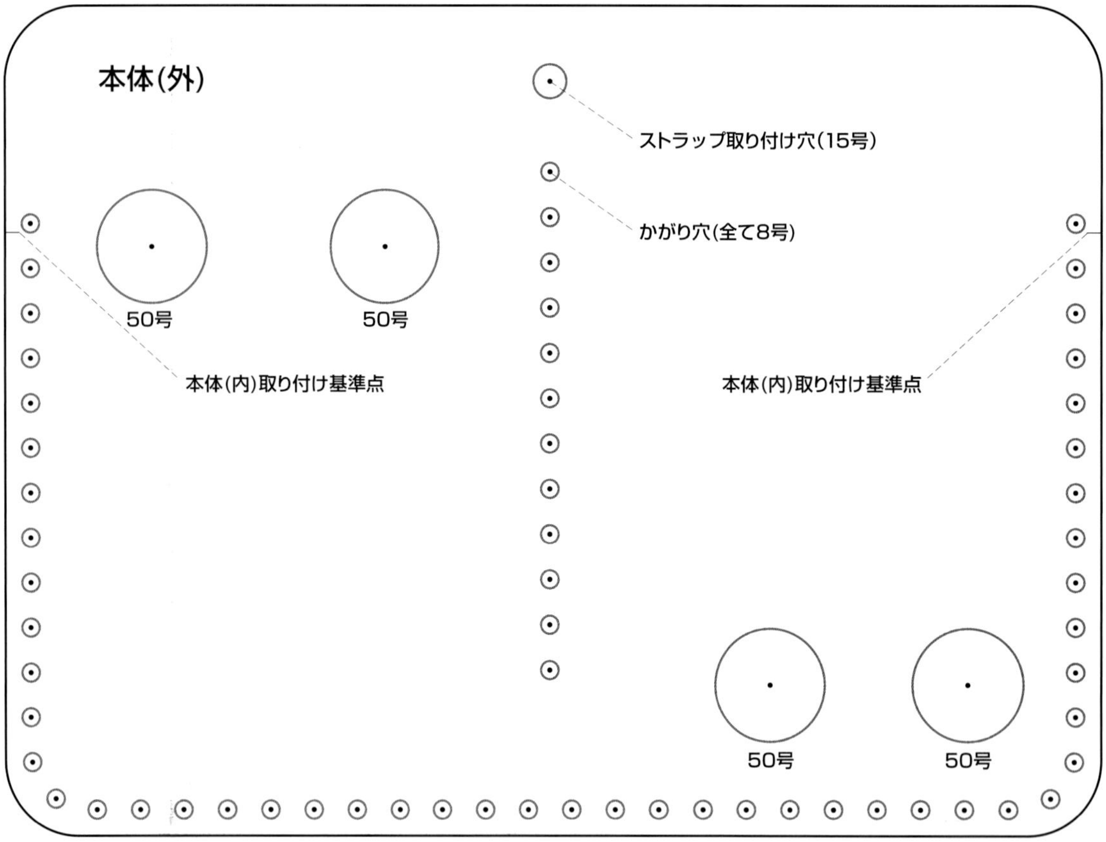

p.72 ペンカバー

※型紙は原寸大です。

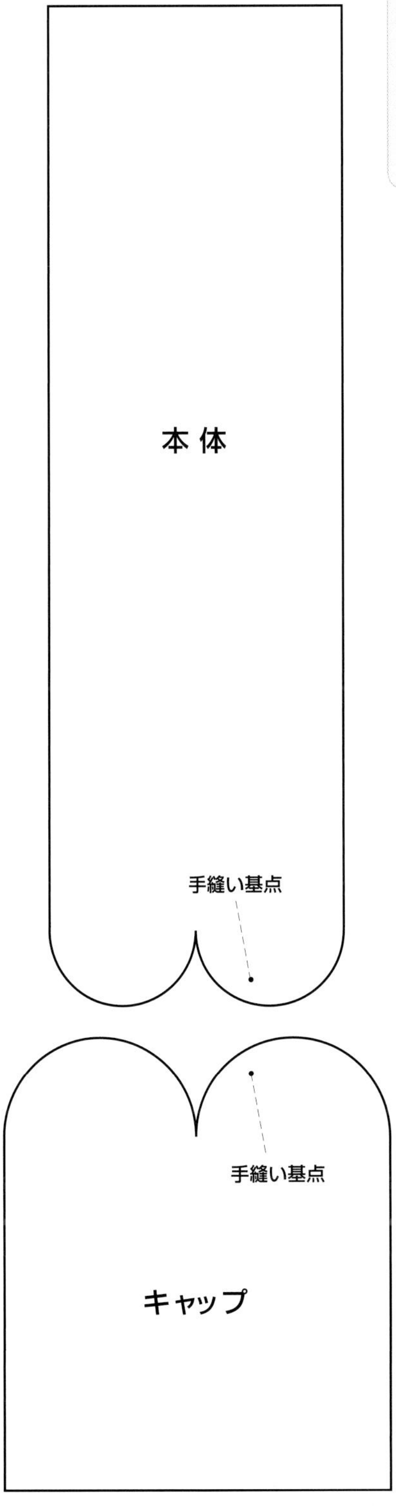

p.20 タッセル

※型紙は原寸大です。

A

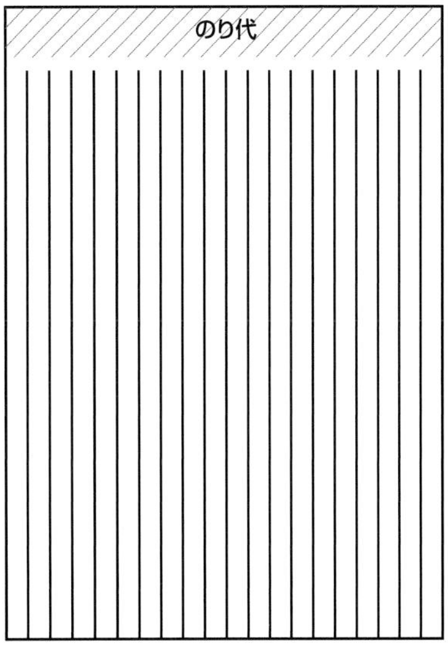

B

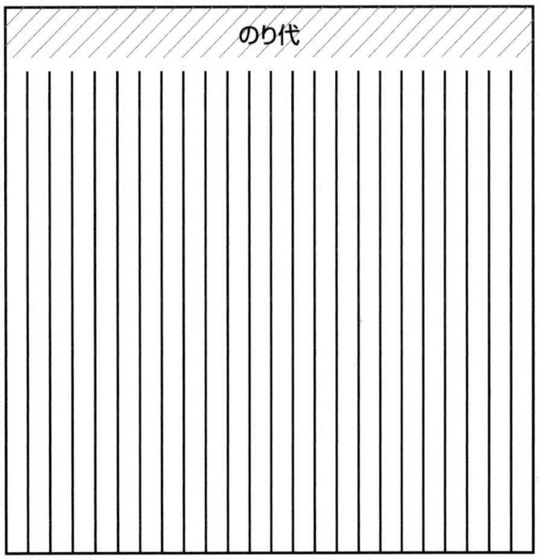

C

※Cの「のり代」の範囲は現物で確認

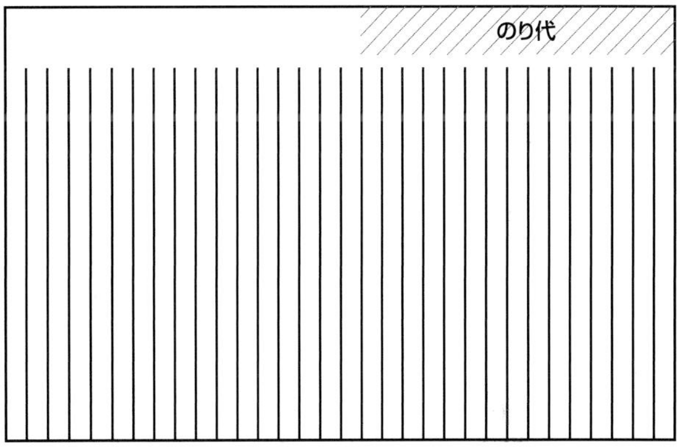

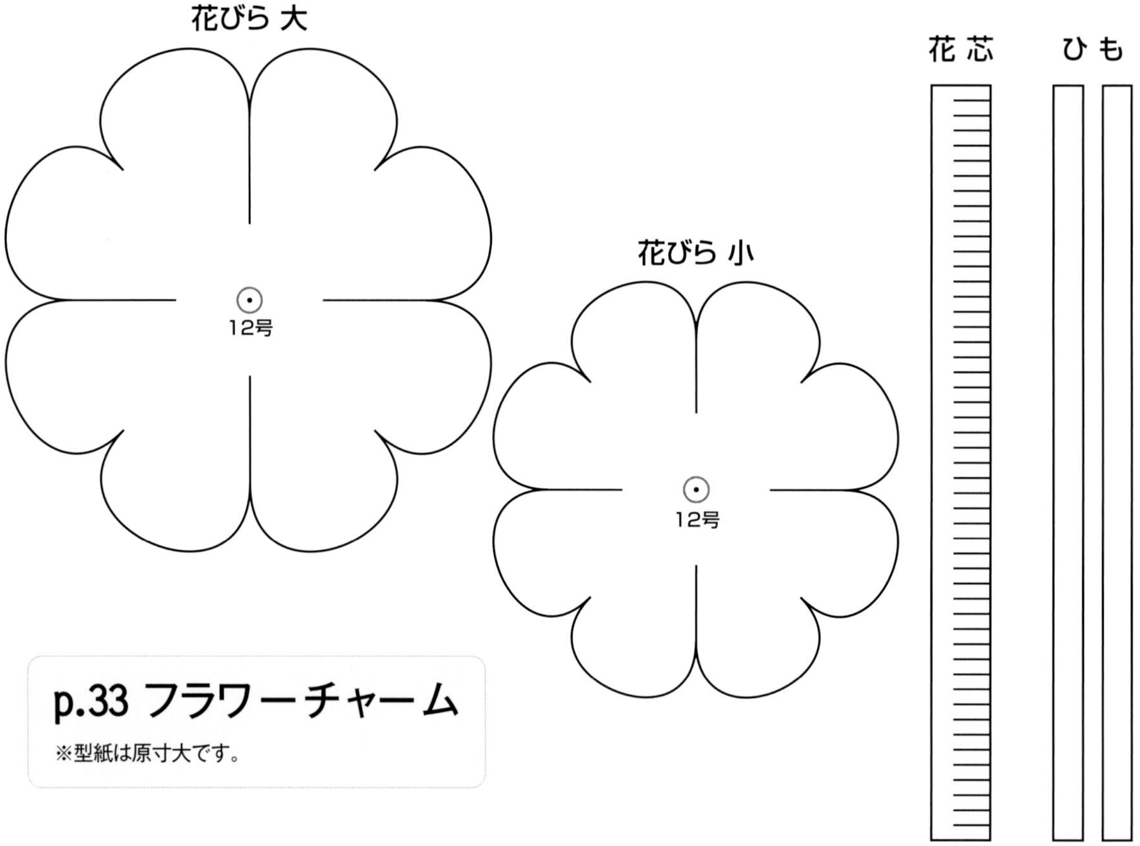

p.33 フラワーチャーム

※型紙は原寸大です。

p.58 シープスカルネックレス

※型紙は原寸大です。

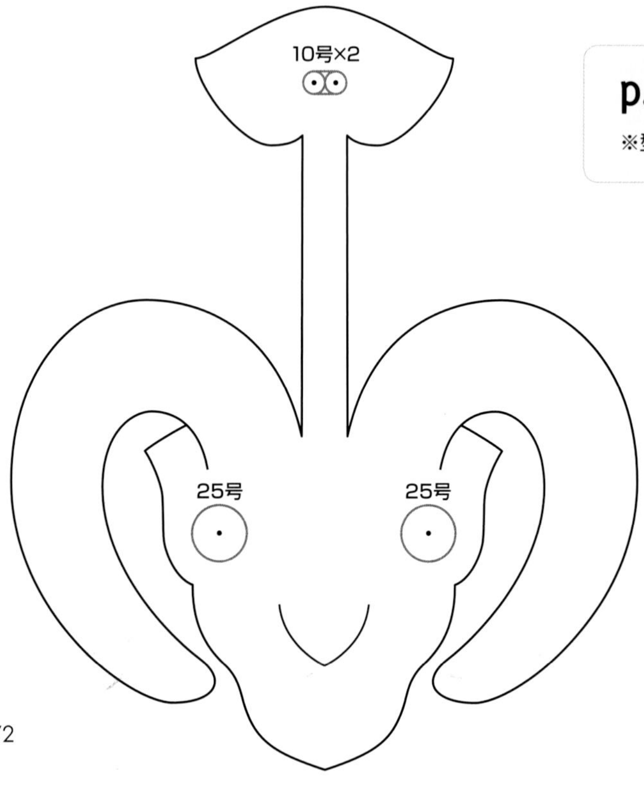

p.24 ブレスレット

※型紙は原寸大です。
※フリーアートブレスの図案は、トレスフィルムに写して使いましょう。

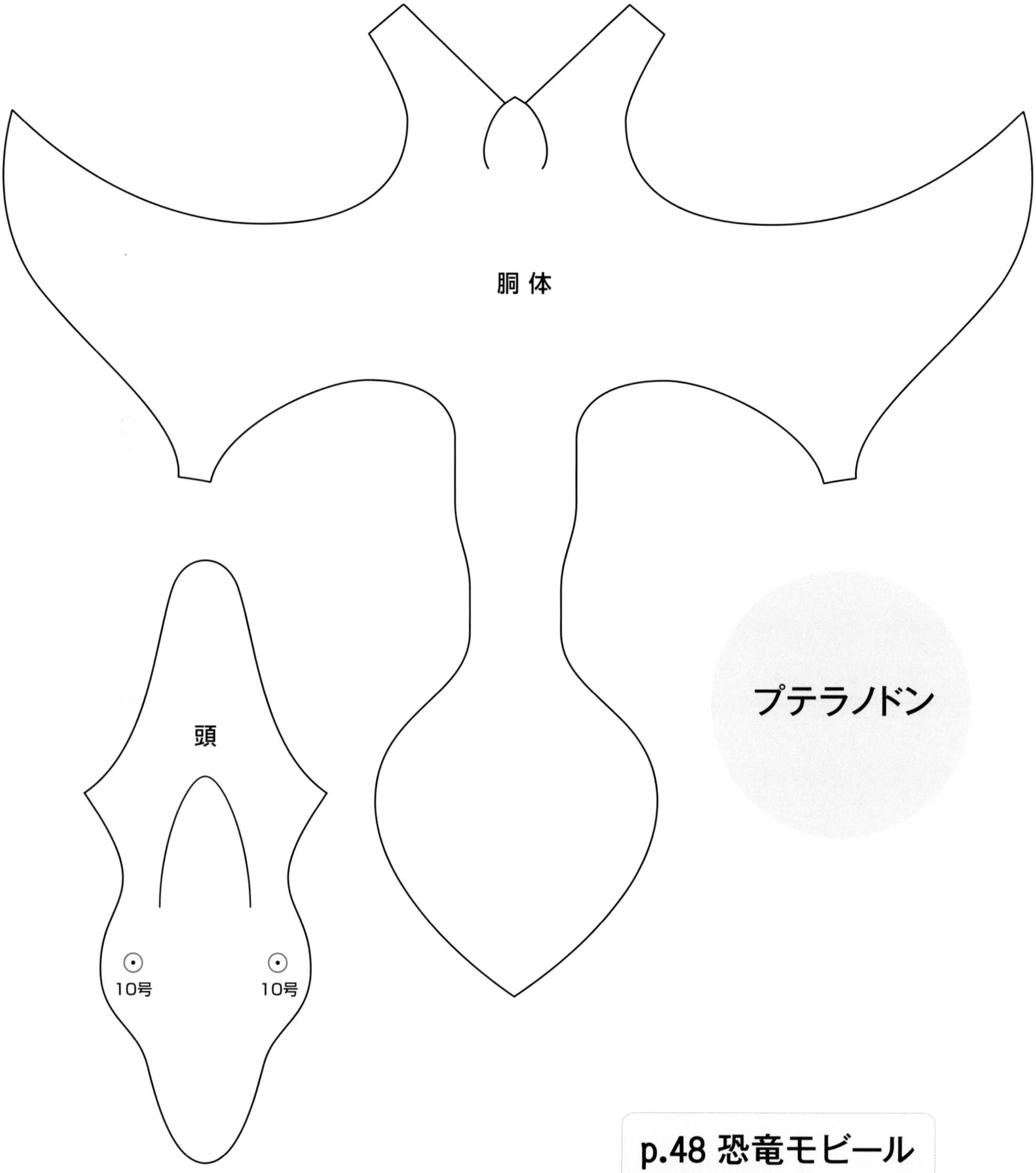

プテラノドン

p.48 恐竜モビール

※型紙は原寸大です。

トリケラトプス

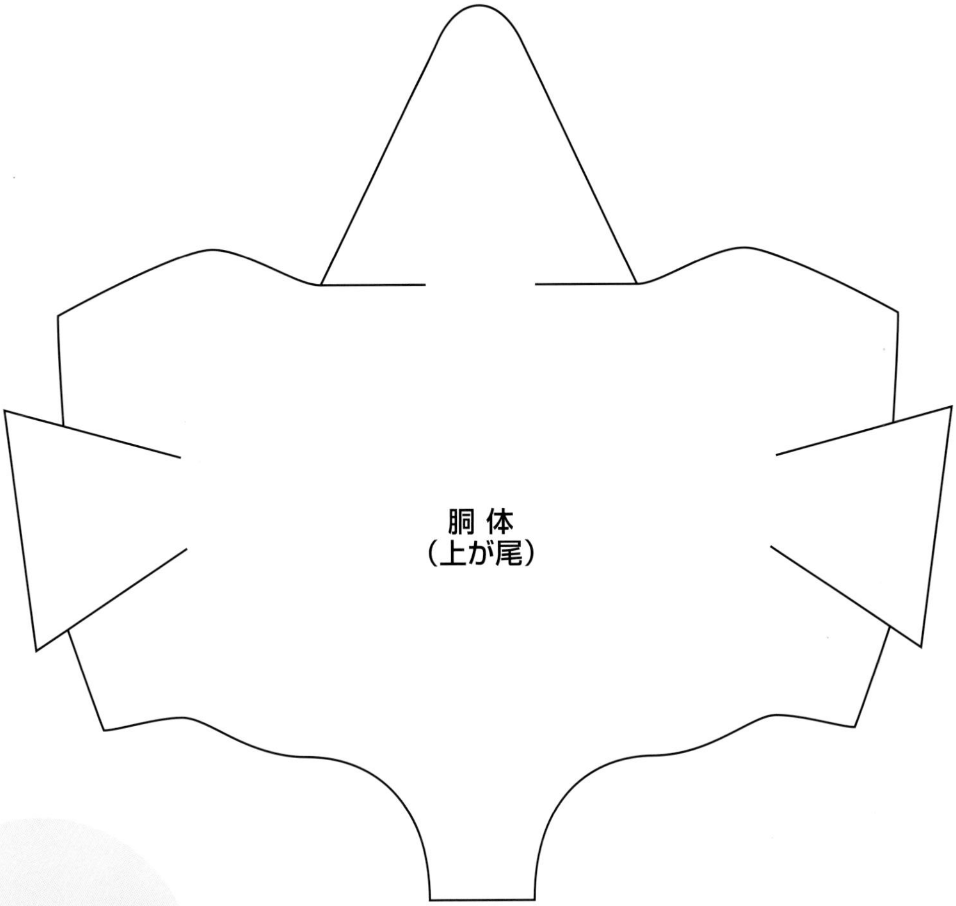

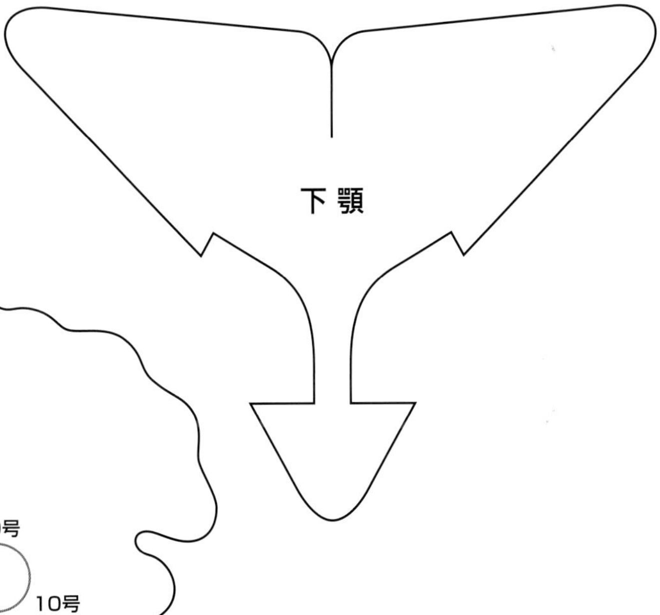

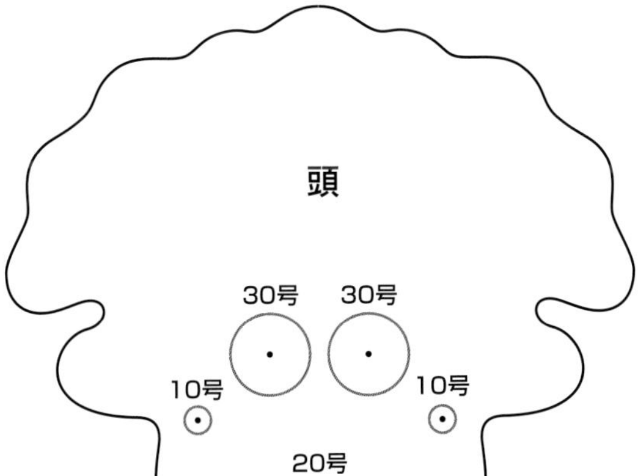

レザークラフト スタートブック

2012年3月5日 発行

STAFF

PUBLISHER
高橋矩彦 Norihiko Takahashi

EDITOR-IN-CHIEF
後藤秀之 Hideyuki Goto

EDITOR
富田慎治 Shinji Tomita

CHIEF DESIGNER
藤井 映 Akira Fujii

DESIGNER
粕谷江美 Emi Kasuya
三觜 翔 Sho Mitsuhashi

ASSISTANT DESIGNER
本田多恵子 Taeko Honda

ADVERTISING STAFF
小島愛佳 Aika Ojima
水戸慎吾 Shingo Mito

SUPERVISOR
クラフト学園

PHOTOGRAPHER
小峰秀世 Hideyu komine
サカモトタカシ Takashi Sakamoto
佐々木智雅 Tomonari Sasaki
柴田雅人 Masato Shibata

PLANNING,EDITORIAL & PUBLISHING
(株)スタジオ タック クリエイティブ
〒151-0051 東京都渋谷区千駄ヶ谷2-37-7 サンビューハイツ神宮302
STUDIO TAC CREATIVE CO.,LTD.
#302,2-37-7,SENDAGAYA SHIBUYA-KU,TOKYO 151-0051 JAPAN
[企画・編集・広告進行]
Telephone 03-5474-6200 Facsimile 03-5474-6202
[販売・営業]
Telephone & Facsimile 03-5474-6213

URL http://www.studio-tac.jp
E-mail stc@fd5.so-net.ne.jp

1509D

警告 CAUTION

- この本は、習熟者の知識や作業、技術をもとに、編集時に読者に役立つと判断した内容を記事として再構成し掲載しています。そのため、あらゆる人が作業を成功させることを保証するものではありません。よって、出版する当社、株式会社スタジオ タック クリエイティブ、および取材先各社では作業の結果や安全性を一切保証できません。また、本書の趣旨上、使用している工具や材料は、作り手が通常使用しているものでは無い場合もあります。作業により、物的損害や傷害の可能性があります。その作業上において発生した物的損害や傷害について、当社では一切の責任を負いかねます。すべての作業におけるリスクは、作業を行なうご本人に負っていただくことになりますので、充分にご注意ください。
- 使用する物に改変を加えたり、使用説明書等と異なる使い方をした場合には不具合が生じ、事故等の原因になることも考えられます。メーカーが推奨していない使用方法を行なった場合、保証やPL法の対象外になります。
- 本書は、2011年12月20日までの情報で編集されています。そのため、本書で掲載している商品やサービスの名称、仕様、価格などは、製造メーカーや小売店などにより、予告無く変更される可能性がありますので、充分にご注意ください。
- 写真や内容が一部実物と異なる場合があります。

STUDIO TAC CREATIVE
(株)スタジオ タック クリエイティブ

ISBN978-4-88393-493-5